"全民普法手册"系列

全民禁毒普法手册

QUANMIN JINDU
PUFA SHOUCE

（第二版）

法律出版社法规中心 编

图书在版编目（CIP）数据

全民禁毒普法手册／法律出版社法规中心编.
2版. -- 北京：法律出版社，2025. -- ISBN 978-7-5244-0114-8

Ⅰ. D922.144

中国国家版本馆 CIP 数据核字第 20256FP803 号

全民禁毒普法手册　　　　　法律出版社法规中心 编　　　责任编辑　陈昱希
QUANMIN JINDU PUFA SHOUCE　　　　　　　　　　　　　　　装帧设计　李　瞻

出版发行	法律出版社	开本	A5
编辑统筹	法规出版分社	印张 9	字数 250 千
责任校对	张红蕊	版本	2025 年 4 月第 2 版
责任印制	耿润瑜	印次	2025 年 4 月第 1 次印刷
经　　销	新华书店	印刷	保定市中画美凯印刷有限公司

地址：北京市丰台区莲花池西里 7 号（100073）
网址：www.lawpress.com.cn　　　　　销售电话：010-83938349
投稿邮箱：info@lawpress.com.cn　　　客服电话：010-83938350
举报盗版邮箱：jbwq@lawpress.com.cn　　咨询电话：010-63939796
版权所有·侵权必究

书号：ISBN 978-7-5244-0114-8　　　定价：39.00 元
凡购买本社图书，如有印装错误，我社负责退换。电话：010-83938349

目 录

一、禁 毒

中华人民共和国禁毒法(2007.12.29) ……………………………… 1
麻醉药品和精神药品管理条例(2024.12.6 修订) ………………… 13
易制毒化学品管理条例(2018.9.18 修订) ………………………… 33
公安机关缴获毒品管理规定(2016.5.19 修订) …………………… 46
非药用类麻醉药品和精神药品列管办法(2015.9.24) …………… 53
中国互联网禁毒公约(2015.6.29) ………………………………… 55
全民禁毒教育实施意见(2005.1.12) ……………………………… 58
毒品违法犯罪举报奖励办法(2018.8.26) ………………………… 67
国家禁毒办、中央综治办、公安部、教育部、国家卫生计生委、
　民政部、司法部、财政部、人力资源社会保障部、全国总工
　会、共青团中央、全国妇联关于加强禁毒社会工作者队伍建
　设的意见(2017.1.20) …………………………………………… 72

二、戒 毒

戒毒条例(2018.9.18 修订) ………………………………………… 79
公安机关强制隔离戒毒所管理办法(2011.9.28) ………………… 87
公安部关于《公安机关强制隔离戒毒所管理办法》第六十五条
　规定执行问题的批复(2014.5.23) ……………………………… 98
司法行政机关强制隔离戒毒工作规定(2013.4.3) ………………… 99

吸毒成瘾认定办法（2016.12.29 修正） ………………… 109
戒毒治疗管理办法（2021.1.25） ……………………… 112
公安部关于未满十六周岁人员强制隔离戒毒问题的批复
　（2014.1.8） …………………………………………… 117
强制隔离戒毒所收戒病残吸毒人员标准（试行）（2018.3.15）
　………………………………………………………… 118

三、法律责任

中华人民共和国刑法（节录）（2023.12.29 修正） ……… 120
中华人民共和国治安管理处罚法（节录）（2012.10.26 修正） …… 125
机动车驾驶证申领和使用规定（节录）（2024.12.21 修正） …… 126
最高人民检察院、公安部关于公安机关管辖的刑事案件立案
　追诉标准的规定（三）（2012.5.16） ………………… 130
最高人民法院关于审理毒品犯罪案件适用法律若干问题的解
　释（2016.4.6） ………………………………………… 139
最高人民法院、最高人民检察院、公安部关于办理制毒物品犯
　罪案件适用法律若干问题的意见（2009.6.23） ……… 147
办理毒品犯罪案件毒品提取、扣押、称量、取样和送检程序若
　干问题的规定（2016.5.24） …………………………… 149
办理毒品犯罪案件适用法律若干问题的意见（2007.12.18） …… 159

附　录

附录一　常见毒品类型 ……………………………………… 162
附录二　指导案例 …………………………………………… 169
　检例第 150 号：王某贩卖、制造毒品案 ………………… 169
　检例第 151 号：马某某走私、贩卖毒品案 ……………… 174
　检例第 152 号：郭某某欺骗他人吸毒案 ………………… 178

  检例第153号:何某贩卖、制造毒品案 …………………… 182
附录三　典型案例 …………………………………………… 186
  最高人民法院发布2019年十大毒品(涉毒)犯罪典型案例 …… 186
  最高人民法院发布2020年十大毒品(涉毒)犯罪典型案例 …… 201
  最高人民法院发布2021年十大毒品(涉毒)犯罪典型案例 …… 216
  最高人民法院发布2022年十大毒品(涉毒)犯罪典型案例 …… 231
  最高人民法院发布2023年十大毒品(涉毒)犯罪典型案例 …… 249
  最高人民法院发布2024年十大毒品(涉毒)犯罪典型案例 …… 266

一、禁　毒

中华人民共和国禁毒法

1. 2007年12月29日第十届全国人民代表大会常务委员会第三十一次会议通过
2. 2007年12月29日中华人民共和国主席令第79号公布
3. 自2008年6月1日起施行

目　录

第一章　总　则
第二章　禁毒宣传教育
第三章　毒品管制
第四章　戒毒措施
第五章　禁毒国际合作
第六章　法律责任
第七章　附　则

第一章　总　则

第一条　【立法目的】①为了预防和惩治毒品违法犯罪行为,保护公民身心健康,维护社会秩序,制定本法。

第二条　【毒品定义】本法所称毒品,是指鸦片、海洛因、甲基苯丙胺(冰毒)、吗啡、大麻、可卡因,以及国家规定管制的其他能够使人形成瘾癖的麻醉药品和精神药品。

---

① 条文主旨为编者所加,供参考。

根据医疗、教学、科研的需要,依法可以生产、经营、使用、储存、运输麻醉药品和精神药品。

第三条　【禁毒是全社会的责任】禁毒是全社会的共同责任。国家机关、社会团体、企业事业单位以及其他组织和公民,应当依照本法和有关法律的规定,履行禁毒职责或者义务。

第四条　【禁毒工作方针和工作机制】禁毒工作实行预防为主,综合治理,禁种、禁制、禁贩、禁吸并举的方针。

禁毒工作实行政府统一领导,有关部门各负其责,社会广泛参与的工作机制。

第五条　【禁毒委员会】国务院设立国家禁毒委员会,负责组织、协调、指导全国的禁毒工作。

县级以上地方各级人民政府根据禁毒工作的需要,可以设立禁毒委员会,负责组织、协调、指导本行政区域内的禁毒工作。

第六条　【禁毒工作保障】县级以上各级人民政府应当将禁毒工作纳入国民经济和社会发展规划,并将禁毒经费列入本级财政预算。

第七条　【鼓励对禁毒的社会捐赠】国家鼓励对禁毒工作的社会捐赠,并依法给予税收优惠。

第八条　【鼓励禁毒科学技术研究】国家鼓励开展禁毒科学技术研究,推广先进的缉毒技术、装备和戒毒方法。

第九条　【鼓励举报毒品违法犯罪行为】国家鼓励公民举报毒品违法犯罪行为。各级人民政府和有关部门应当对举报人予以保护,对举报有功人员以及在禁毒工作中有突出贡献的单位和个人,给予表彰和奖励。

第十条　【鼓励禁毒志愿工作】国家鼓励志愿人员参与禁毒宣传教育和戒毒社会服务工作。地方各级人民政府应当对志愿人员进行指导、培训,并提供必要的工作条件。

第二章　禁毒宣传教育

第十一条　【国家禁毒宣传教育】国家采取各种形式开展全民禁毒宣传教育,普及毒品预防知识,增强公民的禁毒意识,提高公民自觉抵制毒品的能力。

国家鼓励公民、组织开展公益性的禁毒宣传活动。

第十二条 【各级政府和有关组织禁毒宣传教育】各级人民政府应当经常组织开展多种形式的禁毒宣传教育。

工会、共产主义青年团、妇女联合会应当结合各自工作对象的特点,组织开展禁毒宣传教育。

第十三条 【教育部门禁毒宣传教育】教育行政部门、学校应当将禁毒知识纳入教育、教学内容,对学生进行禁毒宣传教育。公安机关、司法行政部门和卫生行政部门应当予以协助。

第十四条 【新闻媒体禁毒宣传教育】新闻、出版、文化、广播、电影、电视等有关单位,应当有针对性地面向社会进行禁毒宣传教育。

第十五条 【公共场所禁毒宣传教育】飞机场、火车站、长途汽车站、码头以及旅店、娱乐场所等公共场所的经营者、管理者,负责本场所的禁毒宣传教育,落实禁毒防范措施,预防毒品违法犯罪行为在本场所内发生。

第十六条 【单位内部禁毒宣传教育】国家机关、社会团体、企业事业单位以及其他组织,应当加强对本单位人员的禁毒宣传教育。

第十七条 【基层组织禁毒宣传教育】居民委员会、村民委员会应当协助人民政府以及公安机关等部门,加强禁毒宣传教育,落实禁毒防范措施。

第十八条 【监护人对未成年人的毒品危害教育】未成年人的父母或者其他监护人应当对未成年人进行毒品危害的教育,防止其吸食、注射毒品或者进行其他毒品违法犯罪活动。

第三章 毒 品 管 制

第十九条 【禁止非法种植麻醉药品药用原植物】国家对麻醉药品药用原植物种植实行管制。禁止非法种植罂粟、古柯植物、大麻植物以及国家规定管制的可以用于提炼加工毒品的其他原植物。禁止走私或者非法买卖、运输、携带、持有未经灭活的毒品原植物种子或者幼苗。

地方各级人民政府发现非法种植毒品原植物的,应当立即采取措施予以制止、铲除。村民委员会、居民委员会发现非法种植毒品原植物的,应当及时予以制止、铲除,并向当地公安机关报告。

第二十条　【麻醉药品药用原植物种植企业】国家确定的麻醉药品药用原植物种植企业,必须按照国家有关规定种植麻醉药品药用原植物。

　　国家确定的麻醉药品药用原植物种植企业的提取加工场所,以及国家设立的麻醉药品储存仓库,列为国家重点警戒目标。

　　未经许可,擅自进入国家确定的麻醉药品药用原植物种植企业的提取加工场所或者国家设立的麻醉药品储存仓库等警戒区域的,由警戒人员责令其立即离开;拒不离开的,强行带离现场。

第二十一条　【麻醉药品、精神药品、易制毒化学品管制】国家对麻醉药品和精神药品实行管制,对麻醉药品和精神药品的实验研究、生产、经营、使用、储存、运输实行许可和查验制度。

　　国家对易制毒化学品的生产、经营、购买、运输实行许可制度。

　　禁止非法生产、买卖、运输、储存、提供、持有、使用麻醉药品、精神药品和易制毒化学品。

第二十二条　【麻醉药品、精神药品、易制毒化学品进出口管理】国家对麻醉药品、精神药品和易制毒化学品的进口、出口实行许可制度。国务院有关部门应当按照规定的职责,对进口、出口麻醉药品、精神药品和易制毒化学品依法进行管理。禁止走私麻醉药品、精神药品和易制毒化学品。

第二十三条　【麻醉药品、精神药品、易制毒化学品流失的应急处置】发生麻醉药品、精神药品和易制毒化学品被盗、被抢、丢失或者其他流入非法渠道的情形,案发单位应当立即采取必要的控制措施,并立即向公安机关报告,同时依照规定向有关主管部门报告。

　　公安机关接到报告后,或者有证据证明麻醉药品、精神药品和易制毒化学品可能流入非法渠道的,应当及时开展调查,并可以对相关单位采取必要的控制措施。药品监督管理部门、卫生行政部门以及其他有关部门应当配合公安机关开展工作。

第二十四条 【禁止非法传授麻醉药品、精神药品、易制毒化学品的制造方法】禁止非法传授麻醉药品、精神药品和易制毒化学品的制造方法。公安机关接到举报或者发现非法传授麻醉药品、精神药品和易制毒化学品制造方法的,应当及时依法查处。

第二十五条 【授权国务院制定管理办法】麻醉药品、精神药品和易制毒化学品管理的具体办法,由国务院规定。

第二十六条 【有关场所的毒品检查】公安机关根据查缉毒品的需要,可以在边境地区、交通要道、口岸以及飞机场、火车站、长途汽车站、码头对来往人员、物品、货物以及交通工具进行毒品和易制毒化学品检查,民航、铁路、交通部门应当予以配合。

海关应当依法加强对进出口岸的人员、物品、货物和运输工具的检查,防止走私毒品和易制毒化学品。

邮政企业应当依法加强对邮件的检查,防止邮寄毒品和非法邮寄易制毒化学品。

第二十七条 【娱乐场所巡查和报告毒品违法犯罪】娱乐场所应当建立巡查制度,发现娱乐场所内有毒品违法犯罪活动的,应当立即向公安机关报告。

第二十八条 【查获毒品和涉毒财物的收缴与处理】对依法查获的毒品、吸食、注射毒品的用具,毒品违法犯罪的非法所得及其收益,以及直接用于实施毒品违法犯罪行为的本人所有的工具、设备、资金,应当收缴,依照规定处理。

第二十九条 【可疑毒品犯罪资金监测】反洗钱行政主管部门应当依法加强对可疑毒品犯罪资金的监测。反洗钱行政主管部门和其他依法负有反洗钱监督管理职责的部门、机构发现涉嫌毒品犯罪的资金流动情况,应当及时向侦查机关报告,并配合侦查机关做好侦查、调查工作。

第三十条 【毒品监测和禁毒信息系统】国家建立健全毒品监测和禁毒信息系统,开展毒品监测和禁毒信息的收集、分析、使用、交流工作。

第四章　戒　毒　措　施

第三十一条　【对吸毒成瘾人员采取治疗、教育、挽救措施】国家采取各种措施帮助吸毒人员戒除毒瘾,教育和挽救吸毒人员。

吸毒成瘾人员应当进行戒毒治疗。

吸毒成瘾的认定办法,由国务院卫生行政部门、药品监督管理部门、公安部门规定。

第三十二条　【对吸毒人员的检测和登记】公安机关可以对涉嫌吸毒的人员进行必要的检测,被检测人员应当予以配合;对拒绝接受检测的,经县级以上人民政府公安机关或者其派出机构负责人批准,可以强制检测。

公安机关应当对吸毒人员进行登记。

第三十三条　【社区戒毒】对吸毒成瘾人员,公安机关可以责令其接受社区戒毒,同时通知吸毒人员户籍所在地或者现居住地的城市街道办事处、乡镇人民政府。社区戒毒的期限为三年。

戒毒人员应当在户籍所在地接受社区戒毒;在户籍所在地以外的现居住地有固定住所的,可以在现居住地接受社区戒毒。

第三十四条　【负责社区戒毒的机构】城市街道办事处、乡镇人民政府负责社区戒毒工作。城市街道办事处、乡镇人民政府可以指定有关基层组织,根据戒毒人员本人和家庭情况,与戒毒人员签订社区戒毒协议,落实有针对性的社区戒毒措施。公安机关和司法行政、卫生行政、民政等部门应当对社区戒毒工作提供指导和协助。

城市街道办事处、乡镇人民政府,以及县级人民政府劳动行政部门对无职业且缺乏就业能力的戒毒人员,应当提供必要的职业技能培训、就业指导和就业援助。

第三十五条　【社区戒毒人员的义务】接受社区戒毒的戒毒人员应当遵守法律、法规,自觉履行社区戒毒协议,并根据公安机关的要求,定期接受检测。

对违反社区戒毒协议的戒毒人员,参与社区戒毒的工作人员应当进行批评、教育;对严重违反社区戒毒协议或者在社区戒毒期间又吸食、注射毒品的,应当及时向公安机关报告。

第三十六条 【戒毒医疗机构】吸毒人员可以自行到具有戒毒治疗资质的医疗机构接受戒毒治疗。

设置戒毒医疗机构或者医疗机构从事戒毒治疗业务的,应当符合国务院卫生行政部门规定的条件,报所在地的省、自治区、直辖市人民政府卫生行政部门批准,并报同级公安机关备案。戒毒治疗应当遵守国务院卫生行政部门制定的戒毒治疗规范,接受卫生行政部门的监督检查。

戒毒治疗不得以营利为目的。戒毒治疗的药品、医疗器械和治疗方法不得做广告。戒毒治疗收取费用的,应当按照省、自治区、直辖市人民政府价格主管部门会同卫生行政部门制定的收费标准执行。

第三十七条 【戒毒医疗机构对戒毒人员的检查等】医疗机构根据戒毒治疗的需要,可以对接受戒毒治疗的戒毒人员进行身体和所携带物品的检查;对在治疗期间有人身危险的,可以采取必要的临时保护性约束措施。

发现接受戒毒治疗的戒毒人员在治疗期间吸食、注射毒品的,医疗机构应当及时向公安机关报告。

第三十八条 【强制隔离戒毒适用条件】吸毒成瘾人员有下列情形之一的,由县级以上人民政府公安机关作出强制隔离戒毒的决定:

(一)拒绝接受社区戒毒的;

(二)在社区戒毒期间吸食、注射毒品的;

(三)严重违反社区戒毒协议的;

(四)经社区戒毒、强制隔离戒毒后再次吸食、注射毒品的。

对于吸毒成瘾严重,通过社区戒毒难以戒除毒瘾的人员,公安机关可以直接作出强制隔离戒毒的决定。

吸毒成瘾人员自愿接受强制隔离戒毒的,经公安机关同意,可以进入强制隔离戒毒场所戒毒。

第三十九条 【不适用强制隔离戒毒的情形】怀孕或者正在哺乳自己不满一周岁婴儿的妇女吸毒成瘾的,不适用强制隔离戒毒。不满十六周岁的未成年人吸毒成瘾的,可以不适用强制隔离戒毒。

对依照前款规定不适用强制隔离戒毒的吸毒成瘾人员,依照本法规定进行社区戒毒,由负责社区戒毒工作的城市街道办事处、乡镇人民政府加强帮助、教育和监督,督促落实社区戒毒措施。

第四十条 【强制隔离戒毒的决定程序和救济措施】公安机关对吸毒成瘾人员决定予以强制隔离戒毒的,应当制作强制隔离戒毒决定书,在执行强制隔离戒毒前送达被决定人,并在送达后二十四小时以内通知被决定人的家属、所在单位和户籍所在地公安派出所;被决定人不讲真实姓名、住址,身份不明的,公安机关应当自查清其身份后通知。

被决定人对公安机关作出的强制隔离戒毒决定不服的,可以依法申请行政复议或者提起行政诉讼。

第四十一条 【强制隔离戒毒场所】对被决定予以强制隔离戒毒的人员,由作出决定的公安机关送强制隔离戒毒场所执行。

强制隔离戒毒场所的设置、管理体制和经费保障,由国务院规定。

第四十二条 【戒毒人员入所查检】戒毒人员进入强制隔离戒毒场所戒毒时,应当接受对其身体和所携带物品的检查。

第四十三条 【强制隔离戒毒场所的职能】强制隔离戒毒场所应当根据戒毒人员吸食、注射毒品的种类及成瘾程度等,对戒毒人员进行有针对性的生理、心理治疗和身体康复训练。

根据戒毒的需要,强制隔离戒毒场所可以组织戒毒人员参加必要的生产劳动,对戒毒人员进行职业技能培训。组织戒毒人员参加生产劳动的,应当支付劳动报酬。

第四十四条 【强制隔离戒毒场所的管理】强制隔离戒毒场所应当根据戒毒人员的性别、年龄、患病等情况,对戒毒人员实行分别管理。

强制隔离戒毒场所对有严重残疾或者疾病的戒毒人员,应当给予必要的看护和治疗;对患有传染病的戒毒人员,应当依法采取必要的隔离、治疗措施;对可能发生自伤、自残等情形的戒毒人员,可以采取相应的保护性约束措施。

强制隔离戒毒场所管理人员不得体罚、虐待或者侮辱戒毒人员。

第四十五条 【强制隔离戒毒场所配备执业医师】强制隔离戒毒场所应当根据戒毒治疗的需要配备执业医师。强制隔离戒毒场所的执业医师具有麻醉药品和精神药品处方权的,可以按照有关技术规范对戒毒人员使用麻醉药品、精神药品。

卫生行政部门应当加强对强制隔离戒毒场所执业医师的业务指导和监督管理。

第四十六条 【强制隔离戒毒人员的探访、探视和物品检查】戒毒人员的亲属和所在单位或者就读学校的工作人员,可以按照有关规定探访戒毒人员。戒毒人员经强制隔离戒毒场所批准,可以外出探视配偶、直系亲属。

强制隔离戒毒场所管理人员应当对强制隔离戒毒场所以外的人员交给戒毒人员的物品和邮件进行检查,防止夹带毒品。在检查邮件时,应当依法保护戒毒人员的通信自由和通信秘密。

第四十七条 【强制隔离戒毒期限】强制隔离戒毒的期限为二年。

执行强制隔离戒毒一年后,经诊断评估,对于戒毒情况良好的戒毒人员,强制隔离戒毒场所可以提出提前解除强制隔离戒毒的意见,报强制隔离戒毒的决定机关批准。

强制隔离戒毒期满前,经诊断评估,对于需要延长戒毒期限的戒毒人员,由强制隔离戒毒场所提出延长戒毒期限的意见,报强制隔离戒毒的决定机关批准。强制隔离戒毒的期限最长可以延长一年。

第四十八条 【社区康复】对于被解除强制隔离戒毒的人员,强制隔离戒毒的决定机关可以责令其接受不超过三年的社区康复。

社区康复参照本法关于社区戒毒的规定实施。

第四十九条 【戒毒康复场所】县级以上地方各级人民政府根据戒毒工作的需要,可以开办戒毒康复场所;对社会力量依法开办的公益性戒毒康复场所应当给予扶持,提供必要的便利和帮助。

戒毒人员可以自愿在戒毒康复场所生活、劳动。戒毒康复场所组织戒毒人员参加生产劳动的,应当参照国家劳动用工制度的规定支付劳动报酬。

第五十条 【对被拘留、逮捕、收监的吸毒人员的戒毒治疗】公安机关、司法行政部门对被依法拘留、逮捕、收监执行刑罚以及被依法采取强制性教育措施的吸毒人员，应当给予必要的戒毒治疗。

第五十一条　【药物维持治疗】省、自治区、直辖市人民政府卫生行政部门会同公安机关、药品监督管理部门依照国家有关规定，根据巩固戒毒成果的需要和本行政区域艾滋病流行情况，可以组织开展戒毒药物维持治疗工作。

第五十二条　【戒毒人员不受歧视】戒毒人员在入学、就业、享受社会保障等方面不受歧视。有关部门、组织和人员应当在入学、就业、享受社会保障等方面对戒毒人员给予必要的指导和帮助。

第五章　禁毒国际合作

第五十三条　【禁毒国际合作的原则】中华人民共和国根据缔结或者参加的国际条约或者按照对等原则，开展禁毒国际合作。

第五十四条　【国家禁毒委员会组织开展禁毒国际合作】国家禁毒委员会根据国务院授权，负责组织开展禁毒国际合作，履行国际禁毒公约义务。

第五十五条　【毒品犯罪的司法协助】涉及追究毒品犯罪的司法协助，由司法机关依照有关法律的规定办理。

第五十六条　【执法合作】国务院有关部门应当按照各自职责，加强与有关国家或者地区执法机关以及国际组织的禁毒情报信息交流，依法开展禁毒执法合作。

经国务院公安部门批准，边境地区县级以上人民政府公安机关可以与有关国家或者地区的执法机关开展执法合作。

第五十七条　【涉案财物分享】通过禁毒国际合作破获毒品犯罪案件的，中华人民共和国政府可以与有关国家分享查获的非法所得、由非法所得获得的收益以及供毒品犯罪使用的财物或者财物变卖所得的款项。

第五十八条　【对外援助】国务院有关部门根据国务院授权，可以通过对外援助等渠道，支持有关国家实施毒品原植物替代种植、发展替代产业。

第六章 法律责任

第五十九条 【毒品违法犯罪行为的法律责任】有下列行为之一,构成犯罪的,依法追究刑事责任;尚不构成犯罪的,依法给予治安管理处罚:

(一)走私、贩卖、运输、制造毒品的;

(二)非法持有毒品的;

(三)非法种植毒品原植物的;

(四)非法买卖、运输、携带、持有未经灭活的毒品原植物种子或者幼苗的;

(五)非法传授麻醉药品、精神药品或者易制毒化学品制造方法的;

(六)强迫、引诱、教唆、欺骗他人吸食、注射毒品的;

(七)向他人提供毒品的。

第六十条 【妨害毒品查禁工作的法律责任】有下列行为之一,构成犯罪的,依法追究刑事责任;尚不构成犯罪的,依法给予治安管理处罚:

(一)包庇走私、贩卖、运输、制造毒品的犯罪分子,以及为犯罪分子窝藏、转移、隐瞒毒品或者犯罪所得财物的;

(二)在公安机关查处毒品违法犯罪活动时为违法犯罪行为人通风报信的;

(三)阻碍依法进行毒品检查的;

(四)隐藏、转移、变卖或者损毁司法机关、行政执法机关依法扣押、查封、冻结的涉及毒品违法犯罪活动的财物的。

第六十一条 【容留他人吸毒、介绍买卖毒品的法律责任】容留他人吸食、注射毒品或者介绍买卖毒品,构成犯罪的,依法追究刑事责任;尚不构成犯罪的,由公安机关处十日以上十五日以下拘留,可以并处三千元以下罚款;情节较轻的,处五日以下拘留或者五百元以下罚款。

第六十二条 【吸毒的法律责任】吸食、注射毒品的,依法给予治安管理处罚。吸毒人员主动到公安机关登记或者到有资质的医疗机构接受戒毒治疗的,不予处罚。

第六十三条 【致使麻醉药品流入非法渠道的法律责任】在麻醉药品、精神药品的实验研究、生产、经营、使用、储存、运输、进口、出口以及麻醉药品药用原植物种植活动中,违反国家规定,致使麻醉药品、精神药品或者麻醉药品药用原植物流入非法渠道,构成犯罪的,依法追究刑事责任;尚不构成犯罪的,依照有关法律、行政法规的规定给予处罚。

第六十四条 【违反易制毒化学品管制的法律责任】在易制毒化学品的生产、经营、购买、运输或者进口、出口活动中,违反国家规定,致使易制毒化学品流入非法渠道,构成犯罪的,依法追究刑事责任;尚不构成犯罪的,依照有关法律、行政法规的规定给予处罚。

第六十五条 【娱乐场所涉毒违法犯罪行为的法律责任】娱乐场所及其从业人员实施毒品违法犯罪行为,或者为进入娱乐场所的人员实施毒品违法犯罪行为提供条件,构成犯罪的,依法追究刑事责任;尚不构成犯罪的,依照有关法律、行政法规的规定给予处罚。

娱乐场所经营管理人员明知场所内发生聚众吸食、注射毒品或者贩毒活动,不向公安机关报告的,依照前款的规定给予处罚。

第六十六条 【非法从事戒毒治疗业务的法律责任】未经批准,擅自从事戒毒治疗业务的,由卫生行政部门责令停止违法业务活动,没收违法所得和使用的药品、医疗器械等物品;构成犯罪的,依法追究刑事责任。

第六十七条 【戒毒医疗机构发现吸毒不报告的法律责任】戒毒医疗机构发现接受戒毒治疗的戒毒人员在治疗期间吸食、注射毒品,不向公安机关报告的,由卫生行政部门责令改正;情节严重的,责令停业整顿。

第六十八条 【违反麻醉药品、精神药品使用规定的法律责任】强制隔离戒毒场所、医疗机构、医师违反规定使用麻醉药品、精神药品,构成犯罪的,依法追究刑事责任;尚不构成犯罪的,依照有关法律、行政法规的规定给予处罚。

第六十九条 【禁毒工作人员违法犯罪行为的法律责任】公安机关、司法行政部门或者其他有关主管部门的工作人员在禁毒工作中有下列行为之一,构成犯罪的,依法追究刑事责任;尚不构成犯罪的,依法给予处分:

(一)包庇、纵容毒品违法犯罪人员的;

(二)对戒毒人员有体罚、虐待、侮辱等行为的;

(三)挪用、截留、克扣禁毒经费的;

(四)擅自处分查获的毒品和扣押、查封、冻结的涉及毒品违法犯罪活动的财物的。

第七十条 【歧视戒毒人员的法律责任】有关单位及其工作人员在入学、就业、享受社会保障等方面歧视戒毒人员的,由教育行政部门、劳动行政部门责令改正;给当事人造成损失的,依法承担赔偿责任。

第七章 附 则

第七十一条 【施行日期】本法自 2008 年 6 月 1 日起施行。《全国人民代表大会常务委员会关于禁毒的决定》同时废止。

麻醉药品和精神药品管理条例

1. 2005 年 8 月 3 日国务院令第 442 号公布
2. 根据 2013 年 12 月 7 日国务院令第 645 号《关于修改部分行政法规的决定》第一次修订
3. 根据 2016 年 2 月 6 日国务院令第 666 号《关于修改部分行政法规的决定》第二次修订
4. 根据 2024 年 12 月 6 日国务院令第 797 号《关于修改和废止部分行政法规的决定》第三次修订

第一章 总 则

第一条 为加强麻醉药品和精神药品的管理,保证麻醉药品和精神药品的合法、安全、合理使用,防止流入非法渠道,根据药品管理法和其他有关法律的规定,制定本条例。

第二条 麻醉药品药用原植物的种植,麻醉药品和精神药品的实验研究、生产、经营、使用、储存、运输等活动以及监督管理,适用本条例。

麻醉药品和精神药品的进出口依照有关法律的规定办理。

第三条 本条例所称麻醉药品和精神药品,是指列入本条第二款规定的目录(以下称目录)的药品和其他物质。

麻醉药品和精神药品按照药用类和非药用类分类列管。药用类麻醉药品和精神药品目录由国务院药品监督管理部门会同国务院公安部门、国务院卫生主管部门制定、调整并公布。其中,药用类精神药品分为第一类精神药品和第二类精神药品。非药用类麻醉药品和精神药品目录由国务院公安部门会同国务院药品监督管理部门、国务院卫生主管部门制定、调整并公布。非药用类麻醉药品和精神药品发现药用用途的,调整列入药用类麻醉药品和精神药品目录,不再列入非药用类麻醉药品和精神药品目录。

国家组织开展药品和其他物质滥用监测,对药品和其他物质滥用情况进行评估,建立健全目录动态调整机制。上市销售但尚未列入目录的药品和其他物质或者第二类精神药品发生滥用,已经造成或者可能造成严重社会危害的,国务院药品监督管理部门、国务院公安部门、国务院卫生主管部门应当依照前款的规定及时将该药品和该物质列入目录或者将该第二类精神药品调整为第一类精神药品。

第四条 国家对麻醉药品药用原植物以及麻醉药品和精神药品实行管制。除本条例另有规定的外,任何单位、个人不得进行麻醉药品药用原植物的种植以及麻醉药品和精神药品的实验研究、生产、经营、使用、储存、运输等活动。

对药用类麻醉药品和精神药品,可以依照本条例的规定进行实验研究、生产、经营、使用、储存、运输;对非药用类麻醉药品和精神药品,可以依照本条例的规定进行实验研究,不得生产、经营、使用、储存、运输。

国家建立麻醉药品和精神药品追溯管理体系。国务院药品监督管理部门应当制定统一的麻醉药品和精神药品追溯标准和规范，推进麻醉药品和精神药品追溯信息互通互享，实现麻醉药品和精神药品可追溯。

第五条 国务院药品监督管理部门负责全国麻醉药品和精神药品的监督管理工作，并会同国务院农业主管部门对麻醉药品药用原植物实施监督管理。国务院公安部门负责对造成麻醉药品药用原植物、麻醉药品和精神药品流入非法渠道的行为进行查处。国务院其他有关主管部门在各自的职责范围内负责与麻醉药品和精神药品有关的管理工作。

省、自治区、直辖市人民政府药品监督管理部门和设区的市级、县级人民政府承担药品监督管理职责的部门（以下称药品监督管理部门）负责本行政区域内麻醉药品和精神药品的监督管理工作。县级以上地方公安机关负责对本行政区域内造成麻醉药品和精神药品流入非法渠道的行为进行查处。县级以上地方人民政府其他有关主管部门在各自的职责范围内负责与麻醉药品和精神药品有关的管理工作。

第六条 麻醉药品和精神药品生产、经营企业和使用单位可以依法参加行业协会。行业协会应当加强行业自律管理。

第二章 种植、实验研究和生产

第七条 国家根据麻醉药品和精神药品的医疗、国家储备和企业生产所需原料的需要确定需求总量，对麻醉药品药用原植物的种植、麻醉药品和精神药品的生产实行总量控制。

国务院药品监督管理部门根据麻醉药品和精神药品的需求总量制定年度生产计划。

国务院药品监督管理部门和国务院农业主管部门根据麻醉药品年度生产计划，制定麻醉药品药用原植物年度种植计划。

第八条 麻醉药品药用原植物种植企业应当根据年度种植计划，种植麻醉药品药用原植物。

麻醉药品药用原植物种植企业应当向国务院药品监督管理部门和国务院农业主管部门定期报告种植情况。

第九条　麻醉药品药用原植物种植企业由国务院药品监督管理部门和国务院农业主管部门共同确定,其他单位和个人不得种植麻醉药品药用原植物。

第十条　开展麻醉药品和精神药品实验研究活动应当具备下列条件,并经国务院药品监督管理部门批准:

（一）以医疗、科学研究或者教学为目的;

（二）有保证实验所需麻醉药品和精神药品安全的措施和管理制度;

（三）单位及其工作人员2年内没有违反有关禁毒的法律、行政法规规定的行为。

第十一条　麻醉药品和精神药品的实验研究单位申请相关药品批准证明文件,应当依照药品管理法的规定办理;需要转让研究成果的,应当经国务院药品监督管理部门批准。

第十二条　药品研究单位在普通药品的实验研究过程中,产生本条例规定的管制品种的,应当立即停止实验研究活动,并向国务院药品监督管理部门报告。国务院药品监督管理部门应当根据情况,及时作出是否同意其继续实验研究的决定。

第十三条　麻醉药品和第一类精神药品的临床试验,不得以健康人为受试对象。

第十四条　国家对麻醉药品和精神药品实行定点生产制度。

国务院药品监督管理部门应当根据麻醉药品和精神药品的需求总量,确定麻醉药品和精神药品定点生产企业的数量和布局,并根据年度需求总量对数量和布局进行调整、公布。

第十五条　麻醉药品和精神药品的定点生产企业应当具备下列条件:

（一）有药品生产许可证;

（二）有麻醉药品和精神药品实验研究批准文件;

（三）有符合规定的麻醉药品和精神药品生产设施、储存条件和相应的安全管理设施;

（四）有通过网络实施企业安全生产管理和向药品监督管理部门报告生产信息的能力；

（五）有保证麻醉药品和精神药品安全生产的管理制度；

（六）有与麻醉药品和精神药品安全生产要求相适应的管理水平和经营规模；

（七）麻醉药品和精神药品生产管理、质量管理部门的人员应当熟悉麻醉药品和精神药品管理以及有关禁毒的法律、行政法规；

（八）没有生产、销售假药、劣药或者违反有关禁毒的法律、行政法规规定的行为；

（九）符合国务院药品监督管理部门公布的麻醉药品和精神药品定点生产企业数量和布局的要求。

第十六条 从事麻醉药品、精神药品生产的企业，应当经所在地省、自治区、直辖市人民政府药品监督管理部门批准。

第十七条 定点生产企业生产麻醉药品和精神药品，应当依照药品管理法的规定取得药品批准文号。

国务院药品监督管理部门应当组织医学、药学、社会学、伦理学和禁毒等方面的专家成立专家组，由专家组对申请首次上市的麻醉药品和精神药品的社会危害性和被滥用的可能性进行评价，并提出是否批准的建议。

未取得药品批准文号的，不得生产麻醉药品和精神药品。

第十八条 发生重大突发事件，定点生产企业无法正常生产或者不能保证供应麻醉药品和精神药品时，国务院药品监督管理部门可以决定其他药品生产企业生产麻醉药品和精神药品。

重大突发事件结束后，国务院药品监督管理部门应当及时决定前款规定的企业停止麻醉药品和精神药品的生产。

第十九条 定点生产企业应当严格按照麻醉药品和精神药品年度生产计划安排生产，并依照规定向所在地省、自治区、直辖市人民政府药品监督管理部门报告生产情况。

第二十条 定点生产企业应当依照本条例的规定，将麻醉药品和精神药品销售给具有麻醉药品和精神药品经营资格的企业或者依照本条例规定批准的其他单位。

第二十一条 麻醉药品和精神药品的标签应当印有国务院药品监督管理部门规定的标志。

第三章 经　　营

第二十二条 国家对麻醉药品和精神药品实行定点经营制度。

国务院药品监督管理部门应当根据麻醉药品和第一类精神药品的需求总量,确定麻醉药品和第一类精神药品的定点批发企业布局,并应当根据年度需求总量对布局进行调整、公布。

药品经营企业不得经营麻醉药品原料药和第一类精神药品原料药。但是,供医疗、科学研究、教学使用的小包装的上述药品可以由国务院药品监督管理部门规定的药品批发企业经营。

第二十三条 麻醉药品和精神药品定点批发企业除应当具备药品管理法规定的药品经营企业的开办条件外,还应当具备下列条件:

(一)有符合本条例规定的麻醉药品和精神药品储存条件;

(二)有通过网络实施企业安全管理和向药品监督管理部门报告经营信息的能力;

(三)单位及其工作人员2年内没有违反有关禁毒的法律、行政法规规定的行为;

(四)符合国务院药品监督管理部门公布的定点批发企业布局。

麻醉药品和第一类精神药品的定点批发企业,还应当具有保证供应责任区域内医疗机构所需麻醉药品和第一类精神药品的能力,并具有保证麻醉药品和第一类精神药品安全经营的管理制度。

第二十四条 跨省、自治区、直辖市从事麻醉药品和第一类精神药品批发业务的企业(以下称全国性批发企业),应当经国务院药品监督管理部门批准;在本省、自治区、直辖市行政区域内从事麻醉药品和第一类精神药品批发业务的企业(以下称区域性批发企业),应当经所在地省、自治区、直辖市人民政府药品监督管理部门批准。

专门从事第二类精神药品批发业务的企业,应当经所在地省、自治区、直辖市人民政府药品监督管理部门批准。

全国性批发企业和区域性批发企业可以从事第二类精神药品批发业务。

第二十五条 全国性批发企业可以向区域性批发企业，或者经批准可以向取得麻醉药品和第一类精神药品使用资格的医疗机构以及依照本条例规定批准的其他单位销售麻醉药品和第一类精神药品。

全国性批发企业向取得麻醉药品和第一类精神药品使用资格的医疗机构销售麻醉药品和第一类精神药品，应当经医疗机构所在地省、自治区、直辖市人民政府药品监督管理部门批准。

国务院药品监督管理部门在批准全国性批发企业时，应当明确其所承担供药责任的区域。

第二十六条 区域性批发企业可以向本省、自治区、直辖市行政区域内取得麻醉药品和第一类精神药品使用资格的医疗机构销售麻醉药品和第一类精神药品；由于特殊地理位置的原因，需要就近向其他省、自治区、直辖市行政区域内取得麻醉药品和第一类精神药品使用资格的医疗机构销售的，应当经企业所在地省、自治区、直辖市人民政府药品监督管理部门批准。审批情况由负责审批的药品监督管理部门在批准后5日内通报医疗机构所在地省、自治区、直辖市人民政府药品监督管理部门。

省、自治区、直辖市人民政府药品监督管理部门在批准区域性批发企业时，应当明确其所承担供药责任的区域。

区域性批发企业之间因医疗急需、运输困难等特殊情况需要调剂麻醉药品和第一类精神药品的，应当在调剂后2日内将调剂情况分别报所在地省、自治区、直辖市人民政府药品监督管理部门备案。

第二十七条 全国性批发企业应当从定点生产企业购进麻醉药品和第一类精神药品。

区域性批发企业可以从全国性批发企业购进麻醉药品和第一类精神药品；经所在地省、自治区、直辖市人民政府药品监督管理部门批准，也可以从定点生产企业购进麻醉药品和第一类精神药品。

第二十八条 全国性批发企业和区域性批发企业向医疗机构销售麻

醉药品和第一类精神药品,应当将药品送至医疗机构。医疗机构不得自行提货。

第二十九条 第二类精神药品定点批发企业可以向医疗机构、定点批发企业和符合本条例第三十一条规定的药品零售企业以及依照本条例规定批准的其他单位销售第二类精神药品。

第三十条 麻醉药品和第一类精神药品不得零售。

禁止使用现金进行麻醉药品和精神药品交易,但是个人合法购买麻醉药品和精神药品的除外。

第三十一条 经所在地设区的市级药品监督管理部门批准,实行统一进货、统一配送、统一管理的药品零售连锁企业可以从事第二类精神药品零售业务。

第三十二条 第二类精神药品零售企业应当凭执业医师出具的处方,按规定剂量销售第二类精神药品,并将处方保存2年备查;禁止超剂量或者无处方销售第二类精神药品;不得向未成年人销售第二类精神药品。

第三十三条 麻醉药品和第一类精神药品实行政府指导价。具体办法由国务院医疗保障主管部门制定。

第四章 使 用

第三十四条 药品生产企业需要以麻醉药品和第一类精神药品为原料生产普通药品的,应当向所在地省、自治区、直辖市人民政府药品监督管理部门报送年度需求计划,由省、自治区、直辖市人民政府药品监督管理部门汇总报国务院药品监督管理部门批准后,向定点生产企业购买。

药品生产企业需要以第二类精神药品为原料生产普通药品的,应当将年度需求计划报所在地省、自治区、直辖市人民政府药品监督管理部门,并向定点批发企业或者定点生产企业购买。

第三十五条 食品、食品添加剂、化妆品、油漆等非药品生产企业需要使用咖啡因作为原料的,应当经所在地省、自治区、直辖市人民政府药品监督管理部门批准,向定点批发企业或者定点生产企购买。

科学研究、教学单位需要使用麻醉药品和精神药品开展实验、教学活动的,应当经所在地省、自治区、直辖市人民政府药品监督管理部门批准,向定点批发企业或者定点生产企业购买。

需要使用麻醉药品和精神药品的标准品、对照品的,应当经所在地省、自治区、直辖市人民政府药品监督管理部门批准,向国务院药品监督管理部门批准的单位购买。

第三十六条 医疗机构需要使用麻醉药品和第一类精神药品的,应当经所在地设区的市级人民政府卫生主管部门批准,取得麻醉药品、第一类精神药品购用印鉴卡(以下称印鉴卡)。医疗机构应当凭印鉴卡向本省、自治区、直辖市行政区域内的定点批发企业购买麻醉药品和第一类精神药品。

设区的市级人民政府卫生主管部门发给医疗机构印鉴卡时,应当将取得印鉴卡的医疗机构情况抄送所在地设区的市级药品监督管理部门,并报省、自治区、直辖市人民政府卫生主管部门备案。省、自治区、直辖市人民政府卫生主管部门应当将取得印鉴卡的医疗机构名单向本行政区域内的定点批发企业通报。

第三十七条 医疗机构取得印鉴卡应当具备下列条件:

(一)有专职的麻醉药品和第一类精神药品管理人员;

(二)有获得麻醉药品和第一类精神药品处方资格的执业医师;

(三)有保证麻醉药品和第一类精神药品安全储存的设施和管理制度。

第三十八条 医疗机构应当按照国务院卫生主管部门的规定,对本单位执业医师进行有关麻醉药品和精神药品使用知识的培训、考核,经考核合格的,授予麻醉药品和第一类精神药品处方资格。执业医师取得麻醉药品和第一类精神药品的处方资格后,方可在本医疗机构开具麻醉药品和第一类精神药品处方,但不得为自己开具该种处方。

医疗机构应当将具有麻醉药品和第一类精神药品处方资格的

执业医师名单及其变更情况,定期报送所在地设区的市级人民政府卫生主管部门,并抄送同级药品监督管理部门。

医务人员应当根据国务院卫生主管部门制定的临床应用指导原则,使用麻醉药品和精神药品。

第三十九条 具有麻醉药品和第一类精神药品处方资格的执业医师,根据临床应用指导原则,对确需使用麻醉药品或者第一类精神药品的患者,应当满足其合理用药需求。在医疗机构就诊的癌症疼痛患者和其他危重患者得不到麻醉药品或者第一类精神药品时,患者或者其亲属可以向执业医师提出申请。具有麻醉药品和第一类精神药品处方资格的执业医师认为要求合理的,应当及时为患者提供所需麻醉药品或者第一类精神药品。

第四十条 执业医师应当使用专用处方开具麻醉药品和精神药品,单张处方的最大用量应当符合国务院卫生主管部门的规定。执业医师开具麻醉药品和精神药品处方,应当对患者的信息进行核对;因抢救患者等紧急情况,无法核对患者信息的,执业医师可以先行开具麻醉药品和精神药品处方。

对麻醉药品和第一类精神药品处方,处方的调配人、核对人应当仔细核对,签署姓名,并予以登记;对不符合本条例规定的,处方的调配人、核对人应当拒绝发药。

麻醉药品和精神药品专用处方的格式由国务院卫生主管部门规定。

第四十一条 医疗机构应当对麻醉药品和精神药品处方进行专册登记,加强管理。麻醉药品处方至少保存3年,精神药品处方至少保存2年。医疗机构应当按照国务院卫生主管部门的规定及时报送麻醉药品和精神药品处方信息。

第四十二条 医疗机构抢救病人急需麻醉药品和第一类精神药品而本医疗机构无法提供时,可以从其他医疗机构或者定点批发企业紧急借用;抢救工作结束后,应当及时将借用情况报所在地设区的市级药品监督管理部门和卫生主管部门备案。

第四十三条 对临床需要而市场无供应的麻醉药品和精神药品,持有医疗机构制剂许可证和印鉴卡的医疗机构需要配制制剂的,应当经所在地省、自治区、直辖市人民政府药品监督管理部门批准。医疗机构配制的麻醉药品和精神药品制剂只能在本医疗机构使用,不得对外销售。

第四十四条 因治疗疾病需要,个人凭医疗机构出具的医疗诊断书、本人身份证明,可以携带单张处方最大用量以内的麻醉药品和第一类精神药品;携带麻醉药品和第一类精神药品出入境的,由海关根据自用、合理的原则放行。

医务人员为了医疗需要携带少量麻醉药品和精神药品出入境的,应当持有省级以上人民政府药品监督管理部门发放的携带麻醉药品和精神药品证明。海关凭携带麻醉药品和精神药品证明放行。

第四十五条 医疗机构、戒毒机构以开展戒毒治疗为目的,可以使用美沙酮或者国家确定的其他用于戒毒治疗的麻醉药品和精神药品。具体管理办法由国务院药品监督管理部门、国务院公安部门和国务院卫生主管部门制定。

第五章 储 存

第四十六条 麻醉药品药用原植物种植企业、定点生产企业、全国性批发企业和区域性批发企业以及国家设立的麻醉药品储存单位,应当设置储存麻醉药品和第一类精神药品的专库。该专库应当符合下列要求:

(一)安装专用防盗门,实行双人双锁管理;

(二)具有相应的防火设施;

(三)具有监控设施和报警装置,报警装置应当与公安机关报警系统联网。

全国性批发企业经国务院药品监督管理部门批准设立的药品储存点应当符合前款的规定。

麻醉药品定点生产企业应当将麻醉药品原料药和制剂分别存放。

第四十七条 麻醉药品和第一类精神药品的使用单位应当设立专库或者专柜储存麻醉药品和第一类精神药品。专库应当设有防盗设施并安装报警装置；专柜应当使用保险柜。专库和专柜应当实行双人双锁管理。

第四十八条 麻醉药品药用原植物种植企业、定点生产企业、全国性批发企业和区域性批发企业、国家设立的麻醉药品储存单位以及麻醉药品和第一类精神药品的使用单位，应当配备专人负责管理工作，并建立储存麻醉药品和第一类精神药品的专用账册。药品入库双人验收，出库双人复核，做到账物相符。专用账册的保存期限应当自药品有效期期满之日起不少于 5 年。

第四十九条 第二类精神药品经营企业应当在药品库房中设立独立的专库或者专柜储存第二类精神药品，并建立专用账册，实行专人管理。专用账册的保存期限应当自药品有效期期满之日起不少于 5 年。

第六章　运　　输

第五十条 托运、承运和自行运输麻醉药品和精神药品的，应当采取安全保障措施，防止麻醉药品和精神药品在运输过程中被盗、被抢、丢失。

第五十一条 通过铁路运输麻醉药品和第一类精神药品的，应当使用集装箱或者铁路行李车运输，具体办法由国务院药品监督管理部门会同国务院铁路主管部门制定。

　　没有铁路需要通过公路或者水路运输麻醉药品和第一类精神药品的，应当由专人负责押运。

第五十二条 托运或者自行运输麻醉药品和第一类精神药品的单位，应当向所在地设区的市级药品监督管理部门申请领取运输证明。运输证明有效期为 1 年。

　　运输证明应当由专人保管，不得涂改、转让、转借。

第五十三条 托运人办理麻醉药品和第一类精神药品运输手续，应当将运输证明副本交付承运人。承运人应当查验、收存运输证明副本,并检查货物包装。没有运输证明或者货物包装不符合规定的,承运人不得承运。

承运人在运输过程中应当携带运输证明副本,以备查验。

第五十四条 邮寄麻醉药品和精神药品,寄件人应当提交所在地设区的市级药品监督管理部门出具的准予邮寄证明。邮政营业机构应当查验、收存准予邮寄证明;没有准予邮寄证明的,邮政营业机构不得收寄。

省、自治区、直辖市邮政主管部门指定符合安全保障条件的邮政营业机构负责收寄麻醉药品和精神药品。邮政营业机构收寄麻醉药品和精神药品,应当依法对收寄的麻醉药品和精神药品予以查验。

邮寄麻醉药品和精神药品的具体管理办法,由国务院药品监督管理部门会同国务院邮政主管部门制定。

第五十五条 定点生产企业、全国性批发企业和区域性批发企业之间运输麻醉药品、第一类精神药品,发货人在发货前应当向所在地省、自治区、直辖市人民政府药品监督管理部门报送本次运输的相关信息。属于跨省、自治区、直辖市运输的,收到信息的药品监督管理部门应当向收货人所在地的同级药品监督管理部门通报;属于在本省、自治区、直辖市行政区域内运输的,收到信息的药品监督管理部门应当向收货人所在地设区的市级药品监督管理部门通报。

第七章　审批程序和监督管理

第五十六条 申请人提出本条例规定的审批事项申请,应当提交能够证明其符合本条例规定条件的相关资料。审批部门应当自收到申请之日起 40 日内作出是否批准的决定;作出批准决定的,发给许可证明文件或者在相关许可证明文件上加注许可事项;作出不予批准决定的,应当书面说明理由。

确定定点生产企业和定点批发企业,审批部门应当在经审查符合条件的企业中,根据布局的要求,通过公平竞争的方式初步确定定点生产企业和定点批发企业,并予公布。其他符合条件的企业可以自公布之日起 10 日内向审批部门提出异议。审批部门应当自收到异议之日起 20 日内对异议进行审查,并作出是否调整的决定。

第五十七条 药品监督管理部门应当根据规定的职责权限,对麻醉药品药用原植物的种植以及麻醉药品和精神药品的实验研究、生产、经营、使用、储存、运输活动进行监督检查。

第五十八条 省级以上人民政府药品监督管理部门根据实际情况建立监控信息网络,对定点生产企业、定点批发企业和使用单位的麻醉药品和精神药品生产、进货、销售、库存、使用的数量以及流向实行实时监控,并与同级公安机关做到信息共享。

第五十九条 尚未连接监控信息网络的麻醉药品和精神药品定点生产企业、定点批发企业和使用单位,应当每月通过电子信息、传真、书面等方式,将本单位麻醉药品和精神药品生产、进货、销售、库存、使用的数量以及流向,报所在地设区的市级药品监督管理部门和公安机关;医疗机构还应当报所在地设区的市级人民政府卫生主管部门。

设区的市级药品监督管理部门应当每 3 个月向上一级药品监督管理部门报告本地区麻醉药品和精神药品的相关情况。

第六十条 对已经发生滥用,造成严重社会危害的麻醉药品和精神药品品种,国务院药品监督管理部门应当采取在一定期限内中止生产、经营、使用或者限定其使用范围和用途等措施。对不再作为药品使用的麻醉药品和精神药品,国务院药品监督管理部门应当撤销其药品批准文号和药品标准,并予以公布。

药品监督管理部门、卫生主管部门发现生产、经营企业和使用单位的麻醉药品和精神药品管理存在安全隐患时,应当责令其立即排除或者限期排除;对有证据证明可能流入非法渠道的,应当及时采取查封、扣押的行政强制措施,在 7 日内作出行政处理决定,并通报同级公安机关。

药品监督管理部门发现取得印鉴卡的医疗机构未依照规定购

买麻醉药品和第一类精神药品时,应当及时通报同级卫生主管部门。接到通报的卫生主管部门应当立即调查处理。必要时,药品监督管理部门可以责令定点批发企业中止向该医疗机构销售麻醉药品和第一类精神药品。

第六十一条 麻醉药品和精神药品的生产、经营企业和使用单位对过期、损坏的麻醉药品和精神药品应当登记造册,并向所在地县级药品监督管理部门申请销毁。药品监督管理部门应当自接到申请之日起 5 日内到场监督销毁。医疗机构对存放在本单位的过期、损坏麻醉药品和精神药品,应当按照本条规定的程序向卫生主管部门提出申请,由卫生主管部门负责监督销毁。

对依法收缴的麻醉药品和精神药品,除经国务院药品监督管理部门或者国务院公安部门批准用于科学研究外,应当依照国家有关规定予以销毁。

第六十二条 县级以上人民政府卫生主管部门应当对执业医师开具麻醉药品和精神药品处方的情况进行监督检查。

第六十三条 药品监督管理部门、卫生主管部门和公安机关应当互相通报麻醉药品和精神药品生产、经营企业和使用单位的名单以及其他管理信息。

各级药品监督管理部门应当将在麻醉药品药用原植物的种植以及麻醉药品和精神药品的实验研究、生产、经营、使用、储存、运输等各环节的管理中的审批、撤销等事项通报同级公安机关。

麻醉药品和精神药品的经营企业、使用单位报送各级药品监督管理部门的备案事项,应当同时报送同级公安机关。

第六十四条 发生麻醉药品和精神药品被盗、被抢、丢失或者其他流入非法渠道的情形的,案发单位应当立即采取必要的控制措施,同时报告所在地县级公安机关和药品监督管理部门。医疗机构发生上述情形的,还应当报告其主管部门。

公安机关接到报告、举报,或者有证据证明麻醉药品和精神药品可能流入非法渠道时,应当及时开展调查,并可以对相关单位采取必要的控制措施。

药品监督管理部门、卫生主管部门以及其他有关部门应当配合公安机关开展工作。

第八章 法律责任

第六十五条 药品监督管理部门、卫生主管部门违反本条例的规定，有下列情形之一的，由其上级行政机关或者监察机关责令改正；情节严重的，对直接负责的主管人员和其他直接责任人员依法给予行政处分；构成犯罪的，依法追究刑事责任：

（一）对不符合条件的申请人准予行政许可或者超越法定职权作出准予行政许可决定的；

（二）未到场监督销毁过期、损坏的麻醉药品和精神药品的；

（三）未依法履行监督检查职责，应当发现而未发现违法行为、发现违法行为不及时查处，或者未依照本条例规定的程序实施监督检查的；

（四）违反本条例规定的其他失职、渎职行为。

第六十六条 麻醉药品药用原植物种植企业违反本条例的规定，有下列情形之一的，由药品监督管理部门责令限期改正，给予警告；逾期不改正的，处5万元以上10万元以下的罚款；情节严重的，取消其种植资格：

（一）未依照麻醉药品药用原植物年度种植计划进行种植的；

（二）未依照规定报告种植情况的；

（三）未依照规定储存麻醉药品的。

第六十七条 定点生产企业违反本条例的规定，有下列情形之一的，由药品监督管理部门责令限期改正，给予警告，并没收违法所得和违法销售的药品；逾期不改正的，责令停产，并处5万元以上10万元以下的罚款；情节严重的，取消其定点生产资格：

（一）未按照麻醉药品和精神药品年度生产计划安排生产的；

（二）未依照规定向药品监督管理部门报告生产情况的；

（三）未依照规定储存麻醉药品和精神药品，或者未依照规定建立、保存专用账册的；

(四)未依照规定销售麻醉药品和精神药品的;

(五)未依照规定销毁麻醉药品和精神药品的。

第六十八条 定点批发企业违反本条例的规定销售麻醉药品和精神药品,或者违反本条例的规定经营麻醉药品原料药和第一类精神药品原料药的,由药品监督管理部门责令限期改正,给予警告,并没收违法所得和违法销售的药品;逾期不改正的,责令停业,并处违法销售药品货值金额2倍以上5倍以下的罚款;情节严重的,取消其定点批发资格。

第六十九条 定点批发企业违反本条例的规定,有下列情形之一的,由药品监督管理部门责令限期改正,给予警告;逾期不改正的,责令停业,并处2万元以上5万元以下的罚款;情节严重的,取消其定点批发资格:

(一)未依照规定购进麻醉药品和第一类精神药品的;

(二)未保证供药责任区域内的麻醉药品和第一类精神药品的供应的;

(三)未对医疗机构履行送货义务的;

(四)未依照规定报告麻醉药品和精神药品的进货、销售、库存数量以及流向的;

(五)未依照规定储存麻醉药品和精神药品,或者未依照规定建立、保存专用账册的;

(六)未依照规定销毁麻醉药品和精神药品的;

(七)区域性批发企业之间违反本条例的规定调剂麻醉药品和第一类精神药品,或者因特殊情况调剂麻醉药品和第一类精神药品后未依照规定备案的。

第七十条 第二类精神药品零售企业违反本条例的规定储存、销售或者销毁第二类精神药品的,由药品监督管理部门责令限期改正,给予警告,并没收违法所得和违法销售的药品;逾期不改正的,责令停业,并处5000元以上2万元以下的罚款;情节严重的,取消其第二类精神药品零售资格。

第七十一条 本条例第三十四条、第三十五条规定的单位违反本条例的规定,购买麻醉药品和精神药品的,由药品监督管理部门没收违法购买的麻醉药品和精神药品,责令限期改正,给予警告;逾期不改正的,责令停产或者停止相关活动,并处2万元以上5万元以下的罚款。

第七十二条 取得印鉴卡的医疗机构违反本条例的规定,有下列情形之一的,由设区的市级人民政府卫生主管部门责令限期改正,给予警告;逾期不改正的,处5000元以上1万元以下的罚款;情节严重的,吊销其印鉴卡;对直接负责的主管人员和其他直接责任人员,依法给予降级、撤职、开除的处分:

(一)未依照规定购买、储存麻醉药品和第一类精神药品的;

(二)未依照规定保存麻醉药品和精神药品专用处方,或者未依照规定进行处方专册登记的;

(三)未依照规定报告麻醉药品和精神药品的进货、库存、使用数量的;

(四)紧急借用麻醉药品和第一类精神药品后未备案的;

(五)未依照规定销毁麻醉药品和精神药品的。

第七十三条 具有麻醉药品和第一类精神药品处方资格的执业医师,违反本条例的规定开具麻醉药品和第一类精神药品处方,或者未按照临床应用指导原则的要求使用麻醉药品和第一类精神药品的,由其所在医疗机构取消其麻醉药品和第一类精神药品处方资格;造成严重后果的,由原发证部门吊销其执业证书。执业医师未按照临床应用指导原则的要求使用第二类精神药品或者未使用专用处方开具第二类精神药品,造成严重后果的,由原发证部门吊销其执业证书。

未取得麻醉药品和第一类精神药品处方资格的执业医师擅自开具麻醉药品和第一类精神药品处方,由县级以上人民政府卫生主管部门给予警告,暂停其执业活动;造成严重后果的,吊销其执业证书;构成犯罪的,依法追究刑事责任。

处方的调配人、核对人违反本条例的规定未对麻醉药品和第一类精神药品处方进行核对,造成严重后果的,由原发证部门吊销其执业证书。

第七十四条 违反本条例的规定运输麻醉药品和精神药品的,由药品监督管理部门和运输管理部门依照各自职责,责令改正,给予警告,处2万元以上5万元以下的罚款。

收寄麻醉药品、精神药品的邮政营业机构未依照本条例的规定办理邮寄手续的,由邮政主管部门责令改正,给予警告;造成麻醉药品、精神药品邮件丢失的,依照邮政法律、行政法规的规定处理。

第七十五条 提供虚假材料、隐瞒有关情况,或者采取其他欺骗手段取得麻醉药品和精神药品的实验研究、生产、经营、使用资格的,由原审批部门撤销其已取得的资格,5年内不得提出有关麻醉药品和精神药品的申请;情节严重的,处1万元以上3万元以下的罚款,有药品生产许可证、药品经营许可证、医疗机构执业许可证的,依法吊销其许可证明文件。

第七十六条 药品研究单位在普通药品的实验研究和研制过程中,产生本条例规定管制的麻醉药品和精神药品,未依照本条例的规定报告的,由药品监督管理部门责令改正,给予警告,没收违法药品;拒不改正的,责令停止实验研究和研制活动。

第七十七条 药物临床试验机构以健康人为麻醉药品和第一类精神药品临床试验的受试对象的,由药品监督管理部门责令停止违法行为,给予警告;情节严重的,取消其药物临床试验机构的资格;构成犯罪的,依法追究刑事责任。对受试对象造成损害的,药物临床试验机构依法承担治疗和赔偿责任。

第七十八条 定点生产企业、定点批发企业和第二类精神药品零售企业生产、销售假劣麻醉药品和精神药品的,由药品监督管理部门取消其定点生产资格、定点批发资格或者第二类精神药品零售资格,并依照药品管理法的有关规定予以处罚。

第七十九条 定点生产企业、定点批发企业和其他单位使用现金进行麻醉药品和精神药品交易的,由药品监督管理部门责令改正,给予警告,没收违法交易的药品,并处5万元以上10万元以下的罚款。

第八十条　发生麻醉药品和精神药品被盗、被抢、丢失案件的单位，违反本条例的规定未采取必要的控制措施或者未依照本条例的规定报告的，由药品监督管理部门和卫生主管部门依照各自职责，责令改正，给予警告；情节严重的，处5000元以上1万元以下的罚款；有上级主管部门的，由其上级主管部门对直接负责的主管人员和其他直接责任人员，依法给予降级、撤职的处分。

第八十一条　依法取得麻醉药品药用原植物种植或者麻醉药品和精神药品实验研究、生产、经营、使用、运输等资格的单位，倒卖、转让、出租、出借、涂改其麻醉药品和精神药品许可证明文件的，由原审批部门吊销相应许可证明文件，没收违法所得；情节严重的，处违法所得2倍以上5倍以下的罚款；没有违法所得的，处2万元以上5万元以下的罚款；构成犯罪的，依法追究刑事责任。

第八十二条　违反本条例的规定，致使麻醉药品和精神药品流入非法渠道造成危害，构成犯罪的，依法追究刑事责任；尚不构成犯罪的，由县级以上公安机关处5万元以上10万元以下的罚款；有违法所得的，没收违法所得；情节严重的，处违法所得2倍以上5倍以下的罚款；由原发证部门吊销其药品生产、经营和使用许可证明文件。

　　药品监督管理部门、卫生主管部门在监督管理工作中发现前款规定情形的，应当立即通报所在地同级公安机关，并依照国家有关规定，将案件以及相关材料移送公安机关。

第八十三条　本章规定由药品监督管理部门作出的行政处罚，由县级以上药品监督管理部门按照国务院药品监督管理部门规定的职责分工决定。

第九章　附　　则

第八十四条　本条例所称实验研究是指以医疗、科学研究或者教学为目的的临床前药物研究。

第八十五条　药用类麻醉药品中的罂粟壳只能用于中药饮片和中成药的生产以及医疗配方使用。具体管理办法由国务院药品监督管理部门另行制定。

第八十六条　生产含麻醉药品的复方制剂,需要购进、储存、使用麻醉药品原料药的,应当遵守本条例有关麻醉药品管理的规定。

第八十七条　非药用类麻醉药品和精神药品管理的具体办法,由国务院公安部门会同国务院药品监督管理部门、国务院卫生主管部门依据本条例制定。

第八十八条　军队医疗机构麻醉药品和精神药品的供应、使用,由国务院药品监督管理部门会同中央军事委员会后勤保障部依据本条例制定具体管理办法。

第八十九条　对动物用麻醉药品和精神药品的管理,由国务院兽医主管部门会同国务院药品监督管理部门依据本条例制定具体管理办法。

第九十条　本条例自2005年11月1日起施行。1987年11月28日国务院发布的《麻醉药品管理办法》和1988年12月27日国务院发布的《精神药品管理办法》同时废止。

易制毒化学品管理条例

1. 2005年8月26日国务院令第445号公布
2. 根据2014年7月29日国务院令第653号《关于修改部分行政法规的决定》第一次修订
3. 根据2016年2月6日国务院令第666号《关于修改部分行政法规的决定》第二次修订
4. 根据2018年9月18日国务院令第703号《关于修改部分行政法规的决定》第三次修订

第一章　总　　则

第一条　为了加强易制毒化学品管理,规范易制毒化学品的生产、经营、购买、运输和进口、出口行为,防止易制毒化学品被用于制造毒品,维护经济和社会秩序,制定本条例。

第二条 国家对易制毒化学品的生产、经营、购买、运输和进口、出口实行分类管理和许可制度。

易制毒化学品分为三类。第一类是可以用于制毒的主要原料,第二类、第三类是可以用于制毒的化学配剂。易制毒化学品的具体分类和品种,由本条例附表列示。

易制毒化学品的分类和品种需要调整的,由国务院公安部门会同国务院药品监督管理部门、安全生产监督管理部门、商务主管部门、卫生主管部门和海关总署提出方案,报国务院批准。

省、自治区、直辖市人民政府认为有必要在本行政区域内调整分类或者增加本条例规定以外的品种的,应当向国务院公安部门提出,由国务院公安部门会同国务院有关行政主管部门提出方案,报国务院批准。

第三条 国务院公安部门、药品监督管理部门、安全生产监督管理部门、商务主管部门、卫生主管部门、海关总署、价格主管部门、铁路主管部门、交通主管部门、市场监督管理部门、生态环境主管部门在各自的职责范围内,负责全国的易制毒化学品有关管理工作;县级以上地方各级人民政府有关行政主管部门在各自的职责范围内,负责本行政区域内的易制毒化学品有关管理工作。

县级以上地方各级人民政府应当加强对易制毒化学品管理工作的领导,及时协调解决易制毒化学品管理工作中的问题。

第四条 易制毒化学品的产品包装和使用说明书,应当标明产品的名称(含学名和通用名)、化学分子式和成分。

第五条 易制毒化学品的生产、经营、购买、运输和进口、出口,除应当遵守本条例的规定外,属于药品和危险化学品的,还应当遵守法律、其他行政法规对药品和危险化学品的有关规定。

禁止走私或者非法生产、经营、购买、转让、运输易制毒化学品。

禁止使用现金或者实物进行易制毒化学品交易。但是,个人合法购买第一类中的药品类易制毒化学品药品制剂和第三类易制毒化学品的除外。

生产、经营、购买、运输和进口、出口易制毒化学品的单位，应当建立单位内部易制毒化学品管理制度。

第六条 国家鼓励向公安机关等有关行政主管部门举报涉及易制毒化学品的违法行为。接到举报的部门应当为举报者保密。对举报属实的，县级以上人民政府及有关行政主管部门应当给予奖励。

第二章 生产、经营管理

第七条 申请生产第一类易制毒化学品，应当具备下列条件，并经本条例第八条规定的行政主管部门审批，取得生产许可证后，方可进行生产：

（一）属依法登记的化工产品生产企业或者药品生产企业；

（二）有符合国家标准的生产设备、仓储设施和污染物处理设施；

（三）有严格的安全生产管理制度和环境突发事件应急预案；

（四）企业法定代表人和技术、管理人员具有安全生产和易制毒化学品的有关知识，无毒品犯罪记录；

（五）法律、法规、规章规定的其他条件。

申请生产第一类中的药品类易制毒化学品，还应当在仓储场所等重点区域设置电视监控设施以及与公安机关联网的报警装置。

第八条 申请生产第一类中的药品类易制毒化学品的，由省、自治区、直辖市人民政府药品监督管理部门审批；申请生产第一类中的非药品类易制毒化学品的，由省、自治区、直辖市人民政府安全生产监督管理部门审批。

前款规定的行政主管部门应当自收到申请之日起60日内，对申请人提交的申请材料进行审查。对符合规定的，发给生产许可证，或者在企业已经取得的有关生产许可证件上标注；不予许可的，应当书面说明理由。

审查第一类易制毒化学品生产许可申请材料时，根据需要，可以进行实地核查和专家评审。

第九条 申请经营第一类易制毒化学品,应当具备下列条件,并经本条例第十条规定的行政主管部门审批,取得经营许可证后,方可进行经营:

（一）属依法登记的化工产品经营企业或者药品经营企业;

（二）有符合国家规定的经营场所,需要储存、保管易制毒化学品的,还应当有符合国家技术标准的仓储设施;

（三）有易制毒化学品的经营管理制度和健全的销售网络;

（四）企业法定代表人和销售、管理人员具有易制毒化学品的有关知识,无毒品犯罪记录;

（五）法律、法规、规章规定的其他条件。

第十条 申请经营第一类中的药品类易制毒化学品的,由省、自治区、直辖市人民政府药品监督管理部门审批;申请经营第一类中的非药品类易制毒化学品的,由省、自治区、直辖市人民政府安全生产监督管理部门审批。

前款规定的行政主管部门应当自收到申请之日起30日内,对申请人提交的申请材料进行审查。对符合规定的,发给经营许可证,或者在企业已经取得的有关经营许可证件上标注;不予许可的,应当书面说明理由。

审查第一类易制毒化学品经营许可申请材料时,根据需要,可以进行实地核查。

第十一条 取得第一类易制毒化学品生产许可或者依照本条例第十三条第一款规定已经履行第二类、第三类易制毒化学品备案手续的生产企业,可以经销自产的易制毒化学品。但是,在厂外设立销售网点经销第一类易制毒化学品的,应当依照本条例的规定取得经营许可。

第一类中的药品类易制毒化学品药品单方制剂,由麻醉药品定点经营企业经销,且不得零售。

第十二条 取得第一类易制毒化学品生产、经营许可的企业,应当凭生产、经营许可证到市场监督管理部门办理经营范围变更登记。

未经变更登记,不得进行第一类易制毒化学品的生产、经营。

第一类易制毒化学品生产、经营许可证被依法吊销的,行政主管部门应当自作出吊销决定之日起5日内通知市场监督管理部门;被吊销许可证的企业,应当及时到市场监督管理部门办理经营范围变更或者企业注销登记。

第十三条 生产第二类、第三类易制毒化学品的,应当自生产之日起30日内,将生产的品种、数量等情况,向所在地的设区的市级人民政府安全生产监督管理部门备案。

经营第二类易制毒化学品的,应当自经营之日起30日内,将经营的品种、数量、主要流向等情况,向所在地的设区的市级人民政府安全生产监督管理部门备案;经营第三类易制毒化学品的,应当自经营之日起30日内,将经营的品种、数量、主要流向等情况,向所在地的县级人民政府安全生产监督管理部门备案。

前两款规定的行政主管部门应当于收到备案材料的当日发给备案证明。

第三章 购买管理

第十四条 申请购买第一类易制毒化学品,应当提交下列证件,经本条例第十五条规定的行政主管部门审批,取得购买许可证:

(一)经营企业提交企业营业执照和合法使用需要证明;

(二)其他组织提交登记证书(成立批准文件)和合法使用需要证明。

第十五条 申请购买第一类中的药品类易制毒化学品的,由所在地的省、自治区、直辖市人民政府药品监督管理部门审批;申请购买第一类中的非药品类易制毒化学品的,由所在地的省、自治区、直辖市人民政府公安机关审批。

前款规定的行政主管部门应当自收到申请之日起10日内,对申请人提交的申请材料和证件进行审查。对符合规定的,发给购买许可证;不予许可的,应当书面说明理由。

审查第一类易制毒化学品购买许可申请材料时,根据需要,可以进行实地核查。

第十六条　持有麻醉药品、第一类精神药品购买印鉴卡的医疗机构购买第一类中的药品类易制毒化学品的，无须申请第一类易制毒化学品购买许可证。

　　个人不得购买第一类、第二类易制毒化学品。

第十七条　购买第二类、第三类易制毒化学品的，应当在购买前将所需购买的品种、数量，向所在地的县级人民政府公安机关备案。个人自用购买少量高锰酸钾的，无须备案。

第十八条　经营单位销售第一类易制毒化学品时，应当查验购买许可证和经办人的身份证明。对委托代购的，还应当查验购买人持有的委托文书。

　　经营单位在查验无误、留存上述证明材料的复印件后，方可出售第一类易制毒化学品；发现可疑情况的，应当立即向当地公安机关报告。

第十九条　经营单位应当建立易制毒化学品销售台账，如实记录销售的品种、数量、日期、购买方等情况。销售台账和证明材料复印件应当保存2年备查。

　　第一类易制毒化学品的销售情况，应当自销售之日起5日内报当地公安机关备案；第一类易制毒化学品的使用单位，应当建立使用台账，并保存2年备查。

　　第二类、第三类易制毒化学品的销售情况，应当自销售之日起30日内报当地公安机关备案。

第四章　运输管理

第二十条　跨设区的市级行政区域(直辖市为跨市界)或者在国务院公安部门确定的禁毒形势严峻的重点地区跨县级行政区域运输第一类易制毒化学品的，由运出地的设区的市级人民政府公安机关审批；运输第二类易制毒化学品的，由运出地的县级人民政府公安机关审批。经审批取得易制毒化学品运输许可证后，方可运输。

　　运输第三类易制毒化学品的，应当在运输前向运出地的县级人民政府公安机关备案。公安机关应当于收到备案材料的当日发给备案证明。

第二十一条 申请易制毒化学品运输许可,应当提交易制毒化学品的购销合同,货主是企业的,应当提交营业执照;货主是其他组织的,应当提交登记证书(成立批准文件);货主是个人的,应当提交其个人身份证明。经办人还应当提交本人的身份证明。

公安机关应当自收到第一类易制毒化学品运输许可申请之日起10日内,收到第二类易制毒化学品运输许可申请之日起3日内,对申请人提交的申请材料进行审查。对符合规定的,发给运输许可证;不予许可的,应当书面说明理由。

审查第一类易制毒化学品运输许可申请材料时,根据需要,可以进行实地核查。

第二十二条 对许可运输第一类易制毒化学品的,发给一次有效的运输许可证。

对许可运输第二类易制毒化学品的,发给3个月有效的运输许可证;6个月内运输安全状况良好的,发给12个月有效的运输许可证。

易制毒化学品运输许可证应当载明拟运输的易制毒化学品的品种、数量、运入地、货主及收货人、承运人情况以及运输许可证种类。

第二十三条 运输供教学、科研使用的100克以下的麻黄素样品和供医疗机构制剂配方使用的小包装麻黄素以及医疗机构或者麻醉药品经营企业购买麻黄素片剂6万片以下、注射剂1.5万支以下,货主或者承运人持有依法取得的购买许可证明或者麻醉药品调拨单的,无须申请易制毒化学品运输许可。

第二十四条 接受货主委托运输的,承运人应当查验货主提供的运输许可证或者备案证明,并查验所运货物与运输许可证或者备案证明载明的易制毒化学品品种等情况是否相符;不相符的,不得承运。

运输易制毒化学品,运输人员应当自启运起全程携带运输许可证或者备案证明。公安机关应当在易制毒化学品的运输过程中进行检查。

运输易制毒化学品,应当遵守国家有关货物运输的规定。

第二十五条 因治疗疾病需要,患者、患者近亲属或者患者委托的人凭医疗机构出具的医疗诊断书和本人的身份证明,可以随身携带第一类中的药品类易制毒化学品药品制剂,但是不得超过医用单张处方的最大剂量。

医用单张处方最大剂量,由国务院卫生主管部门规定、公布。

第五章 进口、出口管理

第二十六条 申请进口或者出口易制毒化学品,应当提交下列材料,经国务院商务主管部门或者其委托的省、自治区、直辖市人民政府商务主管部门审批,取得进口或者出口许可证后,方可从事进口、出口活动:

(一)对外贸易经营者备案登记证明复印件;

(二)营业执照副本;

(三)易制毒化学品生产、经营、购买许可证或者备案证明;

(四)进口或者出口合同(协议)副本;

(五)经办人的身份证明。

申请易制毒化学品出口许可的,还应当提交进口方政府主管部门出具的合法使用易制毒化学品的证明或者进口方合法使用的保证文件。

第二十七条 受理易制毒化学品进口、出口申请的商务主管部门应当自收到申请材料之日起 20 日内,对申请材料进行审查,必要时可以进行实地核查。对符合规定的,发给进口或者出口许可证;不予许可的,应当书面说明理由。

对进口第一类中的药品类易制毒化学品的,有关的商务主管部门在作出许可决定前,应当征得国务院药品监督管理部门的同意。

第二十八条 麻黄素等属于重点监控物品范围的易制毒化学品,由国务院商务主管部门会同国务院有关部门核定的企业进口、出口。

第二十九条 国家对易制毒化学品的进口、出口实行国际核查制度。易制毒化学品国际核查目录及核查的具体办法,由国务院商务主管部门会同国务院公安部门规定、公布。

国际核查所用时间不计算在许可期限之内。

对向毒品制造、贩运情形严重的国家或者地区出口易制毒化学品以及本条例规定品种以外的化学品的,可以在国际核查措施以外实施其他管制措施,具体办法由国务院商务主管部门会同国务院公安部门、海关总署等有关部门规定、公布。

第三十条 进口、出口或者过境、转运、通运易制毒化学品的,应当如实向海关申报,并提交进口或者出口许可证。海关凭许可证办理通关手续。

易制毒化学品在境外与保税区、出口加工区等海关特殊监管区域、保税场所之间进出的,适用前款规定。

易制毒化学品在境内与保税区、出口加工区等海关特殊监管区域、保税场所之间进出的,或者在上述海关特殊监管区域、保税场所之间进出的,无须申请易制毒化学品进口或者出口许可证。

进口第一类中的药品类易制毒化学品,还应当提交药品监督管理部门出具的进口药品通关单。

第三十一条 进出境人员随身携带第一类中的药品类易制毒化学品药品制剂和高锰酸钾,应当以自用且数量合理为限,并接受海关监管。

进出境人员不得随身携带前款规定以外的易制毒化学品。

第六章 监督检查

第三十二条 县级以上人民政府公安机关、负责药品监督管理的部门、安全生产监督管理部门、商务主管部门、卫生主管部门、价格主管部门、铁路主管部门、交通主管部门、市场监督管理部门、生态环境主管部门和海关,应当依照本条例和有关法律、行政法规的规定,在各自的职责范围内,加强对易制毒化学品生产、经营、购买、运输、价格以及进口、出口的监督检查;对非法生产、经营、购买、运输易制毒化学品,或者走私易制毒化学品的行为,依法予以查处。

前款规定的行政主管部门在进行易制毒化学品监督检查时,可以依法查看现场、查阅和复制有关资料、记录有关情况、扣押相关的证据材料和违法物品;必要时,可以临时查封有关场所。

被检查的单位或者个人应当如实提供有关情况和材料、物品,不得拒绝或者隐匿。

第三十三条 对依法收缴、查获的易制毒化学品,应当在省、自治区、直辖市或者设区的市级人民政府公安机关、海关或者生态环境主管部门的监督下,区别易制毒化学品的不同情况进行保管、回收,或者依照环境保护法律、行政法规的有关规定,由有资质的单位在生态环境主管部门的监督下销毁。其中,对收缴、查获的第一类中的药品类易制毒化学品,一律销毁。

易制毒化学品违法单位或者个人无力提供保管、回收或者销毁费用的,保管、回收或者销毁的费用在回收所得中开支,或者在有关行政主管部门的禁毒经费中列支。

第三十四条 易制毒化学品丢失、被盗、被抢的,发案单位应当立即向当地公安机关报告,并同时报告当地的县级人民政府食品药品监督管理部门、安全生产监督管理部门、商务主管部门或者卫生主管部门。接到报案的公安机关应当及时立案查处,并向上级公安机关报告;有关行政主管部门应当逐级上报并配合公安机关的查处。

第三十五条 有关行政主管部门应当将易制毒化学品许可以及依法吊销许可的情况通报有关公安机关和市场监督管理部门;市场监督管理部门应当将生产、经营易制毒化学品企业依法变更或者注销登记的情况通报有关公安机关和行政主管部门。

第三十六条 生产、经营、购买、运输或者进口、出口易制毒化学品的单位,应当于每年3月31日前向许可或者备案的行政主管部门和公安机关报告本单位上年度易制毒化学品的生产、经营、购买、运输或者进口、出口情况;有条件的生产、经营、购买、运输或者进口、出口单位,可以与有关行政主管部门建立计算机联网,及时通报有关经营情况。

第三十七条　县级以上人民政府有关行政主管部门应当加强协调合作,建立易制毒化学品管理情况、监督检查情况以及案件处理情况的通报、交流机制。

第七章　法律责任

第三十八条　违反本条例规定,未经许可或者备案擅自生产、经营、购买、运输易制毒化学品,伪造申请材料骗取易制毒化学品生产、经营、购买或者运输许可证,使用他人的或者伪造、变造、失效的许可证生产、经营、购买、运输易制毒化学品的,由公安机关没收非法生产、经营、购买或者运输的易制毒化学品、用于非法生产易制毒化学品的原料以及非法生产、经营、购买或者运输易制毒化学品的设备、工具,处非法生产、经营、购买或者运输的易制毒化学品货值10倍以上20倍以下的罚款,货值的20倍不足1万元的,按1万元罚款;有违法所得的,没收违法所得;有营业执照的,由市场监督管理部门吊销营业执照;构成犯罪的,依法追究刑事责任。

对有前款规定违法行为的单位或者个人,有关行政主管部门可以自作出行政处罚决定之日起3年内,停止受理其易制毒化学品生产、经营、购买、运输或者进口、出口许可申请。

第三十九条　违反本条例规定,走私易制毒化学品的,由海关没收走私的易制毒化学品;有违法所得的,没收违法所得,并依照海关法律、行政法规给予行政处罚;构成犯罪的,依法追究刑事责任。

第四十条　违反本条例规定,有下列行为之一的,由负有监督管理职责的行政主管部门给予警告,责令限期改正,处1万元以上5万元以下的罚款;对违反规定生产、经营、购买的易制毒化学品可以予以没收;逾期不改正的,责令限期停产停业整顿;逾期整顿不合格的,吊销相应的许可证:

(一)易制毒化学品生产、经营、购买、运输或者进口、出口单位未按规定建立安全管理制度的;

(二)将许可证或者备案证明转借他人使用的;

(三)超出许可的品种、数量生产、经营、购买易制毒化学品的;

(四)生产、经营、购买单位不记录或者不如实记录交易情况、不按规定保存交易记录或者不如实、不及时向公安机关和有关行政主管部门备案销售情况的;

(五)易制毒化学品丢失、被盗、被抢后未及时报告,造成严重后果的;

(六)除个人合法购买第一类中的药品类易制毒化学品药品制剂以及第三类易制毒化学品外,使用现金或者实物进行易制毒化学品交易的;

(七)易制毒化学品的产品包装和使用说明书不符合本条例规定要求的;

(八)生产、经营易制毒化学品的单位不如实或者不按时向有关行政主管部门和公安机关报告年度生产、经销和库存等情况的。

企业的易制毒化学品生产经营许可被依法吊销后,未及时到市场监督管理部门办理经营范围变更或者企业注销登记的,依照前款规定,对易制毒化学品予以没收,并处罚款。

第四十一条 运输的易制毒化学品与易制毒化学品运输许可证或者备案证明载明的品种、数量、运入地、货主及收货人、承运人等情况不符,运输许可证种类不当,或者运输人员未全程携带运输许可证或者备案证明的,由公安机关责令停运整改,处5000元以上5万元以下的罚款;有危险物品运输资质的,运输主管部门可以依法吊销其运输资质。

个人携带易制毒化学品不符合品种、数量规定的,没收易制毒化学品,处1000元以上5000元以下的罚款。

第四十二条 生产、经营、购买、运输或者进口、出口易制毒化学品的单位或者个人拒不接受有关行政主管部门监督检查的,由负有监督管理职责的行政主管部门责令改正,对直接负责的主管人员以及其他直接责任人员给予警告;情节严重的,对单位处1万元以上5万元以下的罚款,对直接负责的主管人员以及其他直接责任人员处1000元以上5000元以下的罚款;有违反治安管理行为的,依法给予治安管理处罚;构成犯罪的,依法追究刑事责任。

第四十三条 易制毒化学品行政主管部门工作人员在管理工作中有应当许可而不许可、不应当许可而滥许可,不依法受理备案,以及其他滥用职权、玩忽职守、徇私舞弊行为的,依法给予行政处分;构成犯罪的,依法追究刑事责任。

第八章 附 则

第四十四条 易制毒化学品生产、经营、购买、运输和进口、出口许可证,由国务院有关行政主管部门根据各自的职责规定式样并监制。

第四十五条 本条例自2005年11月1日起施行。

本条例施行前已经从事易制毒化学品生产、经营、购买、运输或者进口、出口业务的,应当自本条例施行之日起6个月内,依照本条例的规定重新申请许可。

附表:

易制毒化学品的分类和品种目录

第一类

1. 1-苯基-2-丙酮
2. 3,4-亚甲基二氧苯基-2-丙酮
3. 胡椒醛
4. 黄樟素
5. 黄樟油
6. 异黄樟素
7. N-乙酰邻氨基苯酸
8. 邻氨基苯甲酸
9. 麦角酸*
10. 麦角胺*

11. 麦角新碱*

12. 麻黄素、伪麻黄素、消旋麻黄素、去甲麻黄素、甲基麻黄素、麻黄浸膏、麻黄浸膏粉等麻黄素类物质*

第二类

1. 苯乙酸
2. 醋酸酐
3. 三氯甲烷
4. 乙醚
5. 哌啶

第三类

1. 甲苯
2. 丙酮
3. 甲基乙基酮
4. 高锰酸钾
5. 硫酸
6. 盐酸

说明：

一、第一类、第二类所列物质可能存在的盐类，也纳入管制。

二、带有*标记的品种为第一类中的药品类易制毒化学品，第一类中的药品类易制毒化学品包括原料药及其单方制剂。

公安机关缴获毒品管理规定

1. 2016年5月19日公安部修订发布
2. 公禁毒〔2016〕486号
3. 自2016年7月1日起施行

第一章 总　　则

第一条 为进一步规范公安机关缴获毒品管理工作，保障毒品案件的顺利办理,根据有关法律、行政法规和规章,制定本规定。

第二条　公安机关(含铁路、交通、民航、森林公安机关和海关缉私机构、边防管理部门)对办理毒品刑事案件、行政案件过程中依法扣押、收缴的毒品进行保管、移交、入库、调用、出库、处理等工作,适用本规定。

第三条　各级公安机关应当高度重视毒品管理工作,建立健全毒品管理制度,强化监督,确保安全,严防流失,适时销毁。

第二章　毒品的保管

第四条　省级公安机关禁毒部门负责对缴获毒品实行集中统一保管。

办理毒品案件的公安派出所、出入境边防检查机关以及除省级公安机关禁毒部门外的县级以上公安机关办案部门(以下统称办案部门)负责临时保管缴获毒品。

经省级公安机关禁毒部门批准并报公安部禁毒局备案,设区的市一级公安机关禁毒部门可以对缴获毒品实行集中统一保管。

第五条　有条件的公安机关可以指定涉案财物管理部门负责临时保管缴获毒品。

经省级公安机关批准并报公安部禁毒局备案,设区的市一级公安机关涉案财物管理部门可以对缴获毒品实行集中统一保管。

第六条　公安机关鉴定机构负责临时保管鉴定剩余的毒品检材和留存备查的毒品检材。

对不再需要保留的毒品检材,公安机关鉴定机构应当及时交还委托鉴定的办案部门或者移交同级公安机关禁毒部门。

第七条　公安机关集中统一保管毒品的,应当划设独立的房间或者场地,设置长期固定的专用保管仓库;临时保管毒品的,应当设置保管仓库或者使用专用保管柜。

毒品保管仓库应当符合避光、防潮、通风和保密的要求,安装防盗安全门、防护栏、防火设施、通风设施、控温设施、视频监控系统和入侵报警系统。

毒品专用保管仓库不得存放其他物品。

第八条 办案部门应当指定不承担办案或者鉴定工作的民警负责本部门毒品的接收、保管、移交等管理工作。

毒品保管仓库和专用保险柜应当由专人负责看守。毒品保管实行双人双锁制度；毒品入库双人验收，出库双人复核，做到账物相符。

第九条 办案部门和负责毒品保管的涉案财物管理部门应当设立毒品保管账册并保存二十年备查。

有条件的省级公安机关，可以建立缴获毒品管理信息系统，对毒品进行实时、全程录入和管理，并与执法办案信息系统关联。

第十条 对易燃、易爆、具有毒害性以及对保管条件、保管场所有特殊要求的毒品，在处理前应当存放在符合条件的专门场所。公安机关没有具备保管条件的场所的，可以借用其他单位符合条件的场所进行保管。

对借用其他单位的场所保管的毒品，公安机关应当派专人看守或者进行定期检查。

第十一条 公安机关应当采取安全保障措施，防止保管的毒品发生泄漏、遗失、损毁或者受到污染等。

毒品保管人员应当定期检查毒品保管仓库和毒品保管柜并清点保管的毒品，及时发现和排除安全隐患。

第三章 毒品的移交、入库

第十二条 对办理毒品案件过程中发现的毒品，办案人员应当及时固定、提取，依法予以扣押、收缴。

办案人员应当在缴获毒品的现场对毒品及其包装物进行封装，并及时完成称量、取样、送检等工作；确因客观原因无法在现场实施封装的，应当经办案部门负责人批准。

第十三条 办案人员依法扣押、收缴毒品后，应当在二十四小时以内将毒品移交本部门的毒品保管人员，并办理移交手续。

异地办案或者在偏远、交通不便地区办案的，办案人员应当在返回办案单位后的二十四小时以内办理移交手续。

需要将毒品送至鉴定机构进行取样、鉴定的，经办案部门负责人批准，办案人员可以在送检完成后的二十四小时以内办理移交手续。

第十四条　除禁毒部门外的其他办案部门应当在扣押、收缴毒品之日起七日以内将毒品移交所在地的县级或者设区的市一级公安机关禁毒部门。

具有案情复杂、缴获毒品数量较大、异地办案等情形的，移交毒品的时间可以延长至二十日。

第十五条　刑事案件侦查终结、依法撤销或者对行政案件作出行政处罚决定、终止案件调查后，县级公安机关禁毒部门应当及时将临时保管的毒品移交上一级公安机关禁毒部门。

对因犯罪嫌疑人或者违法行为人无法确定、负案在逃等客观原因无法侦查终结或者无法作出行政处罚决定的案件，应当在立案或者受案后的一年以内移交。

第十六条　不起诉决定或者判决、裁定（含死刑复核判决、裁定）发生法律效力，或者行政处罚决定已过复议诉讼期限后，负责临时保管毒品的设区的市一级公安机关禁毒部门应当及时将临时保管的毒品移交省级公安机关禁毒部门集中统一保管。

第十七条　公安机关指定涉案财物管理部门负责保管毒品的，禁毒部门应当及时将本部门缴获的毒品和其他办案部门、鉴定机构移交的毒品移交同级涉案财物管理部门。

负责临时保管毒品的涉案财物管理部门应当依照本规定第十五条、第十六条的规定及时移交临时保管的毒品。

第十八条　毒品保管人员对本部门办案人员或者其他办案部门、鉴定机构移交的毒品，应当当场检查毒品及其包装物的封装是否完好以及封装袋上的标记、编号、签名等是否清晰、完整，并对照有关法律文书对移交的毒品逐一查验、核对。

对符合条件可以办理入库的毒品，毒品保管人员应当将入库毒品登记造册，详细登记移交毒品的种类、数量、封装情况、移交单位、移交人员、移交时间等情况,在《扣押清单》《证据保全清单》或者《收缴/追缴物品清单》上签字并留存一份备查。

对缺少法律文书、法律文书对必要事项记载不全、移交的毒品与法律文书记载不符或者移交的毒品未按规定封装的,毒品保管人员可以拒绝接收,并应当要求办案人员及时补齐相关法律文书、信息或者按规定封装后移交。

第四章 毒品的调用、出库

第十九条 因讯问、询问、鉴定、辨认、检验等办案工作需要,经本条第二款规定的负责人审批,办案人员可以调用毒品。

调用办案部门保管的毒品的,应当经办案部门负责人批准;调用涉案财物管理部门保管的毒品的,应当经涉案财物管理部门所属公安机关的禁毒部门负责人批准;除禁毒部门外的其他办案部门调用禁毒部门保管的毒品的,应当经负责毒品保管的禁毒部门负责人批准。

人民法院、人民检察院在案件诉讼过程中需要调用毒品的,应当由办案部门依照前两款的规定办理调用手续。

第二十条 因开展禁毒宣传教育、缉毒犬训练、教学科研等工作需要调用集中统一保管的毒品的,应当经省级或者经授权的设区的市一级公安机关分管禁毒工作的负责人批准。

第二十一条 毒品保管人员应当对照批准文件核对调用出库的毒品,详细登记调用人、审批人、调用事由、调用期限、出库时间以及出库毒品的状态和数量等事项。

第二十二条 调用人应当按照批准的调用目的使用毒品,并采取措施妥善保管调用的毒品,防止流失或者出现缺损、调换、灭失等情况。

调用人应当在调用结束后的二十四小时以内将毒品归还毒品保管人员。

调用人归还毒品时,毒品保管人员应当对照批准文件进行核对,检查包装,复称重量;必要时,可以进行检验或者鉴定。经核对、检查无误,毒品保管人员应当重新办理毒品入库手续。

对出现缺损、调换、灭失等情况的,毒品保管人员应当如实记录,并报告调用人所属部门;毒品在调用过程中出现分解、潮解等情况的,调用人应当作出书面说明;因鉴定取样、实验研究等情况导致调用毒品发生合理损耗的,调用人应当提供相应的证明材料。

第二十三条 公安机关需要运输毒品的,应当由两名以上民警负责押运或者通过安全可靠的运输渠道进行运输。

负责押运的民警应当自启运起全程携带相关证明文件。

运输毒品过程中,公安机关应当采取安全保障措施,防止毒品发生泄漏、遗失、损毁或者受到污染等。

第五章 毒品的处理

第二十四条 缴获毒品不随案移送人民检察院、人民法院,但办案部门应当将其清单、照片或者其他证明文件随案移送。

对需要作为证据使用的毒品,不起诉决定或者判决、裁定(含死刑复核判决、裁定)发生法律效力,或者行政处罚决定已过复议诉讼期限后方可销毁。

第二十五条 对集中统一保管的毒品,除因办案、留样备查等工作需要少量留存外,省级公安机关或者经授权的市一级公安机关应当适时组织销毁。

其他任何部门或者个人不得以任何理由擅自处理毒品。

第二十六条 需要销毁毒品的,应当由负责毒品集中统一保管的禁毒部门提出销毁毒品的种类、数量和销毁的地点、时间、方式等,经省级公安机关负责人批准,方可销毁。

第二十七条 毒品保管人员应当对照批准文件核对出库销毁的毒品,并将毒品出库情况登记造册。

公安机关需要销毁毒品的,应当制定安全保卫方案和突发事件应急处理预案;必要时,可以邀请检察机关和环境保护主管部门派员监督;有条件的,可以委托具有危险废物无害化处理资质的单位进行销毁。

第二十八条　设区的市一级公安机关禁毒部门应当于每年12月31日前将本年度保管毒品的入库量、出库量、库存量、销毁量和缴获毒品管理工作情况报省级公安机关禁毒部门备案。

省级公安机关禁毒部门应当于每年1月31日前将上年度保管毒品的入库量、出库量、库存量、销毁量和本省（自治区、直辖市）缴获毒品管理工作情况报公安部禁毒局备案。

第六章　监　　督

第二十九条　各级公安机关分管禁毒工作的负责人对毒品管理工作承担重要领导责任，各级公安机关禁毒部门和负责毒品保管的涉案财物管理部门的主要负责人对毒品管理工作承担主要领导责任。

第三十条　各级公安机关应当将毒品管理工作纳入执法监督和执法质量考评范围，定期或者不定期地组织有关部门对本机关和办案部门负责保管的毒品进行核查，防止流失、毁灭或者不按规定移交、调用、处理等；发现毒品管理不当的，应当责令立即改正。

第三十一条　未按本规定严格管理毒品，致使毒品流失、毁灭或者导致严重后果的，应当依照有关规定追究相关责任人和毒品管理人员的责任；涉嫌犯罪的，移送司法机关依法追究刑事责任。

第七章　附　　则

第三十二条　本规定所称的公安机关禁毒部门，包括县级以上地方公安机关毒品犯罪侦查部门以及县级以上地方公安机关根据公安部有关规定确定的承担禁毒工作职责的业务部门。

本规定所称的毒品，包括毒品的成品、半成品、疑似物以及其他含有毒品成分的物质，但不包括含有毒品成分的人体生物样本。

第三十三条　本规定所称的"以上""以内"包括本数，"日"是指工作日。

第三十四条　各地公安机关可以根据本规定，结合本地和各警种实际情况，制定缴获毒品管理的具体办法，并报上一级公安机关备案。

第三十五条　公安机关从其他部门和个人接收毒品的管理，依照本规定执行。

第三十六条　本规定自 2016 年 7 月 1 日起施行。2001 年 8 月 23 日印发的《公安机关缴获毒品管理规定》（公禁毒〔2001〕218 号）同时废止。

非药用类麻醉药品和精神药品列管办法

1. 2015 年 9 月 24 日公安部、国家卫生计生委、食品药品监管总局、国家禁毒办印发
2. 公通字〔2015〕27 号

第一条　为加强对非药用类麻醉药品和精神药品的管理，防止非法生产、经营、运输、使用和进出口，根据《中华人民共和国禁毒法》和《麻醉药品和精神药品管理条例》等法律、法规的规定，制定本办法。

第二条　本办法所称的非药用类麻醉药品和精神药品，是指未作为药品生产和使用，具有成瘾性或者成瘾潜力且易被滥用的物质。

第三条　麻醉药品和精神药品按照药用类和非药用类分类列管。除麻醉药品和精神药品管理品种目录已有列管品种外，新增非药用类麻醉药品和精神药品管制品种由本办法附表列示。非药用类麻醉药品和精神药品管制品种目录的调整由国务院公安部门会同国务院食品药品监督管理部门和国务院卫生计生行政部门负责。

　　非药用类麻醉药品和精神药品发现医药用途，调整列入药品目录的，不再列入非药用类麻醉药品和精神药品管制品种目录。

第四条　对列管的非药用类麻醉药品和精神药品，禁止任何单位和个人生产、买卖、运输、使用、储存和进出口。因科研、实验需要使用非药用类麻醉药品和精神药品，在药品、医疗器械生产、检测中需要使用非药用类麻醉药品和精神药品标准品、对照品，以及药品

生产过程中非药用类麻醉药品和精神药品中间体的管理,按照有关规定执行。

各级公安机关和有关部门依法加强对非药用类麻醉药品和精神药品违法犯罪行为的打击处理。

第五条 各地禁毒委员会办公室(以下简称禁毒办)应当组织公安机关和有关部门加强对非药用类麻醉药品和精神药品的监测,并将监测情况及时上报国家禁毒办。国家禁毒办经汇总、分析后,应当及时发布预警信息。对国家禁毒办发布预警的未列管非药用类麻醉药品和精神药品,各地禁毒办应当进行重点监测。

第六条 国家禁毒办认为需要对特定非药用类麻醉药品和精神药品进行列管的,应当交由非药用类麻醉药品和精神药品专家委员会(以下简称专家委员会)进行风险评估和列管论证。

第七条 专家委员会由国务院公安部门、食品药品监督管理部门、卫生计生行政部门、工业和信息化管理部门、海关等部门的专业人员以及医学、药学、法学、司法鉴定、化工等领域的专家学者组成。

专家委员会应当对拟列管的非药用类麻醉药品和精神药品进行下列风险评估和列管论证,并提出是否予以列管的建议:

(一)成瘾性或者成瘾潜力;

(二)对人身心健康的危害性;

(三)非法制造、贩运或者走私活动情况;

(四)滥用或者扩散情况;

(五)造成国内、国际危害或者其他社会危害情况。

专家委员会启动对拟列管的非药用类麻醉药品和精神药品的风险评估和列管论证工作后,应当在3个月内完成。

第八条 对专家委员会评估后提出列管建议的,国家禁毒办应当建议国务院公安部门会同食品药品监督管理部门和卫生计生行政部门予以列管。

第九条 国务院公安部门会同食品药品监督管理部门和卫生计生行政部门应当在接到国家禁毒办列管建议后6个月内,完成对非药用类麻醉药品和精神药品的列管工作。

对于情况紧急、不及时列管不利于遏制危害发展蔓延的,风险评估和列管工作应当加快进程。

第十条 本办法自 2015 年 10 月 1 日起施行。

附表:非药用类麻醉药品和精神药品管制品种增补目录(略)

中国互联网禁毒公约

<small>2015 年 6 月 29 日国家禁毒办、中宣部、中央网信办、最高法、最高检、公安部、工信部、国家工商总局、国家邮政局、中国互联网协会联合发布</small>

序　言

当前,我国毒品形势严峻,禁毒工作任重道远。随着互联网信息技术快速发展,各类毒品违法犯罪活动向网上蔓延。制贩毒犯罪分子通过互联网发布毒品销售信息、传播制毒技术、联络毒品及涉毒物品交易,吸毒违法人员在网上集体视频吸毒、交流吸毒体会、引诱发展新吸毒人员。网络涉毒活动加速毒品传播,加重毒品危害,加剧毒品问题复杂程度,不仅严重侵害人民群众身心健康,破坏社会治安秩序,而且败坏社会风气,污染网络环境,损害社会主义精神文明,危害广大人民群众的根本利益。

禁毒工作全民有责。互联网服务提供者、广大网民是互联网禁毒工作的重要主体。为保障"两个一百年"和中华民族伟大复兴中国梦顺利实现,让祖国下一代生活在远离毒品危害、健康向上的环境中,一切使用互联网、从事互联网服务的单位、组织和个人,应当以高度的责任感,义不容辞地承担起禁毒责任,共同向毒品宣战,携手创造中华民族更加美好的明天。

一、总　则

第一条 为全面落实互联网禁毒责任,遏制网络毒品违法犯罪,营造清朗网络空间,保障广大人民群众的根本利益,制定本公约。

第二条　本公约以社会主义核心价值观为基础,以爱国、守法、诚信、自律为原则,以全民参与、共同治理为保障。

第三条　本公约是全体互联网服务提供者和广大网民的行为准则。凡是使用互联网、从事互联网服务的单位、组织和个人,都应自觉遵守本公约、自觉维护本公约,坚决与毒品违法犯罪作斗争。

第四条　本公约所称互联网服务提供者,是指通过互联网向上网用户提供各类信息、应用、服务的单位、组织和个人。

二、禁止行为

第五条　不在互联网上制作、发布、传播、转载、链接包括吸毒、制毒、贩毒等违法犯罪的方法、技术、工艺、经验在内的任何涉毒违法有害信息,不参与任何网上涉毒违法犯罪活动。

第六条　即时通信、电子商务、聊天交友等各类互联网服务提供者以及网站、论坛、微博客、移动应用(App)、即时聊天群组等各种网络空间的创建者、管理者拒绝以任何形式允许、放任他人利用其提供的互联网服务、网络空间进行涉毒违法犯罪活动、传播涉毒违法有害信息。

三、责任和义务

第七条　发现网上涉毒违法有害信息或涉毒违法犯罪行为的,及时向公安机关举报。

第八条　积极配合国家有关部门执法办案,协助打击涉毒违法犯罪活动,并对协助执法办案时获悉的国家秘密、案件信息负有保密义务。

第九条　互联网服务提供者严格遵守国家有关法律法规,落实信息发布审核、公共信息巡查、用户实名登记等措施,及时发现、清理网上涉毒违法有害信息。

第十条　互联网服务提供者依照国家有关规定,记录上网用户的日志信息,在国家有关机关依法查询时,全面、如实、客观、迅速予以提供。

第十一条　互联网服务提供者充分利用网络平台宣传毒品危害,宣讲党和国家有关禁毒的法律、政策、措施,提高网民识毒、拒毒、防毒的意识和能力,号召网民自觉抵制涉毒违法有害信息传播,积极参与禁毒斗争。

第十二条　电信业务经营者严格遵守国家有关法律法规,严格落实"未备案不接入",履行对接入用户的实名登记和合法资质查验义务。

第十三条　第三方交易平台经营者对通过平台销售商品或者提供服务的经营者及其发布的商品和服务信息建立检查监控制度,防止网络交易平台被用于毒品、涉毒物品交易。

第十四条　物流寄递企业严格落实实名制、收寄验视等规定,加强安全管理,增加必要的硬件设施和技术手段,坚决堵塞物流寄递渠道涉毒管理漏洞,堵住网上制贩毒活动的落地渠道。

中国互联网协会网络禁毒倡议书

随着互联网成为人们生活与工作息息相关的平台,各类毒品违法犯罪活动也开始借助网络传播蔓延。积极参与禁毒工作是每一个网民和互联网企业义不容辞的责任和义务。为抵制网络涉毒违法有害信息的传播,维护健康清朗的网络环境,保护广大网民的根本利益,降低毒品对全社会的危害,中国互联网协会向全国互联网业界及广大网民发出如下倡议:

一、严格遵守国家和相关主管部门制定的各项法律法规以及《中国互联网禁毒公约》,不为任何网上涉毒违法有害信息提供传播渠道。

二、健全监督举报机制,及时向公安机关举报发现的网络涉毒违法有害信息,积极配合公安机关依法打击涉毒违法犯罪活动。

三、加强行业自律,积极承担企业社会责任,强化对论坛、微博、即时通信、电子商务等互动平台内容的审核和管理,及时发现、清理网络涉毒违法有害信息。

四、完善禁毒检查机制，加大技术投入，加强对网络信息内容的甄别，把握涉毒违法有害信息的传播动向和趋势，加强对涉毒违法有害信息的预警。

五、加强宣传教育，广泛宣传有关禁毒的法律、政策、措施和毒品危害，提高网民识毒、拒毒、防毒的意识和能力。

六、广大网民自觉抵制涉毒违法有害信息传播，及时向公安机关举报网络涉毒违法有害信息，积极参与网上禁毒斗争。

全民禁毒教育实施意见

1. 2005年1月12日中共中央宣传部、公安部、教育部、民政部、司法部、文化部、国家广播电影电视总局、全国总工会、共青团中央、全国妇联、国家禁毒委员会办公室联合发布
2. 禁毒办通〔2005〕5号

广泛深入地开展禁毒教育，提高全民禁毒意识和抵制毒品能力，是禁毒工作的治本之策。为贯彻落实中共中央、国务院《关于转发国家禁毒委员会〈2004－2008年禁毒工作规划〉的通知》（中发〔2004〕12号）精神，大力开展全民禁毒教育，特制定《全民禁毒教育实施意见》。

一、明确全民禁毒教育的指导思想、对象和任务

（一）全民禁毒教育的指导思想。

开展全民禁毒教育要以邓小平理论和"三个代表"重要思想为指导，在各级党委、政府领导下，广泛动员全社会的力量，遵循以人为本、促进人的全面发展的理念和"面向全民、突出重点、常抓不懈、注重实效"的方针，坚持禁毒教育工作与毒品形势的发展变化相适应，坚持普及教育与重点教育相结合，坚持禁毒教育与国民素质教育相互融合、相互促进，以提高全民禁毒意识和自觉抵制毒品的能力为核心，不断增强禁毒教育的科学性、广泛性、针对性和实

效性,在全社会倡导积极、健康的生活态度和生活方式,形成全民抵制毒品、参与禁毒的社会氛围,最大限度地减少毒品需求和危害。

(二)全民禁毒教育的对象。

禁毒教育面向全体公民。重点对象是:

1. 青少年;
2. 有高危行为的人群;
3. 有吸毒行为的人员;
4. 毒品问题严重地区的居民和流动人口;
5. 公职人员。

(三)全民禁毒教育的任务。

全民禁毒教育的基本任务是介绍毒品形势,普及禁毒知识,传播禁毒观念,宣传禁毒法规,动员全民禁毒;其核心是增强全民禁毒意识,提高公民对毒品及其危害的认知能力和抵御能力。对一般人群以普及知识为主,对高危人群以结合干预措施的宣传教育为主。具体任务是:

1. 使公民能够正确识别毒品,了解毒品的种类和特征,认清吸食毒品的后果和危害,提高对毒品的认知能力;
2. 使公民了解毒品泛滥的规律和传播条件,消除认识误区,增强对毒品的警惕性,掌握禁毒的科学知识和预防毒品侵害的方法,养成和保持积极、健康的生活方式,提高对毒品的抵御能力;
3. 使公民了解禁毒斗争的历史和现状,认清毒品泛滥的各种恶果,提高思想道德素质,不断增强禁绝毒品、人人有责的社会责任感;
4. 使公民了解我国的禁毒立场、方针、政策和禁毒法律法规,做到知法守法,不吸毒、不贩毒、不种毒、不制毒,增强同涉毒违法犯罪行为作斗争的积极性;
5. 使公民了解我国的禁毒业绩,进而发扬禁毒传统,树立必胜信心,营造更加有利的禁毒氛围。

到 2008 年,城市禁毒教育面要达到 90%,农村要达到 70%。

其中,各级各类学校要达到100%,流动人口等高危人群要达到80%,监狱、劳教所、强制戒毒所和自愿戒毒医疗机构要达到100%。

二、建立全民禁毒教育工作体系

(四)建立分级负责、各司其职、齐抓共管的全民禁毒教育领导体系。

在各级党委、政府领导下,各级禁毒领导机构负责制定、部署全民禁毒教育的规划,提出禁毒教育年度工作安排,组织、指导和推动禁毒教育工作和重大宣传教育活动。国家禁毒委员会和各省、自治区、直辖市禁毒领导机构内均设立全民禁毒教育协调指导组,承办具体工作。各地、市、州、盟禁毒领导机构内设立全民禁毒教育指导中心,负责落实上级禁毒领导机构的规划和部署,安排和组织实施本地的禁毒教育工作。各级全民禁毒教育协调指导组和指导中心由禁毒领导机构的相关成员单位组成。参加协调指导组和指导中心的各成员单位要认真贯彻本地禁毒领导机构的部署,充分发挥各职能部门的作用,坚持各司其职、密切配合,共同推动全民禁毒教育工作。

(五)建立全民禁毒教育专家组。

国家禁毒委员会和各省、自治区、直辖市禁毒领导机构建立由教育、法律、传媒、社会学、医药学、精神卫生学、心理学等方面专家组成的禁毒教育专家组。专家组负责研究全民禁毒教育工作面临的重大问题,制定禁毒教育指导原则和规范,向禁毒领导机构提出建议,对全民禁毒教育教材、培训方案和宣传材料的编制进行指导和审核,参与对全民禁毒教育工作的评估。

(六)建立全民禁毒教育工作队伍。

1. 在各地、市、州、盟禁毒领导机构禁毒教育指导中心的组织指导下,以各禁毒成员单位中从事宣传教育工作的专职人员为骨干,组成从事禁毒教育的专门队伍。这支队伍按照禁毒工作的职责分工,分别按系统组织、推动禁毒教育工作。

2. 在各个街道、乡镇、学校、社区医疗机构和特殊场所(监狱、劳教所、看守所、拘留所、收容教育所、戒毒所等）内普遍设立禁毒教育辅导员，形成一支经过专门培训的、遍布城乡的禁毒教育辅导员队伍。这支队伍结合本职工作开展禁毒教育，提供咨询服务。

3. 在全社会形成一支由社会工作者、传媒工作者、医药卫生、心理咨询工作者、禁毒志愿者等自愿从事禁毒教育的积极分子组成的义务性禁毒教育队伍。这支队伍在各级禁毒领导机构的指导下，坚持面向基层、服务基层，从事面向全民或特定对象的宣传教育工作。各地要根据禁毒工作需要，建立不同规模的禁毒志愿者组织，发展禁毒志愿者队伍，禁毒工作任务繁重地区要率先建立。国家禁毒委员会办公室、共青团中央从2005年开始，在全国招募禁毒志愿者支持西部地区开展禁毒宣传教育。

三、开展针对性强、形式多样、富有成效的教育活动

（七）开展旨在保护在校学生的"不让毒品进校园"活动。

各级教育行政、禁毒、社会治安综合治理部门和共青团组织要认真贯彻落实《中共中央、国务院关于进一步加强和改进未成年人思想道德建设的若干意见》（中发〔2004〕8号）、《中共中央、国务院关于进一步加强和改进大学生思想政治教育的意见》（中发〔2004〕16号）和《国家禁毒委、中央综治办、教育部、团中央关于进一步加强中小学生毒品预防教育工作的通知》（禁毒委发〔2002〕13号）精神，充分发挥学校禁毒教育的主阵地作用，在各级各类学校全面开展毒品预防专题教育。

各级各类学校要根据学生的不同特点分阶段开设禁毒课程，切实做到计划、教学材料、课时、师资"四到位"。要在思想政治、生理卫生、生物、历史等相关课程进行禁毒渗透教育，开展丰富多彩的禁毒宣传教育和社会实践活动，使广大在校学生从小树立"珍爱生命，拒绝毒品"意识，努力实现"学生不吸毒，校园无毒品"的目标。

要建立、健全由教育、禁毒、医药卫生、社会治安综合治理和共青团组织等有关职能部门和学校负责人参加的联席会议制度，充分发挥各自优势，共同推动针对在校学生的禁毒教育工作。各级

教育行政部门要充分发挥督学的作用,将毒品预防教育纳入督导内容,常抓不懈,严格考核,确保教学计划的落实和教学质量的提高。

(八)开展旨在保护青少年的"社区青少年远离毒品"行动。

各级共青团组织要按照团中央关于开展"社区青少年远离毒品行动"的部署,充分发挥各级团组织的优势,在广大青少年中开展内容丰富、形式多样、寓教于乐的禁毒教育活动,使广大青少年远离毒品。要依托青少年法律学校、青年中心、进城务工青年培训学校(站、点)、青少年维权服务站、青少年活动中心等阵地,切实加强对社区闲散青少年和进城务工青年的禁毒宣传教育及生活技能训练,增强青少年对毒品的防范意识。要大力发展禁毒志愿者队伍,形成一支活跃在社区,热心从事禁毒教育和帮教工作的生力军。

(九)开展旨在保护家庭的"不让毒品进我家"活动。

各级妇联组织要充分发挥联系千家万户的优势,按照全国妇联关于开展"不让毒品进我家"活动的要求,结合本地实际,广泛开展面向家庭的禁毒教育,构筑"学校、家庭、社区"三位一体的禁毒教育模式,不断深化"不让毒品进我家"活动。要进一步扩大"百县承诺行动"的覆盖面,将承诺行动切实落实到社区和农村。要把存在毒品问题的社区和单亲家庭、流动人口家庭、涉毒家庭作为工作重点,加大宣传力度,完善帮教机制,积极创造条件,为他们解决实际困难。要利用社区家长学校和家庭教育指导中心等场所,举办有禁毒志愿者、家长、戒毒专家和青少年参加的禁毒讨论会和培训班,协助家庭预防及克服家人滥用药物的危机和困难,协助医生做好药物戒毒人员的治疗工作,帮助家长树立正确的家庭禁毒教育观念,提高家庭保护意识和防范毒品能力。

综合利用农村医疗卫生资源和基层宣传网开展面向农民群众的禁毒教育。要利用农贸集市、节日等机会,在群众集中的地点开展禁毒宣传活动。要支持并发挥区、县级卫生机构的作用,指导和培训乡(镇)、村等基层医疗卫生机构的卫生技术人员掌握禁毒知识,深入农村社区、家庭、学校,采用咨询、发放宣传材料等方式提供包括毒品预防教育在内的综合性卫生服务。

要鼓励并引导宗教组织在禁毒宣传教育工作中发挥积极作用。

（十）开展旨在保护职工和个体劳动者的禁毒教育。

各级工会组织要按照全国总工会关于开展"职工拒绝毒品零计划"活动的部署，大力推动面向企业、单位和广大职工的禁毒宣传教育，要将禁毒知识纳入职工岗位培训的重要内容，广泛开展创建"无毒单位"活动。要通过多种形式的宣传教育，使广大职工尤其是青年职工、临时工和农民工增强禁毒意识，自觉抵制毒品，参与禁毒。要积极帮助吸毒职工和会员戒毒治疗，重新回归社会。

各级个体劳动者协会、私营企业协会要在基层协会和广大会员中开展形式多样的禁毒宣传教育活动，积极开展创建"无毒基层协会"活动。要配合公安和工商行政管理等部门，加强对文化娱乐服务业、出租车业等重点行业会员的禁毒教育和培训。要在营业性娱乐服务场所公开张贴和放置禁毒宣传品，加强警示作用。

（十一）开展旨在预防无业人员和流动人口吸毒的普及教育。

各级宣传、公安、司法行政、卫生、民政、工商行政管理等部门和工、青、妇等群众组织，要把无业人员和流动人口作为教育重点，深入开展针对高危人群的禁毒教育，努力消除禁毒教育的盲区和死角。铁路、交通、民航等部门要在车站、机场、码头等交通集散场所和公共交通工具上开展禁毒教育。要充分利用公共场所的广告栏、宣传栏（牌）及广播、闭路电视等开展禁毒宣传，要在公共场所摆放或张贴禁毒教育宣传材料、禁毒标志和警语。

（十二）开展旨在帮助戒毒人员的心理、行为矫正教育。

公安、司法行政、医药卫生、民政部门要在监狱、劳教所、戒毒所、拘留所和自愿戒毒医疗机构等毒品受害者、毒品违法犯罪人员和高危人群集中的特殊场所开展禁毒、吸毒防治和预防艾滋病的教育。鼓励戒毒成功人员结合个人经历开展同伴教育。要对已经染毒的人群给予人文关怀，使他们认清摆脱毒品的正确途径和方式，树立回归社会的信念。

（十三）开展旨在预防贩运、种植和制造毒品违法犯罪活动的法制教育。

　　人民法院、检察院和公安、司法行政部门要深入开展贩毒必惩的法制教育，以震慑犯罪、教育群众、弘扬正气。

　　针对可能种植毒品原植物的个别地区，在播种期深入开展禁种宣传，大造声势，增强群众的禁种意识，防止罂粟种籽落地。对偏僻的山区、林区要组织力量进山入林宣传到户，做到家喻户晓，人人皆知，防止复种。

　　针对易制毒化学品流入非法渠道用于制造毒品的情况，公安机关要会同商务、食品药品监督管理部门以易制毒化学品生产、经营、运输和使用单位为重点，向管理人员和职工宣传加强易制毒化学品管理对禁毒工作的重要意义，增强员工特别是重点岗位主管人员的禁毒意识和责任意识，提高易制毒化学品生产企业和经营单位的自我约束能力和防范能力。

　　（十四）以"6.26"国际禁毒日为重点，掀起面向全民、主题鲜明的禁毒宣传教育高潮。

　　国家禁毒委员会结合当年全国禁毒工作重点，参照联合国确定的主题，每年年初公布当年禁毒宣传主题和宣传口号。各地区、各有关部门要在"6.3"虎门销烟纪念日至"6.26"国际禁毒日期间，组织开展主题突出、特色鲜明、声势大、效果好的集中宣传教育活动，掀起禁毒宣传教育高潮，使人民群众普遍受到一次禁毒教育。

四、切实加强组织领导，落实全民禁毒教育的保障措施

　　（十五）切实加强领导。

　　各级党委、政府和各级禁毒领导机构要将开展全民禁毒教育作为禁毒工作的治本之策切实加以落实。要结合本地实际，制定切实可行的工作方案，采取有力措施，推动全民禁毒教育工作的开展。要及时掌握禁毒教育工作情况，认真研究解决关系全民禁毒教育的重大问题。要注重整合社会资源，支持基层组织、社会团体开展多种形式的禁毒教育，把全民禁毒教育与社会治安综合治理，创建"无毒社区"、"无毒村"和创建文明社区、文明村镇、文明户，文化科技卫生"三下乡"等群众性精神文明建设和当地社会经济发展有机结合起来,真正把全民禁毒教育工作落实到基层,整体推进。要着重抓好全民禁毒教育责任制和各项保障措施的落实,加强对毒品问题严重地区贯彻落实本意见情况的监督、检查,并把贯彻落实情况作为综合评定禁毒工作的一项重要指标。

国家禁毒委员会将建立健全全民禁毒教育工作的监督考核制度,不定期对各地区、各部门的工作落实情况和实效进行督促检查。

(十六)保障禁毒教育经费的投入。

建立和完善以政府投入为主、多渠道筹措资金的禁毒教育经费保障机制。政府禁毒教育经费作为禁毒经费的一部分列入各级政府财政预算,实行分级投入、分级管理制度。教育事业费中要适当考虑学校禁毒教育经费的支出。各地禁毒领导机构要切实加强禁毒教育经费的管理,专款专用,不断提高使用效益,并积极争取社会各界捐助和国际援助,拓宽筹资渠道。

(十七)加强对禁毒教育专业人员的培训。

国家禁毒委员会鼓励并保障从事禁毒教育工作的人员接受专业培训,建立禁毒教育辅导员任职资格培训、考核、认定制度,制定培训大纲和考试办法。各省、自治区、直辖市禁毒机构开办禁毒教育培训基地,对经过培训考试合格的人员授予禁毒教育辅导员资格证书。

各级教育行政部门要切实加强禁毒师资和法制副校长的培训,有计划地推进教师毒品知识和毒品预防教育技巧的培训工作,确保每个学校至少有一名教师兼职负责学校毒品预防教育。要逐步建立各省、自治区、直辖市禁毒教师教育课程资源的共建共享机制,推进"全国教师教育网络联盟计划"的实施,利用现代远程教育手段面向农村教师开展禁毒课程师资培训。

(十八)编辑出版禁毒教育的教材和宣传品。

在国家禁毒委员会禁毒教育协调指导组和专家咨询组的组织下,统一规划、编写适应不同对象需要的禁毒教育材料,逐步形成科学、规范、适用的系列宣传教育材料,包括《全民禁毒教育读本》、《社区禁毒知识读本》、《学生禁毒知识读本》、《领导干部禁毒知识读本》、《禁毒志愿者手册》、《药物滥用防治知识读本》等。各地可根据本地的特点和需要,以科学性和本土化为原则,有计划地编辑、制作禁毒书籍、挂图、招贴画、折页、影视片、公益广告等宣传品,服务于禁毒宣传教育工作。国家禁毒委员会将编辑出版《禁毒英雄谱》。各级禁毒领导机构要积极支持反映禁毒斗争历程和英模事迹的各种作品的创作和出版发行。

(十九)加快禁毒教育基地建设。

各地要高度重视禁毒教育基地建设,按照统一规划、合理布局的原则,加快建设步伐,坚持建立相对独立、稳定的省级大型禁毒教育基地与依托现有群众性活动场所建立市、县级小型禁毒教育园地相结合,形成大小配套、层次分明、方便管理、服务群众的禁毒教育基地(园地)网络。要充分利用当地禁毒工作的素材资料不断充实、更新内容,把禁毒教育基地(园地)办成介绍禁毒知识、展示禁毒成果、开展禁毒教育、实施禁毒培训的课堂和禁毒志愿者的活动场所。要充分利用青少年法制教育、爱国主义教育基地,青少年宫、儿童活动中心等活动场所以及"青少年远离毒品网",面向青少年开展禁毒教育。各级各类学校要充分利用橱窗、黑板报、广播、闭路电视、校园网等开展禁毒教育。

(二十)充分发挥大众传媒的优势开展禁毒宣传教育。

各类大众传媒要把禁毒教育作为义不容辞的职责,把禁毒宣传教育贯穿全年,使人民群众能够经常接受禁毒知识的熏陶和教育,铸起抵御毒品侵害的思想防线。中央和地方主要广播、电视、报纸、互联网站等要积极开展禁毒宣传,定期播放或刊登禁毒公益广告。进一步加强禁毒题材影视片、图书和音像制品的管理和创作生产,积极开发和推广适合青少年身心特点和认知规律的禁毒游戏软件产品。禁毒部门要加强与各种新闻媒体的配合和协作,共同推动禁毒宣传教育工作。各级人民政府和宣传主管部门要切实加强对媒体禁毒宣传工作的指导和督查。

国家禁毒委员会和各省、自治区、直辖市禁毒领导机构要建立禁毒新闻发言人制度,定期发布禁毒新闻;组织出版禁毒年度报告,增加禁毒工作的透明度;建立禁毒教育网站和热线,介绍禁毒形势、宣传禁毒工作、接受群众咨询、听取群众意见,扩大禁毒教育的覆盖面。

(二十一)加强禁毒教育领域的国际交流与合作。

要扩大毒品预防教育领域国际及地区间的交流和合作,充分借鉴和吸收国外开展禁毒教育的理念、经验和做法,采取有效措施保证国际禁毒教育合作项目按计划实施,进一步提高合作项目在国内转化和应用的程度,以服务和改进国内的禁毒教育工作。

(二十二)建立禁毒教育评估体系。

国家禁毒委员会制定符合我国国情的各类人群行为干预效果评价指标体系和禁毒教育评估标准,建立禁毒教育绩效评价、反馈机制。各地禁毒领导机构要按照科学、客观、公正的原则,通过第三方定期开展评估工作,防止形式主义和弄虚作假。要根据评估结果和变化情况,不断改进工作,保证禁毒教育工作持续、健康发展。要更新观念,求真务实,不断探索与当今社会和经济发展相适应的教育理念、教育方式和教育途径。要注重总结来自群众的新鲜经验,不断提高开展全民禁毒教育的工作水平。

毒品违法犯罪举报奖励办法

2018年8月26日国家禁毒委员会办公室、公安部、财政部发布

第一条 为动员全社会力量参与禁毒斗争,鼓励举报毒品违法犯罪活动,减少毒品社会危害,根据《中华人民共和国禁毒法》等有关规定,制定本办法。

第二条 本办法所称毒品违法犯罪,是指违反法律法规规定,依法应当追究刑事责任、给予治安管理处罚或者决定戒毒相关措施的涉

及毒品的违法犯罪行为。

第三条　本办法所称举报人，是指通过书面材料、电话、来访等方式，主动向公安机关举报毒品违法犯罪活动或者线索的公民、法人和其他组织。

　　与本职工作有关的公安、检察、审判、司法行政、国家安全、武警、军队、海关等国家机关工作人员；以及共同犯罪的犯罪嫌疑人向公安机关供述同案犯毒品犯罪事实、在押犯罪嫌疑人揭发他人毒品犯罪事实或者提供毒品犯罪线索的，不适用本办法。

第四条　各级禁毒委员会办公室、公安机关应当指定、公布举报受理电话或者其他受理方式。直接向公安部举报毒品违法犯罪线索的，由公安部禁毒局作为指定受理机构。

　　举报可以公开或者匿名方式进行。为便于查证和奖励，国家禁毒委员会办公室鼓励实名举报毒品违法犯罪行为。匿名举报无法核实真实身份或者无法联系举报人的，不列入奖励范围。

第五条　各级禁毒委员会办公室、公安机关应当及时受理群众举报，认真记录举报的方式、时间、内容以及举报人的身份信息、联络方式等基本情况，原始记录应作为奖励的重要依据，破案后及时兑奖。

　　公安部、国家禁毒委员会办公室直接受理举报毒品违法犯罪线索后，应当认真填写《举报毒品违法犯罪案件登记表》，及时转交相关地区、部门核查。

　　各级公安机关应当按照属地管辖原则对举报线索及时调查处理。

第六条　举报毒品违法犯罪线索，同时符合下列条件，经查证属实的，对举报人予以奖励：

　　（一）举报发生在中华人民共和国境内的毒品违法犯罪案件或者举报涉及我国的涉外毒品违法犯罪线索；

　　（二）有明确具体的举报对象、违法犯罪活动时间、地点、人员、物品等基本举报事实；

　　（三）举报时提供的信息尚未被公安机关掌握，或虽被公安机

关掌握,但举报人举报的内容更为具体详实且在案件侦破过程中发挥重要或者关键作用;

(四)符合举报奖励的其他必要条件。

第七条 举报毒品违法犯罪,给予一次性奖励。各地可参照下列标准,根据本地区实际情况予以调整:

(一)缴获毒品、易制毒化学品数量分别以海洛因、麻黄碱为基准进行折算。

(二)举报毒品犯罪活动或者线索,缴获毒品10克以下,奖励300元;缴获10克以上50克以下,奖励500元;缴获50克以上500克以下,奖励1000元;缴获500克以上1千克以下,奖励2000元;缴获1千克以上10千克以下,奖励2万元;缴获10千克以上20千克以下,奖励5万元;缴获20千克以上50千克以下,奖励10万元;缴获50千克以上100千克以下,奖励20万元;缴获100千克以上视情奖励不少于20万元。

(三)举报毒品犯罪活动或者线索,缴获易制毒化学品1千克以下,奖励500元;缴获1千克以上5千克以下,奖励1000元;缴获5千克以上25千克以下,奖励2000元;缴获25千克以上50千克以下,奖励5000元;缴获50千克以上100千克以下,奖励2万元;缴获100千克以上300千克以下,奖励5万元;缴获300千克以上500千克以下,奖励10万元;缴获500千克以上1吨以下,奖励20万元;缴获1吨以上视情奖励不少于20万元。

(四)举报制毒工厂的,每查处一家,根据抓获犯罪嫌疑人数、缴获毒品及制毒前体、配剂数量等情况,奖励2万元至20万元。

(五)举报制毒物品、制毒设备等其他制毒线索破获制毒案件的,根据抓获犯罪嫌疑人数、缴获制毒物品、设备等情况,奖励1万元至10万元。

(六)举报重大涉毒犯罪嫌疑人的,抓获公安部悬赏通缉毒贩,按照悬赏金额奖励;抓获公安部在逃人员信息库中毒贩,按照公安部追逃奖励办法奖励。

(七)举报聚众吸食毒品人员的,查获3名以上不满5名的,奖励 3000 元;查获 5 名以上不满 10 名的,奖励 1 万元;查获 10 名以上的,奖励 2 万元。

(八)举报吸食、注射毒品后驾驶机动车的,每抓获 1 人,奖励 500 元。

(九)举报正在非法种植罂粟或大麻的,1 亩以下每案奖励 1000 元;1 亩以上的,每案奖励 2000 元;举报发现非法买卖、运输、携带、持有未经灭活的罂粟毒品原植物种子 50 克以上或罂粟幼苗 5 千株以上、大麻种子 50 千克或大麻幼苗 5 万株以上的,奖励 1000 元人民币;经举报人提供线索,公安机关抓获非法种植毒品原植物犯罪嫌疑人的,每抓获 1 人奖励 2000 元。

(十)对符合多项奖励的同一举报,合计最高奖励金额不超过 30 万元。

(十一)举报其他涉毒违法犯罪线索的,根据查证情况在上述奖励幅度内视情予以奖励。

(十二)举报人或其所提供的举报信息在特别重大毒品案件侦办中,发挥重要作用或作出特殊贡献的,最高可奖励 30 万元。

第八条　安检、旅检、货检、邮检、物流、快递等从业人员在查验工作中发现并举报毒品违法犯罪线索,协助公安机关破获案件的,按照所缴获毒品、涉毒物品的数量及奖励标准,各地公安机关可以对提供毒品犯罪线索人员进行奖励。

第九条　同一毒品违法犯罪活动被多个举报人分别举报的,奖励最先举报人。举报顺序以受理举报的时间为准。如其他举报人提供线索对查清案件确有直接或者主要作用的,酌情给予奖励。

举报人同时向两个以上公安机关或禁毒委员会办公室举报的,由直接破获案件的公安机关进行奖励,不重复奖励。

第十条　奖励举报资金实行分级负责、分级保障的原则,纳入各级公安机关预算,统筹管理。

直接向公安部或国家禁毒委员会办公室举报且由公安部指挥侦办的重大案件线索,公安部承担奖励经费,负责审批并发放;公安部转批到各省(自治区、直辖市)立案侦办的案件线索以及各地自行受理的案件线索兑现奖励资金由同级公安机关负责。

第十一条　根据群众举报线索查破毒品犯罪案件后,各级公安机关应当在15个工作日内通知举报人领奖。

举报人自接到奖励通知起2个月内,应当凭本人有效身份证件领取。举报人直接领取奖金不便或有困难的,可委托他人代领,代领人凭本人和委托人有效身份证件及委托书领取。无正当理由逾期不领取的,视为自动放弃。

由公安部或国家禁毒委员会办公室直接兑现奖励举报的,按照《公安部国家禁毒委员会办公室毒品违法犯罪举报奖励办理程序规定》的有关程序办理。

奖励资金的支付按照国库集中支付制度有关规定执行,具备非现金支付条件的应选择非现金支付方式发放奖金。

第十二条　奖励举报资金发放应当自觉接受财政、纪检监察、审计等部门的监督和检查,发现违规发放、侵吞奖励经费的,依法追究有关人员的法律责任。

第十三条　各级公安机关、禁毒委员会办公室应建立举报保密制度。未经举报人同意,不得以任何形式公开或者泄露举报人姓名、身份、住所、工作单位等其他信息资料。

第十四条　举报人应当对举报行为负责。对借举报之名故意捏造事实诬告、陷害他人或者获取非法利益的,依法追究法律责任。

第十五条　有下列情形之一的,对直接责任人和有关责任人员视情节轻重给予相关处分;构成犯罪的,依法追究刑事责任:

(一)对举报线索未认真核实,导致不符合奖励条件的举报人获得奖励的;

(二)伪造举报材料,伙同或者帮助他人冒领奖励的;

(三)向被举报人通风报信,帮助其逃避查处的;

(四)因工作失职导致举报相关信息泄密的;

(五)利用在职务活动中知悉的毒品违法犯罪情况或者线索,通过他人以举报的方式获取奖励的;

(六)其他违纪违法情形。

第十六条　本办法所称"以上"包括本数。

第十七条　各省、自治区、直辖市公安机关、财政部门、禁毒委员会办公室可以参照此办法制定本地毒品违法犯罪举报奖励办法。

第十八条　本办法自公布之日起施行。

　　　　附件：奖励举报毒品违法犯罪缴获毒品易制毒化学品数量折算标准（略）

国家禁毒办、中央综治办、公安部、教育部、国家卫生计生委、民政部、司法部、财政部、人力资源社会保障部、全国总工会、共青团中央、全国妇联关于加强禁毒社会工作者队伍建设的意见

1. 2017年1月20日
2. 禁毒办通〔2017〕2号

　　为认真贯彻落实《中共中央、国务院关于加强禁毒工作的意见》（中发〔2014〕6号）、《国务院办公厅关于政府向社会力量购买服务的指导意见》（国办发〔2013〕96号）和《中共中央组织部等十八部门关于加强社会工作专业人才队伍建设的意见》（中组发〔2011〕25号），不断完善毒品问题治理体系，持续提升禁毒工作的社会化、职业化、专业化、科学化水平，根据《中华人民共和国禁毒法》、《戒毒条例》等有关法律规定，现就加强禁毒社会工作者队伍建设提出如下意见。

一、加强禁毒社会工作者队伍建设的总体规划

　　（一）充分认识加强禁毒社会工作者队伍建设的重要意义。禁毒社会工作是禁毒工作的重要组成部分，是坚持"助人自助"价值理念，遵循专业伦理规范，运用社会工作专业知识、方法和技能预防和减轻毒品危害，促进吸毒人员社会康复，保护公民身心健康的专门化社会服务活动。禁毒社会工作者是从事禁毒社会工作的专

职人员。发展禁毒社会工作、加强禁毒社会工作者队伍建设,是增强禁毒工作专业力量、完善禁毒工作队伍结构、推进禁毒工作社会化的重要途径,是健全禁毒社会服务体系、创新禁毒社会服务方式、提升禁毒社会服务水平的有力手段,是推进毒品问题治理体系和治理能力现代化的必然要求。

(二)切实增强责任感和紧迫感。近年来,不少地方在禁毒社会工作者队伍建设方面进行了实践探索,积累了初步经验,取得了积极成效。但总体看,全国禁毒社会工作者队伍建设尚处在起步阶段,还存在基础薄弱、保障不足,体制机制和政策制度不完善,队伍数量缺口大、能力素质不高等突出问题,与禁毒工作总体水平不相匹配,与提升毒品问题治理能力要求不相适应,与中央加强禁毒工作系列决策部署还有较大差距。

(三)任务目标。今后一个时期,加强禁毒社会工作者队伍建设要站在推进平安中国、法治中国建设的战略高度,按照禁毒工作总体目标要求,明确禁毒社会工作者职责任务,大规模开展专业培训,不断提升现有禁毒社会工作从业人员的专业素质和职业能力,逐步扩大禁毒社会工作者队伍规模;完善高等学校人才培养体系,初步形成适合我国国情的禁毒社会工作专业人才培养模式;规范禁毒社会工作者职业评价,加大禁毒社会工作者配备使用力度,培养扶持禁毒社会工作服务机构,强化禁毒社会工作者职业保障;建立健全政府购买禁毒社会工作服务制度,研究制定服务标准规范、健全完善服务协同合作机制,促进禁毒社会工作服务全面深入发展。到2020年,建立较为完善的禁毒社会工作者队伍建设运行机制、工作格局和保障体系,禁毒社会工作者总量达到10万人,建成一批有影响力的禁毒社会工作服务机构,实现禁毒社会工作服务在城乡、区域和领域的基本覆盖,禁毒社会工作者队伍的专业作用和服务成效不断增强。

二、明确禁毒社会工作者的职责任务

(四)提供戒毒康复服务。调查了解戒毒康复人员行动趋向、生活状况、社会关系、现实表现等情况,开展戒毒康复人员心理社会需求评估;为戒毒康复人员提供心理咨询和心理疏导、认知行为治疗、家庭关系辅导、自我管理能力和社会交往能力提升等专业服务;帮助戒毒康复人员调适社区及社会关系,营造有利于戒毒康复的社会环境。开展有利于戒毒康复人员社会功能修复的其他专业服务。

（五）开展帮扶救助服务。为戒毒康复人员链接生活、就学、就业、医疗和戒毒药物维持治疗等方面的政府资源与社会资源。组织其他专业力量和志愿者为戒毒康复人员及其家庭提供服务,协助解决生活困难,提升生计发展能力,改善社会支持网络,促进社会融入。

（六）参与禁毒宣传教育。参与组织禁毒宣传活动、普及毒品预防和艾滋病防治等相关知识、宣传禁毒政策和工作成效,增强公民禁毒意识,提高公民自觉抵制毒品的能力。倡导禁毒社会工作理念,减低并消除社会歧视与排斥。

（七）协助开展有关禁毒管理事务。协助开展吸毒人员排查摸底工作;协助建立相关档案资料,做好工作台账,对工作对象的戒毒康复情况进行定期评估。协助做好强制隔离戒毒人员出所衔接,督促、帮助社区戒毒社区康复人员和戒毒药物维持治疗人员履行协议,努力减少现实危害。发现社区戒毒社区康复人员拒绝报到或严重违反协议的、参加戒毒药物维持治疗人员严重违反治疗规定的,向乡镇（街道）禁毒工作机构报告,协助收集提供有关材料。

三、培养壮大禁毒社会工作者队伍

（八）加强禁毒社会工作专业教育。鼓励和支持高等学校开设禁毒社会工作相关专业课程,培养禁毒社会工作专业人才。强化禁毒社会工作研究,完善中国特色禁毒社会工作理论、知识、方法与技巧。开发禁毒社会工作教育大纲、课程和教材,加强禁毒社会工作师资队伍和实习基地建设。

（九）加强禁毒社会工作岗位培训和继续教育。实施禁毒社会工作从业人员能力提升工程,在2019年前完成对现有禁毒社会工作从业人员的全员轮训,使其基本掌握社会工作专业理念、知识、方法和技能。建立健全上岗培训制度,对新招用的禁毒社会工作者开展禁毒工作、社会工作、岗位职责等方面知识培训。鼓励和支持禁毒社会工作者参加社会工作学历学位教育,将继续教育情况纳入禁毒社会工作者考核范围。依托禁毒教育基地、社会工作专业人才培训基地、高等学校、科研院所、社会组织等,推动建立一批禁毒社会工作培训基地。

(十)规范禁毒社会工作者职业评价。支持禁毒社会工作从业人员参加全国社会工作者职业水平评价,将取得社会工作者职业水平证书人员纳入专业技术人员管理范围。指导用人单位以岗位职责为基础,研究制定禁毒社会工作者考核评估标准,逐步形成职业水平评价和岗位考核评价相结合的禁毒社会工作者职业评价机制。

(十一)优化禁毒社会工作者配备使用。各地要结合实际,通过政府购买服务,在社区戒毒社区康复办事机构等配备使用禁毒社会工作者。各地要积极培育、扶持禁毒社会工作服务机构,为禁毒社会工作者就业提供载体,指导其他禁毒社会组织根据需要配备和使用禁毒社会工作者,鼓励用人单位在招用禁毒社会工作者时优先录(招)用社会工作及相关专业毕业生。行政拘留所、强制隔离戒毒所、戒毒康复场所、戒毒药物维持治疗机构和自愿戒毒医疗机构等可根据需要引入禁毒社会工作者提供专业服务。禁毒工作相关行政部门和群团组织可根据事业发展需要配备使用禁毒社会工作专业人才。

(十二)强化禁毒社会工作者职业保障。各地要根据禁毒社会工作者的工作岗位、职业水平等级,落实相应的薪酬保障政策,要根据经济社会发展和整体工资水平,合理制定并适时调整禁毒社会工作者薪酬指导标准。用人单位招用禁毒社会工作者,要综合职业水平等级、学历、资历、业绩、岗位等因素并参考同类人员合理确定薪酬标准,同时按照国家有关规定办理社会保险和公积金。承接政府购买服务的单位应参考当地薪酬指导标准支付社会工作者薪酬。

四、建立健全禁毒社会工作服务制度

（十三）建立健全政府购买禁毒社会工作服务制度。稳步推进政府购买禁毒社会工作服务，将适宜由社会力量承担的禁毒社会工作服务纳入政府购买服务范围，通过委托、承包、采购等方式交给社会力量承担。各地要将禁毒社会工作服务列入政府购买服务目录，结合本地实际明确承接主体的资质条件和禁毒社会工作者的配备要求。购买禁毒社会工作服务的部门要综合物价、税费及禁毒社会工作者工资、社会保险等因素，合理测算安排项目所需支出。要规范购买合同，明确购买服务的范围、标的、数量、质量要求及服务期限、资金支付方式、违约责任等，指导督促服务承接主体履行合同义务。要加强购买服务资金管理，探索建立第三方评估机制，加强禁毒社会工作服务绩效评估，确保服务成效。

（十四）建立健全禁毒社会工作服务标准规范。各地要推进禁毒社会工作服务标准化建设并纳入国家社会工作服务标准化建设示范工程实施范围。各级禁毒委员会办公室要会同民政部门、标准部门，围绕禁毒社会工作服务的专业要求制定禁毒社会工作者的服务标准与岗位职责；围绕需求发现、服务承接、服务转介、服务评估等重要步骤，规范禁毒社会工作服务流程；围绕成本核算、服务购买、质量控制、监督管理、绩效评估、机构管理、能力建设等关键环节，建立禁毒社会工作服务管理标准。

（十五）建立健全禁毒社会工作服务协同机制。各地要立足禁毒社会工作服务多元化、复杂化的特点，在基层党委政府和禁毒部门的统筹领导下，建立禁毒社会工作服务协同机制。要建立禁毒社会工作者与禁毒志愿者服务协同机制，充分发挥禁毒社会工作者在项目策划、资源链接、专业培训等方面的优势，调动和引领广大志愿者规范、有序地参与禁毒社会工作服务，进一步壮大禁毒社会工作服务力量。要建立禁毒社会工作者与禁毒民警、医务工作者、心理卫生工作者、政府社会保障服务提供者、网格员及其他禁毒社会力量的服务协同机制，建立禁毒社会工作者与其他场所和领域社会工作者服务协同机制，针对吸毒人员不同阶段、不同类型的服务需求开展信息共享、服务转介与服务合作,不断健全完善吸毒人员的服务网络,推动实现禁毒社会工作服务的精准衔接、无缝覆盖,推动健全动态管控、戒毒治疗、心理矫治、帮扶救助、就业指导、宣传教育"六位一体"的戒毒康复工作体系。

五、加强对禁毒社会工作者队伍建设的组织领导

(十六)明确责任分工。各地要将禁毒社会工作者队伍建设作为推进禁毒工作社会化的重要任务列入禁毒工作总体规划,加强组织领导,落实保障措施。禁毒委员会办公室作为禁毒社会工作的主管部门,要将加强禁毒社会工作者队伍建设作为推进禁毒工作社会化的系统工程来实施,强化配置使用,加强协调指导,研究制定规划,细化工作措施,开展检查评估,并会同有关部门组织开展面向基层的社会工作理念和专业知识普及培训。综治部门要将禁毒社会工作者队伍建设纳入社会治安综合治理和平安建设考评范围,注重发挥禁毒社会工作者队伍在促进基层社会治理中的作用。公安机关要指导支持禁毒社会工作者做好禁毒管理事务,协助配合开展工作。教育部门要指导做好禁毒社会工作者的专业教育和继续教育工作。卫生计生部门要充分利用戒毒医疗资源,支持禁毒社会工作者开展戒毒康复、戒毒药物维持治疗和帮扶救助工作。民政部门要切实履行好推进社会工作专业人才队伍建设、志愿者队伍建设、社会组织登记管理和社区建设政策指导的有关职能,统筹推进禁毒社会工作者队伍建设。民政部门、人力资源社会保障部门要做好禁毒社会工作者评价工作及有关配套措施的实施与保障,将获得全国社会工作者职业水平证书的禁毒社会工作者纳入专业技术人员管理范围。司法行政部门要指导做好解除强制隔离戒毒人员出所时与社区戒毒社区康复机构的衔接工作,指导支持禁毒社会工作者开展工作。财政部门要按照国家有关规定做好禁毒社会工作服务经费保障。工会、共青团、妇联组织要支持禁毒社会工作者队伍建设,充分发挥禁毒社会工作者的作用,推进本系统、本领域禁毒工作。

(十七)加大资金投入。各地要建立健全财政资金、社会资金共同参与的多元化投入机制,切实加强禁毒社会工作服务资金保障。要完善政府购买禁毒社会工作服务成本核算制度,编制政府购买禁毒社会工作服务项目支出预算时应综合考虑禁毒社会工作者薪酬待遇和激励保障经费需要,加大财政投入,确保资金使用效益。要依托各级各类禁毒基金会等相关慈善组织,整合汇集社会资金投入禁毒社会工作服务和禁毒社会工作者队伍建设。

(十八)完善政策法规。研究明确禁毒社会工作者法律地位,将加强禁毒社会工作者队伍建设内容纳入相关法律法规修订范围。建立健全法律法规、部门规章和政策性文件相配套的禁毒社会工作者队伍政策法规体系,逐步完善禁毒社会工作者教育培训、评价考核、配备使用、激励保障等政策。完善政府购买禁毒社会工作服务政策,适时制定政府购买禁毒社会工作服务管理实施办法。要倡导和鼓励社会力量建立专业的禁毒社会工作服务机构,对符合条件的要按照法律规定给予税收优惠。

(十九)加强宣传示范。积极宣传加强禁毒社会工作服务及禁毒社会工作者队伍建设的方针政策,提高各地、各部门对这项工作重要性和紧迫性的认识。及时宣传、总结和交流各地、各部门禁毒社会工作者队伍建设的新思路、新举措、新做法,努力营造关心支持、理解尊重禁毒社会工作者的良好社会氛围。加大对工作成绩突出、服务对象满意、社会反响良好先进典型和先进人物的宣传力度,并按照国家有关规定给予表彰奖励。按照《全国社区戒毒社区康复工作规划(2016-2020年)》的总体部署,将社区戒毒社区康复领域禁毒社会工作者队伍建设纳入示范创建的标准体系,逐步增加评价比重,充分发挥示范单位和示范点的引领带动作用,不断扩大覆盖面,提升整体工作水平。

二、戒　毒

戒毒条例

1. 2011年6月26日国务院令第597号公布
2. 根据2018年9月18日国务院令第703号《关于修改部分行政法规的决定》修订

第一章　总　则

第一条　为了规范戒毒工作，帮助吸毒成瘾人员戒除毒瘾，维护社会秩序，根据《中华人民共和国禁毒法》，制定本条例。

第二条　县级以上人民政府应当建立政府统一领导、禁毒委员会组织、协调、指导，有关部门各负其责，社会力量广泛参与的戒毒工作体制。

戒毒工作坚持以人为本、科学戒毒、综合矫治、关怀救助的原则，采取自愿戒毒、社区戒毒、强制隔离戒毒、社区康复等多种措施，建立戒毒治疗、康复指导、救助服务兼备的工作体系。

第三条　县级以上人民政府应当按照国家有关规定将戒毒工作所需经费列入本级财政预算。

第四条　县级以上地方人民政府设立的禁毒委员会可以组织公安机关、卫生行政和负责药品监督管理的部门开展吸毒监测、调查，并向社会公开监测、调查结果。

县级以上地方人民政府公安机关负责对涉嫌吸毒人员进行检测，对吸毒人员进行登记并依法实行动态管控，依法责令社区戒毒、决定强制隔离戒毒、责令社区康复，管理公安机关的强制隔离戒毒场所、戒毒康复场所，对社区戒毒、社区康复工作提供指导和支持。

　　设区的市级以上地方人民政府司法行政部门负责管理司法行政部门的强制隔离戒毒场所、戒毒康复场所，对社区戒毒、社区康复工作提供指导和支持。

　　县级以上地方人民政府卫生行政部门负责戒毒医疗机构的监督管理，会同公安机关、司法行政等部门制定戒毒医疗机构设置规划，对戒毒医疗服务提供指导和支持。

　　县级以上地方人民政府民政、人力资源社会保障、教育等部门依据各自的职责，对社区戒毒、社区康复工作提供康复和职业技能培训等指导和支持。

第五条　乡(镇)人民政府、城市街道办事处负责社区戒毒、社区康复工作。

第六条　县级、设区的市级人民政府需要设置强制隔离戒毒场所、戒毒康复场所的，应当合理布局，报省、自治区、直辖市人民政府批准，并纳入当地国民经济和社会发展规划。

　　强制隔离戒毒场所、戒毒康复场所的建设标准，由国务院建设部门、发展改革部门会同国务院公安部门、司法行政部门制定。

第七条　戒毒人员在入学、就业、享受社会保障等方面不受歧视。

　　对戒毒人员戒毒的个人信息应当依法予以保密。对戒断3年未复吸的人员，不再实行动态管控。

第八条　国家鼓励、扶持社会组织、企业、事业单位和个人参与戒毒科研、戒毒社会服务和戒毒社会公益事业。

　　对在戒毒工作中有显著成绩和突出贡献的，按照国家有关规定给予表彰、奖励。

第二章　自　愿　戒　毒

第九条　国家鼓励吸毒成瘾人员自行戒除毒瘾。吸毒人员可以自行到戒毒医疗机构接受戒毒治疗。对自愿接受戒毒治疗的吸毒人员，公安机关对其原吸毒行为不予处罚。

第十条　戒毒医疗机构应当与自愿戒毒人员或者其监护人签订自愿

戒毒协议,就戒毒方法、戒毒期限、戒毒的个人信息保密、戒毒人员应当遵守的规章制度、终止戒毒治疗的情形等作出约定,并应当载明戒毒疗效、戒毒治疗风险。

第十一条 戒毒医疗机构应当履行下列义务:

(一)对自愿戒毒人员开展艾滋病等传染病的预防、咨询教育;

(二)对自愿戒毒人员采取脱毒治疗、心理康复、行为矫治等多种治疗措施,并应当符合国务院卫生行政部门制定的戒毒治疗规范;

(三)采用科学、规范的诊疗技术和方法,使用的药物、医院制剂、医疗器械应当符合国家有关规定;

(四)依法加强药品管理,防止麻醉药品、精神药品流失滥用。

第十二条 符合参加戒毒药物维持治疗条件的戒毒人员,由本人申请,并经登记,可以参加戒毒药物维持治疗。登记参加戒毒药物维持治疗的戒毒人员的信息应当及时报公安机关备案。

戒毒药物维持治疗的管理办法,由国务院卫生行政部门会同国务院公安部门、药品监督管理部门制定。

第三章 社 区 戒 毒

第十三条 对吸毒成瘾人员,县级、设区的市级人民政府公安机关可以责令其接受社区戒毒,并出具责令社区戒毒决定书,送达本人及其家属,通知本人户籍所在地或者现居住地乡(镇)人民政府、城市街道办事处。

第十四条 社区戒毒人员应当自收到责令社区戒毒决定书之日起15日内到社区戒毒执行地乡(镇)人民政府、城市街道办事处报到,无正当理由逾期不报到的,视为拒绝接受社区戒毒。

社区戒毒的期限为3年,自报到之日起计算。

第十五条 乡(镇)人民政府、城市街道办事处应当根据工作需要成立社区戒毒工作领导小组,配备社区戒毒专职工作人员,制定社区戒毒工作计划,落实社区戒毒措施。

第十六条 乡(镇)人民政府、城市街道办事处,应当在社区戒毒人员报到后及时与其签订社区戒毒协议,明确社区戒毒的具体措施、社区戒毒人员应当遵守的规定以及违反社区戒毒协议应承担的责任。

第十七条　社区戒毒专职工作人员、社区民警、社区医务人员、社区戒毒人员的家庭成员以及禁毒志愿者共同组成社区戒毒工作小组具体实施社区戒毒。

第十八条　乡(镇)人民政府、城市街道办事处和社区戒毒工作小组应当采取下列措施管理、帮助社区戒毒人员：

(一)戒毒知识辅导；

(二)教育、劝诫；

(三)职业技能培训,职业指导,就学、就业、就医援助；

(四)帮助戒毒人员戒除毒瘾的其他措施。

第十九条　社区戒毒人员应当遵守下列规定：

(一)履行社区戒毒协议；

(二)根据公安机关的要求,定期接受检测；

(三)离开社区戒毒执行地所在县(市、区)3日以上的,须书面报告。

第二十条　社区戒毒人员在社区戒毒期间,逃避或者拒绝接受检测3次以上,擅自离开社区戒毒执行地所在县(市、区)3次以上或者累计超过30日的,属于《中华人民共和国禁毒法》规定的"严重违反社区戒毒协议"。

第二十一条　社区戒毒人员拒绝接受社区戒毒,在社区戒毒期间又吸食、注射毒品,以及严重违反社区戒毒协议的,社区戒毒专职工作人员应当及时向当地公安机关报告。

第二十二条　社区戒毒人员的户籍所在地或者现居住地发生变化,需要变更社区戒毒执行地的,社区戒毒执行地乡(镇)人民政府、城市街道办事处应当将有关材料转送至变更后的乡(镇)人民政府、城市街道办事处。

社区戒毒人员应当自社区戒毒执行地变更之日起15日内前往变更后的乡(镇)人民政府、城市街道办事处报到,社区戒毒时间自报到之日起连续计算。

变更后的乡(镇)人民政府、城市街道办事处,应当按照本条例第十六条的规定,与社区戒毒人员签订新的社区戒毒协议,继续执行社区戒毒。

第二十三条　社区戒毒自期满之日起解除。社区戒毒执行地公安机关应当出具解除社区戒毒通知书送达社区戒毒人员本人及其家属,并在7日内通知社区戒毒执行地乡(镇)人民政府、城市街道办事处。

第二十四条　社区戒毒人员被依法收监执行刑罚、采取强制性教育措施的,社区戒毒终止。

社区戒毒人员被依法拘留、逮捕的,社区戒毒中止,由羁押场所给予必要的戒毒治疗,释放后继续接受社区戒毒。

第四章　强制隔离戒毒

第二十五条　吸毒成瘾人员有《中华人民共和国禁毒法》第三十八条第一款所列情形之一的,由县级、设区的市级人民政府公安机关作出强制隔离戒毒的决定。

对于吸毒成瘾严重,通过社区戒毒难以戒除毒瘾的人员,县级、设区的市级人民政府公安机关可以直接作出强制隔离戒毒的决定。

吸毒成瘾人员自愿接受强制隔离戒毒的,经强制隔离戒毒场所所在地县级、设区的市级人民政府公安机关同意,可以进入强制隔离戒毒场所戒毒。强制隔离戒毒场所应当与其就戒毒治疗期限、戒毒治疗措施等作出约定。

第二十六条　对依照《中华人民共和国禁毒法》第三十九条第一款规定不适用强制隔离戒毒的吸毒成瘾人员,县级、设区的市级人民政府公安机关应当作出社区戒毒的决定,依照本条例第三章的规定进行社区戒毒。

第二十七条　强制隔离戒毒的期限为2年,自作出强制隔离戒毒决定之日起计算。

被强制隔离戒毒的人员在公安机关的强制隔离戒毒场所执行强制隔离戒毒3个月至6个月后,转至司法行政部门的强制隔离戒毒场所继续执行强制隔离戒毒。

执行前款规定不具备条件的省、自治区、直辖市,由公安机关和司法行政部门共同提出意见报省、自治区、直辖市人民政府决定具体执行方案,但在公安机关的强制隔离戒毒场所执行强制隔离戒毒的时间不得超过12个月。

第二十八条　强制隔离戒毒场所对强制隔离戒毒人员的身体和携带物品进行检查时发现的毒品等违禁品,应当依法处理;对生活必需品以外的其他物品,由强制隔离戒毒场所代为保管。

女性强制隔离戒毒人员的身体检查,应当由女性工作人员进行。

第二十九条　强制隔离戒毒场所设立戒毒医疗机构应当经所在地省、自治区、直辖市人民政府卫生行政部门批准。强制隔离戒毒场所应当配备设施设备及必要的管理人员,依法为强制隔离戒毒人员提供科学规范的戒毒治疗、心理治疗、身体康复训练和卫生、道德、法制教育,开展职业技能培训。

第三十条　强制隔离戒毒场所应当根据强制隔离戒毒人员的性别、年龄、患病等情况对强制隔离戒毒人员实行分别管理;对吸食不同种类毒品的,应当有针对性地采取必要的治疗措施;根据戒毒治疗的不同阶段和强制隔离戒毒人员的表现,实行逐步适应社会的分级管理。

第三十一条　强制隔离戒毒人员患严重疾病,不出所治疗可能危及生命的,经强制隔离戒毒场所主管机关批准,并报强制隔离戒毒决定机关备案,强制隔离戒毒场所可以允许其所外就医。所外就医的费用由强制隔离戒毒人员本人承担。

所外就医期间,强制隔离戒毒期限连续计算。对于健康状况不再适宜回所执行强制隔离戒毒的,强制隔离戒毒场所应当向强制隔离戒毒决定机关提出变更为社区戒毒的建议,强制隔离戒毒决定机关应当自收到建议之日起7日内,作出是否批准的决定。

经批准变更为社区戒毒的,已执行的强制隔离戒毒期限折抵社区戒毒期限。

第三十二条　强制隔离戒毒人员脱逃的,强制隔离戒毒场所应当立即通知所在地县级人民政府公安机关,并配合公安机关追回脱逃人员。被追回的强制隔离戒毒人员应当继续执行强制隔离戒毒,脱逃期间不计入强制隔离戒毒期限。被追回的强制隔离戒毒人员不得提前解除强制隔离戒毒。

第三十三条　对强制隔离戒毒场所依照《中华人民共和国禁毒法》第四十七条第二款、第三款规定提出的提前解除强制隔离戒毒、延长戒毒期限的意见,强制隔离戒毒决定机关应当自收到意见之日起7日内,作出是否批准的决定。对提前解除强制隔离戒毒或者延长强制隔离戒毒期限的,批准机关应当出具提前解除强制隔离戒毒决定书或者延长强制隔离戒毒期限决定书,送达被决定人,并在送达后24小时以内通知被决定人的家属、所在单位以及其户籍所在地或者现居住地公安派出所。

第三十四条　解除强制隔离戒毒的,强制隔离戒毒场所应当在解除强制隔离戒毒3日前通知强制隔离戒毒决定机关,出具解除强制隔离戒毒证明书送达戒毒人员本人,并通知其家属、所在单位、其户籍所在地或者现居住地公安派出所将其领回。

第三十五条　强制隔离戒毒诊断评估办法由国务院公安部门、司法行政部门会同国务院卫生行政部门制定。

第三十六条　强制隔离戒毒人员被依法收监执行刑罚、采取强制性教育措施或者被依法拘留、逮捕的,由监管场所、羁押场所给予必要的戒毒治疗,强制隔离戒毒的时间连续计算;刑罚执行完毕时、解除强制性教育措施时或者释放时强制隔离戒毒尚未期满的,继续执行强制隔离戒毒。

第五章　社区康复

第三十七条　对解除强制隔离戒毒的人员,强制隔离戒毒的决定机关可以责令其接受不超过3年的社区康复。

社区康复在当事人户籍所在地或者现居住地乡(镇)人民政府、城市街道办事处执行,经当事人同意,也可以在戒毒康复场所中执行。

第三十八条 被责令接受社区康复的人员,应当自收到责令社区康复决定书之日起15日内到户籍所在地或者现居住地乡(镇)人民政府、城市街道办事处报到,签订社区康复协议。

被责令接受社区康复的人员拒绝接受社区康复或者严重违反社区康复协议,并再次吸食、注射毒品被决定强制隔离戒毒的,强制隔离戒毒不得提前解除。

第三十九条 负责社区康复工作的人员应当为社区康复人员提供必要的心理治疗和辅导、职业技能培训、职业指导以及就学、就业、就医援助。

第四十条 社区康复自期满之日起解除。社区康复执行地公安机关出具解除社区康复通知书送达社区康复人员本人及其家属,并在7日内通知社区康复执行地乡(镇)人民政府、城市街道办事处。

第四十一条 自愿戒毒人员、社区戒毒、社区康复的人员可以自愿与戒毒康复场所签订协议,到戒毒康复场所戒毒康复、生活和劳动。

戒毒康复场所应当配备必要的管理人员和医务人员,为戒毒人员提供戒毒康复、职业技能培训和生产劳动条件。

第四十二条 戒毒康复场所应当加强管理,严禁毒品流入,并建立戒毒康复人员自我管理、自我教育、自我服务的机制。

戒毒康复场所组织戒毒人员参加生产劳动,应当参照国家劳动用工制度的规定支付劳动报酬。

第六章 法 律 责 任

第四十三条 公安、司法行政、卫生行政等有关部门工作人员泄露戒毒人员个人信息的,依法给予处分;构成犯罪的,依法追究刑事责任。

第四十四条 乡(镇)人民政府、城市街道办事处负责社区戒毒、社区康复工作的人员有下列行为之一的,依法给予处分:

（一）未与社区戒毒、社区康复人员签订社区戒毒、社区康复协议，不落实社区戒毒、社区康复措施的；

（二）不履行本条例第二十一条规定的报告义务的；

（三）其他不履行社区戒毒、社区康复监督职责的行为。

第四十五条　强制隔离戒毒场所的工作人员有下列行为之一的，依法给予处分；构成犯罪的，依法追究刑事责任：

（一）侮辱、虐待、体罚强制隔离戒毒人员的；

（二）收受、索要财物的；

（三）擅自使用、损毁、处理没收或者代为保管的财物的；

（四）为强制隔离戒毒人员提供麻醉药品、精神药品或者违反规定传递其他物品的；

（五）在强制隔离戒毒诊断评估工作中弄虚作假的；

（六）私放强制隔离戒毒人员的；

（七）其他徇私舞弊、玩忽职守、不履行法定职责的行为。

第七章　附　　则

第四十六条　本条例自公布之日起施行。1995年1月12日国务院发布的《强制戒毒办法》同时废止。

公安机关强制隔离戒毒所管理办法

2011年9月28日公安部令第117号公布施行

第一章　总　　则

第一条　为加强和规范公安机关强制隔离戒毒所的管理，保障强制隔离戒毒工作顺利进行，根据《中华人民共和国禁毒法》、《国务院戒毒条例》以及相关规定，制定本办法。

第二条　强制隔离戒毒所是公安机关依法通过行政强制措施为戒毒

人员提供科学规范的戒毒治疗、心理治疗、身体康复训练和卫生、道德、法制教育,开展职业技能培训的场所。

第三条　强制隔离戒毒所应当坚持戒毒治疗与教育康复相结合的方针,遵循依法、严格、科学、文明管理的原则,实现管理规范化、治疗医院化、康复多样化、帮教社会化、建设标准化。

第四条　强制隔离戒毒所应当建立警务公开制度,依法接受监督。

第二章　设　　置

第五条　强制隔离戒毒所由县级以上地方人民政府设置。

强制隔离戒毒所由公安机关提出设置意见,经本级人民政府和省级人民政府公安机关分别审核同意后,报省级人民政府批准,并报公安部备案。

第六条　强制隔离戒毒所机构名称为××省(自治区、直辖市)、××市(县、区、旗)强制隔离戒毒所。

同级人民政府设置有司法行政部门管理的强制隔离戒毒所的,公安机关管理的强制隔离戒毒所名称为××省(自治区、直辖市)、××市(县、区、旗)第一强制隔离戒毒所。

第七条　强制隔离戒毒所建设,应当符合国家有关建设规范。建设方案,应当经省级人民政府公安机关批准。

第八条　强制隔离戒毒所设所长一人,副所长二至四人,必要时可设置政治委员或教导员。强制隔离戒毒所根据工作需要设置相应的机构,配备相应数量的管教、监控、巡视、医护、技术、财会等民警和工勤人员,落实岗位责任。

强制隔离戒毒所根据工作需要配备一定数量女民警。

公安机关可以聘用文职人员参与强制隔离戒毒所的戒毒治疗、劳动技能培训、法制教育等非执法工作,可以聘用工勤人员从事勤杂工作。

第九条　强制隔离戒毒所管理人员、医务人员享受国家规定的工资福利待遇和职业保险。

第十条　强制隔离戒毒所的基础建设经费、日常运行公用经费、办案

（业务）经费、业务装备经费、戒毒人员监管给养经费，按照县级以上人民政府的财政预算予以保障。

各省、自治区、直辖市公安机关应当会同本地财政部门每年度对戒毒人员伙食费、医疗费等戒毒人员经费标准进行核算。

第十一条　强制隔离戒毒所应当建立并严格执行财物管理制度，接受有关部门的检查和审计。

第十二条　强制隔离戒毒所按照收戒规模设置相应的医疗机构，接受卫生行政部门对医疗工作的指导和监督。

强制隔离戒毒所按照卫生行政部门批准的医疗机构要求配备医务工作人员。

强制隔离戒毒所医务工作人员应当参加卫生行政部门组织的业务培训和职称评定考核。

第三章　入　　所

第十三条　强制隔离戒毒所凭《强制隔离戒毒决定书》，接收戒毒人员。

第十四条　强制隔离戒毒所接收戒毒人员时，应当对戒毒人员进行必要的健康检查，确认是否受伤、患有传染病或者其他疾病，对女性戒毒人员还应当确认是否怀孕，并填写《戒毒人员健康检查表》。

办理入所手续后，强制隔离戒毒所民警应当向强制隔离戒毒决定机关出具收戒回执。

第十五条　对怀孕或者正在哺乳自己不满一周岁婴儿的妇女，强制隔离戒毒所应当通知强制隔离戒毒决定机关依法变更为社区戒毒。

戒毒人员不满十六周岁且强制隔离戒毒可能影响其学业的，强制隔离戒毒所可以建议强制隔离戒毒决定机关依法变更为社区戒毒。

对身体有外伤的，强制隔离戒毒所应当予以记录，由送戒人员出具伤情说明并由戒毒人员本人签字确认。

第十六条　强制隔离戒毒所办理戒毒人员入所手续，应当填写《戒毒人员入所登记表》,并在全国禁毒信息管理系统中录入相应信息,及时进行信息维护。

戒毒人员基本信息与《强制隔离戒毒决定书》相应信息不一致的,强制隔离戒毒所应当要求办案部门核查并出具相应说明。

第十七条 强制隔离戒毒所应当对戒毒人员人身和随身携带的物品进行检查。除生活必需品外,其他物品由强制隔离戒毒所代为保管,并填写《戒毒人员财物保管登记表》一式二份,强制隔离戒毒所和戒毒人员各存一份。经戒毒人员签字同意,强制隔离戒毒所可以将代为保管物品移交戒毒人员近亲属保管。

对检查时发现的毒品以及其他依法应当没收的违禁品,强制隔离戒毒所应当逐件登记,并依照有关规定处理。与案件有关的物品应当移交强制隔离戒毒决定机关处理。

对女性戒毒人员的人身检查,应当由女性工作人员进行。

第十八条 强制隔离戒毒所应当配合办案部门查清戒毒人员真实情况,对新入所戒毒人员信息应当与在逃人员、违法犯罪人员等信息系统进行比对,发现戒毒人员有其他违法犯罪行为或者为在逃人员的,按照相关规定移交有关部门处理。

第四章　管　　理

第十九条 强制隔离戒毒所应当根据戒毒人员性别、年龄、患病、吸毒种类等情况设置不同病区,分别收戒管理。

强制隔离戒毒所根据戒毒治疗的不同阶段和戒毒人员表现,实行逐步适应社会的分级管理。

第二十条 强制隔离戒毒所应当建立新入所戒毒人员管理制度,对新入所戒毒人员实行不少于十五天的过渡管理和教育。

第二十一条 强制隔离戒毒所应当在戒毒人员入所二十四小时内进行谈话教育,书面告知其应当遵守的管理规定和依法享有的权利及行使权利的途径,掌握其基本情况,疏导心理,引导其适应新环境。

第二十二条 戒毒人员提出检举、揭发、控告,以及提起行政复议或者行政诉讼的,强制隔离戒毒所应当登记后及时将有关材料转送有关部门。

第二十三条　强制隔离戒毒所应当保障戒毒人员通信自由和通信秘密。对强制隔离戒毒所以外的人员交给戒毒人员的物品和邮件,强制隔离戒毒所应当进行检查。检查时,应当有两名以上工作人员同时在场。

经强制隔离戒毒所批准,戒毒人员可以用指定的固定电话与其亲友、监护人或者所在单位、就读学校通话。

第二十四条　强制隔离戒毒所建立探访制度,允许戒毒人员亲属、所在单位或者就读学校的工作人员探访。

探访人员应当接受强制隔离戒毒所身份证件检查,遵守探访规定。对违反规定的探访人员,强制隔离戒毒所可以提出警告或者责令其停止探访。

第二十五条　戒毒人员具有以下情形之一的,强制隔离戒毒所可以批准其请假出所:

(一)配偶、直系亲属病危或者有其他正当理由需离所探视的;

(二)配偶、直系亲属死亡需要处理相应事务的;

(三)办理婚姻登记等必须由本人实施的民事法律行为的。

戒毒人员应当提出请假出所的书面申请并提供相关证明材料,经强制隔离戒毒所所长批准,并报主管公安机关备案后,发给戒毒人员请假出所证明。

请假出所时间最长不得超过十天,离所和回所当日均计算在内。对请假出所不归的,视作脱逃行为处理。

第二十六条　律师会见戒毒人员应当持律师执业证、律师事务所介绍信和委托书,在强制隔离戒毒所内指定地点进行。

第二十七条　强制隔离戒毒所应当制定并严格执行戒毒人员伙食标准,保证戒毒人员饮食卫生、吃熟、吃热、吃够定量。

对少数民族戒毒人员,应当尊重其饮食习俗。

第二十八条　强制隔离戒毒所应当建立戒毒人员代购物品管理制度,代购物品仅限日常生活用品和食品。

第二十九条 强制隔离戒毒所应当建立戒毒人员一日生活制度。

强制隔离戒毒所应当督促戒毒人员遵守戒毒人员行为规范，并根据其现实表现分别予以奖励或者处罚。

第三十条 强制隔离戒毒所应当建立出入所登记制度。

戒毒区实行封闭管理，非本所工作人员出入应经所领导批准。

第三十一条 强制隔离戒毒所应当统一戒毒人员的着装、被服，衣被上应当设置本所标志。

第三十二条 强制隔离戒毒所应当安装监控录像、应急报警、病室报告装置、门禁检查和违禁物品检测等技防系统。监控录像保存时间不得少于十五天。

第三十三条 强制隔离戒毒所应当定期或者不定期进行安全检查，及时发现和消除安全隐患。

第三十四条 强制隔离戒毒所应当建立突发事件处置预案，并定期进行演练。

遇有戒毒人员脱逃、暴力袭击他人的，强制隔离戒毒所可以依法使用警械予以制止。

第三十五条 强制隔离戒毒所应当建立二十四小时值班巡视制度。

值班人员必须坚守岗位，履行职责，加强巡查，不得擅离职守，不得从事有碍值班的活动。

值班人员发现问题，应当果断采取有效措施，及时处置，并按规定向上级报告。

第三十六条 对有下列情形之一的戒毒人员，应当根据不同情节分别给予警告、训诫、责令具结悔过或者禁闭；构成犯罪的，依法追究刑事责任：

（一）违反戒毒人员行为规范、不遵守强制隔离戒毒所纪律，经教育不改正的；

（二）私藏或者吸食、注射毒品，隐匿违禁物品的；

（三）欺侮、殴打、虐待其他戒毒人员，占用他人财物等侵犯他人权利的；

（四）交流吸毒信息、传授犯罪方法或者教唆他人违法犯罪的；

（五）预谋或者实施自杀、脱逃、行凶的。

对戒毒人员处以警告、训诫和责令具结悔过，由管教民警决定并执行；处以禁闭，由管教民警提出意见，报强制隔离戒毒所所长批准。

对情节恶劣的，在诊断评估时应当作为建议延长其强制隔离戒毒期限的重要情节；构成犯罪的，交由侦查部门侦查，被决定刑事拘留或者逮捕的转看守所羁押。

第三十七条 强制隔离戒毒所发生戒毒人员脱逃的，应当立即报告主管公安机关，并配合追回脱逃人员。被追回的戒毒人员应当继续执行强制隔离戒毒，脱逃期间不计入强制隔离戒毒期限。被追回的戒毒人员不得提前解除强制隔离戒毒，诊断评估时可以作为建议延长其强制隔离戒毒期限的情节。

第三十八条 戒毒人员在强制隔离戒毒期间死亡的，强制隔离戒毒所应当立即向主管公安机关报告，同时通报强制隔离戒毒决定机关，通知其家属和同级人民检察院。主管公安机关应当组织相关部门对死亡原因进行调查。查清死亡原因后，尽快通知死者家属。

其他善后事宜依照国家有关规定处理。

第三十九条 强制隔离戒毒所应当建立询问登记制度，配合办案部门的询问工作。

第四十条 办案人员询问戒毒人员，应当持单位介绍信及有效工作证件，办理登记手续，在询问室进行。

因办案需要，经强制隔离戒毒所主管公安机关负责人批准，办案部门办理交接手续后可以将戒毒人员带离出所，出所期间的安全由办案部门负责。戒毒人员被带离出所以及送回所时，强制隔离戒毒所应对其进行体表检查，做好书面记录，由强制隔离戒毒所民警、办案人员和戒毒人员签字确认。

第五章 医　　疗

第四十一条 强制隔离戒毒所戒毒治疗和护理操作规程按照国家有关规定进行。

第四十二条　强制隔离戒毒所根据戒毒人员吸食、注射毒品的种类和成瘾程度等,进行有针对性的生理治疗、心理治疗和身体康复训练,并建立个人病历。

第四十三条　强制隔离戒毒所实行医护人员二十四小时值班和定时查房制度,医护人员应当随时掌握分管戒毒人员的治疗和身体康复情况,并给予及时的治疗和看护。

第四十四条　强制隔离戒毒所对患有传染病的戒毒人员,按照国家有关规定采取必要的隔离、治疗措施。

第四十五条　强制隔离戒毒所对毒瘾发作或者出现精神障碍可能发生自伤、自残或者实施其他危险行为的戒毒人员,可以按照卫生行政部门制定的医疗规范采取保护性约束措施。

对被采取保护性约束措施的戒毒人员,民警和医护人员应当密切观察,可能发生自伤、自残或者实施其他危险行为的情形解除后及时解除保护性约束措施。

第四十六条　戒毒人员患严重疾病,不出所治疗可能危及生命的,经强制隔离戒毒所主管公安机关批准,报强制隔离戒毒决定机关备案,强制隔离戒毒所可以允许其所外就医,并发给所外就医证明。所外就医的费用由戒毒人员本人承担。

所外就医期间,强制隔离戒毒期限连续计算。对于健康状况不再适宜回所执行强制隔离戒毒的,强制隔离戒毒所应当向强制隔离戒毒决定机关提出变更为社区戒毒的建议,强制隔离戒毒决定机关应当自收到建议之日起七日内,作出是否批准的决定。经批准变更为社区戒毒的,已执行的强制隔离戒毒期限折抵社区戒毒期限。

第四十七条　强制隔离戒毒所使用麻醉药品和精神药品,应当按照规定向有关部门申请购买。需要对戒毒人员使用麻醉药品和精神药品的,由具有麻醉药品、精神药品处方权的执业医师按照有关技术规范开具处方,医护人员应当监督戒毒人员当面服药。

强制隔离戒毒所应当按照有关规定严格管理麻醉药品和精神药品,严禁违规使用,防止流入非法渠道。

第四十八条 强制隔离戒毒所应当建立卫生防疫制度，设置供戒毒人员沐浴、理发和洗晒被服的设施。对戒毒病区应当定期消毒，防止传染疫情发生。

第四十九条 强制隔离戒毒所可以与社会医疗机构开展多种形式的医疗合作，保证医疗质量。

第六章 教 育

第五十条 强制隔离戒毒所应当设立教室、心理咨询室、谈话教育室、娱乐活动室、技能培训室等教育、康复活动的功能用房。

第五十一条 强制隔离戒毒所应当建立民警与戒毒人员定期谈话制度。管教民警应当熟悉分管戒毒人员的基本情况，包括戒毒人员自然情况、社会关系、吸毒经历、思想动态和现实表现等。

第五十二条 强制隔离戒毒所应当对戒毒人员经常开展法制、禁毒宣传、艾滋病性病预防宣传等主题教育活动。

第五十三条 强制隔离戒毒所对戒毒人员的教育，可以采取集中授课、个别谈话、社会帮教、亲友规劝、现身说法等多种形式进行。强制隔离戒毒所可以邀请有关专家、学者、社会工作者以及戒毒成功人员协助开展教育工作。

第五十四条 强制隔离戒毒所应当制定奖励制度，鼓励、引导戒毒人员坦白、检举违法犯罪行为。

强制隔离戒毒所应当及时将戒毒人员提供的违法犯罪线索转递给侦查办案部门。办案部门应当及时进行查证并反馈查证情况。

强制隔离戒毒所应当对查证属实、有立功表现的戒毒人员予以奖励，并作为诊断评估的重要依据。

第五十五条 强制隔离戒毒所可以动员、劝导戒毒人员戒毒期满出所后进入戒毒康复场所康复，并提供便利条件。

第五十六条 强制隔离戒毒所应当积极联系劳动保障、教育等有关部门，向戒毒人员提供职业技术、文化教育培训。

第七章 康　　复

第五十七条　强制隔离戒毒所应当组织戒毒人员开展文体活动，进行体能训练。一般情况下，每天进行不少于二小时的室外活动。

第五十八条　强制隔离戒毒所应当采取多种形式对戒毒人员进行心理康复训练。

第五十九条　强制隔离戒毒所可以根据戒毒需要和戒毒人员的身体状况组织戒毒人员参加康复劳动，康复劳动时间每天最长不得超过六小时。

强制隔离戒毒所不得强迫戒毒人员参加劳动。

第六十条　强制隔离戒毒所康复劳动场所和康复劳动项目应当符合国家相关规定，不得开展有碍于安全管理和戒毒人员身体康复的项目。

第六十一条　强制隔离戒毒所应当对戒毒人员康复劳动收入和支出建立专门账目，严格遵守财务制度，专款专用。戒毒人员康复劳动收入使用范围如下：

（一）支付戒毒人员劳动报酬；

（二）改善戒毒人员伙食及生活条件；

（三）购置劳保用品；

（四）其他必要开支。

第八章 出　　所

第六十二条　对需要转至司法行政部门强制隔离戒毒所继续执行强制隔离戒毒的人员，公安机关应当与司法行政部门办理移交手续。

第六十三条　对外地戒毒人员，如其户籍地强制隔离戒毒所同意接收，强制隔离戒毒决定机关可以变更执行场所，将戒毒人员交付其户籍地强制隔离戒毒所执行并办理移交手续。

第六十四条　强制隔离戒毒所应当建立戒毒诊断评估工作小组，按照有关规定对戒毒人员的戒毒康复、现实表现、适应社会能力等情况作出综合评估。对转至司法行政部门继续执行的，强制隔离戒毒所应当将戒毒人员戒毒康复、日常行为考核等情况一并移交司法行政部门强制隔离戒毒所，并通报强制隔离戒毒决定机关。

第六十五条　戒毒人员被依法收监执行刑罚、采取强制性教育措施或者被依法拘留、逮捕的，强制隔离戒毒所应当根据有关法律文书，与相关部门办理移交手续，并通知强制隔离戒毒决定机关。监管场所、羁押场所应当给予必要的戒毒治疗。

刑罚执行完毕时、解除强制性教育措施时或者释放时强制隔离戒毒尚未期满的，继续执行强制隔离戒毒。

第六十六条　强制隔离戒毒所应当将戒毒人员以下信息录入全国禁毒信息管理系统，进行相应的信息维护：

（一）强制隔离戒毒期满出所的；

（二）转至司法行政部门强制隔离戒毒所继续执行的；

（三）转至司法行政部门强制隔离戒毒所不被接收的；

（四）所外就医的；

（五）变更为社区戒毒的；

（六）脱逃或者请假出所不归的；

（七）脱逃被追回后在其他强制隔离戒毒所执行的。

第六十七条　强制隔离戒毒所应当建立并妥善保管戒毒人员档案。档案内容包括：强制隔离戒毒决定书副本、行政复议或者诉讼结果文书、戒毒人员登记表、健康检查表、财物保管登记表、病历、奖惩情况记录、办案机关或者律师询问记录、诊断评估结果、探访与请假出所记录、出所凭证等在强制隔离戒毒期间产生的有关文书及图片。

戒毒人员死亡的，强制隔离戒毒所应当将《戒毒人员死亡鉴定书》和《戒毒人员死亡通知书》归入其档案。

除法律明确规定外，强制隔离戒毒所不得对外提供戒毒人员档案。

第九章　附　　则

第六十八条　对被处以行政拘留的吸毒成瘾人员，本级公安机关没有设立拘留所或者拘留所不具备戒毒治疗条件的,强制隔离戒毒所可以代为执行。

第六十九条　有条件的强制隔离戒毒所可以接收自愿戒毒人员。但应当建立专门的自愿戒毒区,并按照卫生行政部门关于自愿戒毒的规定管理自愿戒毒人员。

对自愿接受强制隔离戒毒的吸毒成瘾人员,强制隔离戒毒所应当与其就戒毒治疗期限、戒毒治疗措施等签订书面协议。

第七十条　强制隔离戒毒所实行等级化管理,具体办法由公安部另行制定。

第七十一条　本办法所称以上,均包括本数、本级。

第七十二条　强制隔离戒毒所的文书格式,由公安部统一制定。

第七十三条　本办法自公布之日起施行,公安部2000年4月17日发布施行的《强制戒毒所管理办法》同时废止。

公安部关于《公安机关强制隔离戒毒所管理办法》第六十五条规定执行问题的批复

1. 2014年5月23日
2. 公复字〔2014〕3号

新疆维吾尔自治区公安厅:

你厅《关于对〈公安机关强制隔离戒毒所管理办法〉第六十五条有关规定执行问题的请示》(新公办〔2013〕227号)收悉。经商司法部,现批复如下:

对强制隔离戒毒人员被依法收监执行刑罚或者拘留、逮捕的,强制隔离戒毒所应当凭收监执行通知书、拘留证、逮捕证等法律文书,将强制隔离戒毒人员移交相关部门,并附强制隔离戒毒决定书、强制隔离戒毒诊断评估手册,同时通知强制隔离戒毒决定机关。执行刑罚或者拘留、逮捕的监狱、看守所应当给予必要的治疗,并按照公安部、司法部、卫生计生委《强制隔离戒毒诊断评估办法》(公通字〔2013〕32号)的规定,对其开展诊断评估。刑罚执行完毕或者释放时强制隔离戒毒尚未期满的,监狱或者看守所应当提前七天通知原强制隔离戒毒所和强制隔离戒毒决定机关,通报上级主管部门。监狱或者看守所距离原强制隔离戒毒所较远、不便转送的,可以依照《戒毒条例》第二十七条第二款规定就近送公安机关或者司法行政部门管理的强制隔离戒毒所继续执行。必要时,羁押场所的上级主管部门可以指定本系统的强制隔离戒毒所执行。监狱或者看守所转送强制隔离戒毒人员时,应当移交强制隔离戒毒决定书、强制隔离戒毒诊断评估手册。

司法行政机关强制隔离戒毒工作规定

1. 2013年4月3日司法部令第127号发布
2. 自2013年6月1日起施行

第一章 总 则

第一条 为了规范司法行政机关强制隔离戒毒工作,帮助吸毒成瘾人员戒除毒瘾,维护社会秩序,根据《中华人民共和国禁毒法》、《戒毒条例》等法律法规和相关规定,制定本规定。

第二条 司法行政机关强制隔离戒毒工作应当遵循以人为本、科学戒毒、综合矫治、关怀救助的原则,教育和挽救吸毒成瘾人员。

第三条 司法行政机关强制隔离戒毒所对经公安机关作出强制隔离戒毒决定,在公安机关强制隔离戒毒场所执行三个月至六个月后,或者依据省、自治区、直辖市具体执行方案送交的强制隔离戒毒人员(以下简称"戒毒人员"),依法执行强制隔离戒毒。

第四条 从事强制隔离戒毒工作的人民警察应当严格、公正、廉洁、文明执法,尊重戒毒人员人格,保障其合法权益。

第五条 司法行政机关强制隔离戒毒工作所需经费,按照国家规定的标准纳入当地政府财政预算。

第二章 场所设置

第六条 设置司法行政机关强制隔离戒毒所,应当符合司法部的规划,经省、自治区、直辖市司法厅(局)审核,由省级人民政府批准,并报司法部备案。

具备条件的地方,应当单独设置收治女性戒毒人员的强制隔离戒毒所和收治未成年戒毒人员的强制隔离戒毒所。

第七条 强制隔离戒毒所以其所在地地名加"强制隔离戒毒所"命名,同一地域有多个强制隔离戒毒所的,可以采取其他方式命名。

专门收治女性戒毒人员的强制隔离戒毒所名称,为地名后加"女子强制隔离戒毒所";专门收治未成年人的强制隔离戒毒所名称,为地名后加"未成年人强制隔离戒毒所"。

第八条 强制隔离戒毒所设所长一人、政治委员一人、副所长若干人,设置职能机构和戒毒大队,根据收治规模配备从事管教、医疗和后勤保障的工作人员。

第九条 强制隔离戒毒所设置医疗机构,接受卫生行政部门对医疗工作的指导和监督。

第十条 强制隔离戒毒所工作人员享受国家规定的工资福利待遇及保险。

第三章 接　　收

第十一条 强制隔离戒毒所根据县级以上人民政府公安机关强制隔离戒毒决定书接收戒毒人员。

第十二条 强制隔离戒毒所接收戒毒人员时,应当核对戒毒人员身份,进行必要的健康检查,填写强制隔离戒毒人员入所健康状况检查表。

戒毒人员身体有伤的,强制隔离戒毒所应当予以记录,由移送的公安机关工作人员和戒毒人员本人签字确认。

对女性戒毒人员应当进行妊娠检测。对怀孕或者正在哺乳自己不满一周岁婴儿的妇女,不予接收。

第十三条 强制隔离戒毒所应当对接收的戒毒人员的身体和携带物品进行检查,依法处理违禁品,对生活必需品以外的其他物品进行登记并由戒毒人员本人签字,由其指定的近亲属领回或者由强制隔离戒毒所代为保管。检查时应当有两名以上人民警察在场。

女性戒毒人员的身体检查,应当由女性人民警察进行。

第十四条 强制隔离戒毒所接收戒毒人员,应当填写强制隔离戒毒人员入所登记表,查收戒毒人员在公安机关强制隔离戒毒期间的相关材料。

第十五条 戒毒人员入所后,强制隔离戒毒所应当书面通知其家属,通知书应当自戒毒人员入所之日起五日内发出。

第四章 管 理

第十六条 强制隔离戒毒所应当根据性别、年龄、患病等情况,对戒毒人员实行分别管理;根据戒毒治疗情况,对戒毒人员实行分期管理;根据戒毒人员表现,实行逐步适应社会的分级管理。

第十七条 强制隔离戒毒所人民警察对戒毒人员实行直接管理,严禁由其他人员代行管理职权。

女性戒毒人员由女性人民警察直接管理。

第十八条 强制隔离戒毒所应当建立安全管理制度,进行安全检查,及时发现和消除安全隐患。

强制隔离戒毒所应当制定突发事件应急预案,并定期演练。

第十九条 强制隔离戒毒所应当安装监控、应急报警、门禁检查和违禁品检测等安全技防系统,按照规定保存监控录像和有关信息资料。

强制隔离戒毒所应当安排专门人民警察负责强制隔离戒毒所的安全警戒工作。

第二十条 对强制隔离戒毒所以外的人员交给戒毒人员的物品和邮件,强制隔离戒毒所应当进行检查,防止夹带毒品及其他违禁品。

检查时,应当有两名以上人民警察在场。

检查邮件时,应当依法保护戒毒人员的通信自由和通信秘密。

第二十一条 经强制隔离戒毒所批准,戒毒人员可以使用指定的固定电话与其亲属、监护人或者所在单位、就读学校有关人员通话。

戒毒人员在所内不得持有、使用移动通讯设备。

第二十二条 戒毒人员的亲属和所在单位或者就读学校的工作人员,可以按照强制隔离戒毒所探访规定探访戒毒人员。

强制隔离戒毒所应当检查探访人员身份证件,对身份不明或者无法核实的不允许探访。

对正被采取保护性约束措施或者正处于单独管理期间的戒毒人员,不予安排探访。

第二十三条 探访应当在探访室进行。探访人员应当遵守探访规定;探访人员违反规定经劝阻无效的,可以终止其探访。

探访人员交给戒毒人员物品须经批准,并由人民警察当面检查;交给戒毒人员现金的,应当存入戒毒人员所内个人账户;发现探访人员利用探访传递毒品的,应当移交公安机关依法处理;发现探访人员利用探访传递其他违禁品的,应当依照有关规定处理。

第二十四条 戒毒人员因配偶、直系亲属病危、死亡或者家庭有其他重大变故,可以申请外出探视。申请外出探视须有医疗单位、戒毒人员户籍所在地或者现居住地公安派出所、原单位或者街道(乡、镇)的证明材料。

除前款规定外,强制隔离戒毒所可以批准戒治效果好的戒毒人员外出探视其配偶、直系亲属。

第二十五条 强制隔离戒毒所批准戒毒人员外出探视的,应当发给戒毒人员外出探视证明。戒毒人员外出探视及在途时间不得超过十日。对非因不可抗力逾期不归的戒毒人员,视作脱逃处理。

第二十六条 戒毒人员外出探视回所后,强制隔离戒毒所应当对其进行检测。发现重新吸毒的,不得报请提前解除强制隔离戒毒。

第二十七条 对有下列情形之一的戒毒人员,应当根据不同情节分别给予警告、训诫、责令具结悔过:

（一）违反戒毒人员行为规范、不遵守强制隔离戒毒所纪律，经教育不改正的；

（二）欺侮、殴打、虐待其他戒毒人员的；

（三）隐匿违禁品的；

（四）交流吸毒信息、传授犯罪方法的。

对戒毒人员处以警告、训诫和责令具结悔过，由戒毒大队决定并执行。

第二十八条　对有严重扰乱所内秩序、私藏或者吸食、注射毒品、预谋或者实施脱逃、行凶、自杀、自伤、自残等行为以及涉嫌犯罪应当移送司法机关处理的戒毒人员，强制隔离戒毒所应当对其实行单独管理。

单独管理应当经强制隔离戒毒所负责人批准。在紧急情况下，可以先行采取单独管理措施，并在二十四小时内补办审批手续。

对单独管理的戒毒人员，应当安排人民警察专门管理。一次单独管理的时间不得超过五日。单独管理不得连续使用。

第二十九条　对私藏或者吸食、注射毒品的戒毒人员，不得报请提前解除强制隔离戒毒，并应当在期满前诊断评估时，作为延长强制隔离戒毒期限的依据；涉嫌犯罪的，应当依法追究刑事责任。

第三十条　遇有戒毒人员脱逃、暴力袭击他人等危险行为，强制隔离戒毒所人民警察可以依法使用警械予以制止。警械使用情况，应当记录在案。

第三十一条　戒毒人员脱逃的，强制隔离戒毒所应当立即通知当地公安机关，并配合公安机关追回脱逃人员。被追回的戒毒人员应当继续执行强制隔离戒毒，脱逃期间不计入强制隔离戒毒期限。对被追回的戒毒人员不得报请提前解除强制隔离戒毒。

第三十二条　戒毒人员提出申诉、检举、揭发、控告的，强制隔离戒毒所应当及时依法处理；对强制隔离戒毒决定不服提起行政复议或者行政诉讼的，强制隔离戒毒所应当将有关材料登记后及时转送有关部门。

第三十三条　强制隔离戒毒所工作人员因工作失职致使毒品等违禁品进入强制隔离戒毒所，违反规定允许戒毒人员携带、使用或者为其传递毒品等违禁品的，应当依法给予处分；涉嫌犯罪的，应当依法追究刑事责任。

进入强制隔离戒毒所的其他人员为戒毒人员传递毒品的，应当移交司法机关依法处理。

第五章　治疗康复

第三十四条　强制隔离戒毒所应当根据戒毒人员吸食、注射毒品的种类、成瘾程度和戒断症状等进行有针对性的生理治疗、心理治疗和身体康复训练。

对公安机关强制隔离戒毒所移送的戒毒人员，应当做好戒毒治疗的衔接工作。

第三十五条　对戒毒人员进行戒毒治疗，应当采用科学、规范的诊疗技术和方法，使用符合国家有关规定的药物、医疗器械。戒毒治疗使用的麻醉药品和精神药品应当按照规定申请购买并严格管理，使用时须由具有麻醉药品、精神药品处方权的医师按照有关技术规范开具处方。

禁止以戒毒人员为对象进行戒毒药物试验。

第三十六条　强制隔离戒毒所应当定期对戒毒人员进行身体检查。对患有疾病的戒毒人员，应当及时治疗。对患有传染病的戒毒人员，应当按照国家有关规定采取必要的隔离治疗措施。

第三十七条　戒毒人员患有严重疾病，不出所治疗可能危及生命的，凭所内医疗机构或者二级以上医院出具的诊断证明，经强制隔离戒毒所所在省、自治区、直辖市司法行政机关戒毒管理部门批准，报强制隔离戒毒决定机关备案，强制隔离戒毒所可以允许其所外就医，并发给所外就医证明。

第三十八条　戒毒人员所外就医期间，强制隔离戒毒期限连续计算。对于健康状况不再适宜回所执行强制隔离戒毒的，强制隔离戒毒所应当向强制隔离戒毒决定机关提出变更为社区戒毒的建议，同时报强制隔离戒毒所所在省、自治区、直辖市司法行政机关戒毒管理部门备案。

第三十九条 强制隔离戒毒所应当建立戒毒人员心理健康档案,开展心理健康教育,提供心理咨询,对戒毒人员进行心理治疗;对心理状态严重异常或者有行凶、自伤、自残等危险倾向的戒毒人员应当实施心理危机干预。

第四十条 对可能发生自伤、自残等情形的戒毒人员使用保护性约束措施应当经强制隔离戒毒所负责人批准。采取保护性约束措施应当遵守有关医疗规范。

对被采取保护性约束措施的戒毒人员,人民警察和医护人员应当密切观察;可能发生自伤、自残等情形消除后,应当及时解除保护性约束措施。

第四十一条 强制隔离戒毒所可以与社会医疗机构开展医疗合作,提高戒毒治疗水平和医疗质量。

第四十二条 强制隔离戒毒所应当通过组织体育锻炼、娱乐活动、生活技能培训等方式对戒毒人员进行身体康复训练,帮助戒毒人员恢复身体机能、增强体能。

第四十三条 强制隔离戒毒所根据戒毒的需要,可以组织有劳动能力的戒毒人员参加必要的生产劳动。

组织戒毒人员参加生产劳动的,应当支付劳动报酬。戒毒人员劳动时间每周不超过五天,每天不超过六小时。法定节假日不得安排戒毒人员参加生产劳动。

第四十四条 强制隔离戒毒所应当建立安全生产管理制度,对参加生产劳动的戒毒人员进行安全生产教育,提供必要的劳动防护用品。生产劳动场地和劳动项目应当符合安全生产管理的有关规定,不得引进易燃、易爆等危险生产项目,不得组织戒毒人员从事有碍身体康复的劳动。

第六章 教 育

第四十五条 强制隔离戒毒所应当对新接收的戒毒人员进行时间不

少于一个月的入所教育,教育内容包括强制隔离戒毒有关法律法规、所规所纪、戒毒人员权利义务等。

第四十六条 强制隔离戒毒所应当采取课堂教学的方式,对戒毒人员集中进行卫生、法制、道德和形势政策等教育。

第四十七条 强制隔离戒毒所应当对戒毒人员开展有针对性的个别教育。戒毒大队人民警察应当熟悉分管戒毒人员的基本情况,掌握思想动态,对分管的每名戒毒人员每月至少进行一次个别谈话。戒毒人员有严重思想、情绪波动的,应当及时进行谈话疏导。

第四十八条 强制隔离戒毒所应当开展戒毒文化建设,运用影视、广播、展览、文艺演出、图书、报刊、宣传栏和所内局域网等文化载体,活跃戒毒人员文化生活,丰富教育形式。

第四十九条 强制隔离戒毒所应当加强同当地有关部门和单位的联系,通过签订帮教协议、来所开展帮教等形式,做好戒毒人员的教育工作。

强制隔离戒毒所可以邀请有关专家、学者、社会工作者、志愿人员以及戒毒成功人员协助开展教育工作。对协助教育有显著成绩和突出贡献的,应当予以表彰、奖励。

第五十条 强制隔离戒毒所应当协调人力资源社会保障部门,对戒毒人员进行职业技能培训和职业技能鉴定;职业技能鉴定合格的,颁发相应的职业资格证书。

第五十一条 强制隔离戒毒所应当在戒毒人员出所前进行回归社会教育,教育时间不少于一周。

强制隔离戒毒所可以安排戒毒人员到戒毒康复场所及戒毒药物维持治疗场所参观、体验,开展戒毒康复、戒毒药物维持治疗相关知识的宣传教育,为解除强制隔离戒毒后自愿进入戒毒康复场所康复或者参加戒毒药物维持治疗的戒毒人员提供便利。

第七章 生 活 卫 生

第五十二条 强制隔离戒毒所应当按规定设置戒毒人员生活设施。戒毒人员宿舍应当坚固安全、通风明亮,配备必要的生活用品。戒毒人员的生活环境应当绿化美化。

第五十三条 强制隔离戒毒所应当保持戒毒人员生活区整洁,定期组织戒毒人员理发、洗澡、晾晒被褥,保持其个人卫生。

强制隔离戒毒所应当统一戒毒人员的着装。

第五十四条 强制隔离戒毒所应当保证戒毒人员的伙食供应不低于规定标准。戒毒人员伙食经费不得挪作他用。戒毒人员食堂应当按月公布伙食账目。

对正在进行脱毒治疗和患病的戒毒人员在伙食上应当给予适当照顾。对少数民族戒毒人员,应当尊重其饮食习惯。

第五十五条 强制隔离戒毒所应当保证戒毒人员的饮食安全。食堂管理人员和炊事人员应当取得卫生行政主管部门颁发的健康证明,每半年进行一次健康检查,健康检查不合格的应当及时予以调整。

戒毒人员食堂实行四十八小时食品留样制度。

第五十六条 戒毒人员可以在所内商店购买日常用品。所内商店出售商品应当价格合理,明码标价,禁止出售过期、变质商品。

强制隔离戒毒所应当对所内商店采购的商品进行检查,防止违禁品流入。

第五十七条 强制隔离戒毒所应当做好疾病预防控制工作。发生传染病疫情,应当按规定及时报告主管机关和当地疾病预防控制部门,并采取相应的防治措施。

第八章 解 除

第五十八条 强制隔离戒毒所应当按照有关规定对戒毒人员进行诊断评估。对强制隔离戒毒期限届满且经诊断评估达到规定标准的戒毒人员,应当解除强制隔离戒毒。

经诊断评估,对符合规定条件的戒毒人员,强制隔离戒毒所可以提出提前解除强制隔离戒毒的意见或者延长强制隔离戒毒期限的意见,并按规定程序报强制隔离戒毒决定机关批准。强制隔离戒毒所收到强制隔离戒毒决定机关出具的提前解除强制隔离戒毒决定书或者延长强制隔离戒毒期限决定书的,应当及时送达戒毒人员。

第五十九条　强制隔离戒毒所应当在解除强制隔离戒毒三日前通知强制隔离戒毒决定机关,同时通知戒毒人员家属、所在单位、户籍所在地或者现居住地公安派出所将其按期领回。戒毒人员出所时无人领回,自行离所的,强制隔离戒毒所应当及时通知强制隔离戒毒决定机关。

对解除强制隔离戒毒的所外就医人员,强制隔离戒毒所应当及时通知其来所办理解除强制隔离戒毒手续。

第六十条　解除强制隔离戒毒的,强制隔离戒毒所应当向戒毒人员出具解除强制隔离戒毒证明书,同时发还代管财物。

第六十一条　戒毒人员被依法收监执行刑罚或者依法拘留、逮捕的,强制隔离戒毒所应当根据有关法律文书,与相关部门办理移交手续,并通知强制隔离戒毒决定机关;戒毒人员被依法释放时强制隔离戒毒尚未期满的,继续执行强制隔离戒毒。

第六十二条　戒毒人员在强制隔离戒毒所内死亡的,强制隔离戒毒所应当立即报告所属主管机关,通知其家属、强制隔离戒毒决定机关和当地人民检察院。戒毒人员家属对死亡原因有疑义的,可以委托有关部门作出鉴定。其他善后事宜依照国家有关规定处理。

第六十三条　强制隔离戒毒所应当妥善保管戒毒人员档案。档案内容包括:强制隔离戒毒决定书、强制隔离戒毒人员入所登记表、强制隔离戒毒人员入所健康状况检查表、财物保管登记表、病历、心理健康档案、诊断评估结果、提前解除强制隔离戒毒决定书或者延长强制隔离戒毒期限决定书、解除强制隔离戒毒证明书以及在强制隔离戒毒期间产生的重要文书、视听资料。

除法律明确规定外,强制隔离戒毒所不得对外提供戒毒人员档案信息。

第九章　附　　则

第六十四条　吸毒成瘾人员自愿接受强制隔离戒毒的,应当凭强制隔离戒毒所所在地公安机关的书面同意意见,向强制隔离戒毒所提出申请。强制隔离戒毒所同意接收的,应当与其就戒毒治疗期限、戒毒治疗措施、权利义务等事项签订书面协议;协议未约定的,参照本规定有关规定执行。

第六十五条　本规定自2013年6月1日起施行。

吸毒成瘾认定办法

1. 2011年1月30日公安部令第115号发布
2. 根据2016年12月29日公安部、国家卫生和计划生育委员会令第142号《关于修改〈吸毒成瘾认定办法〉的决定》修正

第一条　为规范吸毒成瘾认定工作,科学认定吸毒成瘾人员,依法对吸毒成瘾人员采取戒毒措施和提供戒毒治疗,根据《中华人民共和国禁毒法》、《戒毒条例》,制定本办法。

第二条　本办法所称吸毒成瘾,是指吸毒人员因反复使用毒品而导致的慢性复发性脑病,表现为不顾不良后果、强迫性寻求及使用毒品的行为,常伴有不同程度的个人健康及社会功能损害。

第三条　本办法所称吸毒成瘾认定,是指公安机关或者其委托的戒毒医疗机构通过对吸毒人员进行人体生物样本检测、收集其吸毒证据或者根据生理、心理、精神的症状、体征等情况,判断其是否成瘾以及是否成瘾严重的工作。

　　本办法所称戒毒医疗机构,是指符合《戒毒医疗服务管理暂行办法》规定的专科戒毒医院和设有戒毒治疗科室的其他医疗机构。

第四条　公安机关在执法活动中发现吸毒人员,应当进行吸毒成瘾认定;因技术原因认定有困难的,可以委托有资质的戒毒医疗机构进行认定。

第五条　承担吸毒成瘾认定工作的戒毒医疗机构,由省级卫生计生行政部门会同同级公安机关指定。

第六条 公安机关认定吸毒成瘾,应当由两名以上人民警察进行,并在作出人体生物样本检测结论的二十四小时内提出认定意见,由认定人员签名,经所在单位负责人审核,加盖所在单位印章。

有关证据材料,应当作为认定意见的组成部分。

第七条 吸毒人员同时具备以下情形的,公安机关认定其吸毒成瘾:

(一)经血液、尿液和唾液等人体生物样本检测证明其体内含有毒品成分;

(二)有证据证明其有使用毒品行为;

(三)有戒断症状或者有证据证明吸毒史,包括曾经因使用毒品被公安机关查处、曾经进行自愿戒毒、人体毛发样品检测出毒品成分等情形。

戒断症状的具体情形,参照卫生部制定的《阿片类药物依赖诊断治疗指导原则》和《苯丙胺类药物依赖诊断治疗指导原则》、《氯胺酮依赖诊断治疗指导原则》确定。

第八条 吸毒成瘾人员具有下列情形之一的,公安机关认定其吸毒成瘾严重:

(一)曾经被责令社区戒毒、强制隔离戒毒(含《禁毒法》实施以前被强制戒毒或者劳教戒毒)、社区康复或者参加过戒毒药物维持治疗,再次吸食、注射毒品的;

(二)有证据证明其采取注射方式使用毒品或者至少三次使用累计涉及两类以上毒品的;

(三)有证据证明其使用毒品后伴有聚众淫乱、自伤自残或者暴力侵犯他人人身、财产安全或者妨害公共安全等行为的。

第九条 公安机关在吸毒成瘾认定过程中实施人体生物样本检测,依照公安部制定的《吸毒检测程序规定》的有关规定执行。

第十条 公安机关承担吸毒成瘾认定工作的人民警察,应当同时具备以下条件:

(一)具有二级警员以上警衔及两年以上相关执法工作经历;

(二)经省级公安机关、卫生计生行政部门组织培训并考核合格。

第十一条 公安机关委托戒毒医疗机构进行吸毒成瘾认定的,应当在吸毒人员末次吸毒的七十二小时内予以委托并提交委托函。超过七十二小时委托的,戒毒医疗机构可以不予受理。

第十二条 承担吸毒成瘾认定工作的戒毒医疗机构及其医务人员,应当依照《戒毒医疗服务管理暂行办法》的有关规定进行吸毒成瘾认定工作。

第十三条 戒毒医疗机构认定吸毒成瘾,应当由两名承担吸毒成瘾认定工作的医师进行。

第十四条 承担吸毒成瘾认定工作的医师,应当同时具备以下条件:
（一）符合《戒毒医疗服务管理暂行办法》的有关规定;
（二）从事戒毒医疗工作不少于三年;
（三）具有中级以上专业技术职务任职资格。

第十五条 戒毒医疗机构对吸毒人员采集病史和体格检查时,委托认定的公安机关应当派有关人员在场协助。

第十六条 戒毒医疗机构认为需要对吸毒人员进行人体生物样本检测的,委托认定的公安机关应当协助提供现场采集的检测样本。

戒毒医疗机构认为需要重新采集其他人体生物检测样本的,委托认定的公安机关应当予以协助。

第十七条 戒毒医疗机构使用的检测试剂,应当是经国家食品药品监督管理局批准的产品,并避免与常见药物发生交叉反应。

第十八条 戒毒医疗机构及其医务人员应当依照诊疗规范、常规和有关规定,结合吸毒人员的病史、精神症状检查、体格检查和人体生物样本检测结果等,对吸毒人员进行吸毒成瘾认定。

第十九条 戒毒医疗机构应当自接受委托认定之日起三个工作日内出具吸毒成瘾认定报告,由认定人员签名并加盖戒毒医疗机构公章。认定报告一式二份,一份交委托认定的公安机关,一份留存备查。

第二十条 委托戒毒医疗机构进行吸毒成瘾认定的费用由委托单位承担。

第二十一条 各级公安机关、卫生计生行政部门应当加强对吸毒成瘾认定工作的指导和管理。

第二十二条 任何单位和个人不得违反规定泄露承担吸毒成瘾认定工作相关工作人员及被认定人员的信息。

第二十三条 公安机关、戒毒医疗机构以及承担认定工作的相关人员违反本办法规定的,依照有关法律法规追究责任。

第二十四条 本办法所称的两类及以上毒品是指阿片类(包括鸦片、吗啡、海洛因、杜冷丁等)、苯丙胺类(包括各类苯丙胺衍生物)、大麻类、可卡因类,以及氯胺酮等其他类毒品。

第二十五条 本办法自 2011 年 4 月 1 日起施行。

戒毒治疗管理办法

1. 2021 年 1 月 25 日国家卫生健康委、公安部、司法部发布
2. 国卫医发〔2021〕5 号
3. 自 2021 年 7 月 1 日起施行

第一章 总　　则

第一条 为了规范戒毒治疗行为,依法开展戒毒治疗工作,维护医务人员和戒毒人员的合法权益,根据《中华人民共和国禁毒法》、《中华人民共和国执业医师法》、《戒毒条例》、《医疗机构管理条例》、《麻醉药品和精神药品管理条例》、《护士条例》等法律法规的规定,制定本办法。

第二条 本办法所称戒毒治疗,是指经省级卫生健康行政部门批准从事戒毒治疗的医疗机构,对吸毒人员采取相应的医疗、护理、康复等医学措施,帮助其减轻毒品依赖、促进身心康复的医学活动。

第三条 医疗机构开展戒毒治疗,适用本办法。

第四条 卫生健康行政部门负责戒毒医疗机构的监督管理,并对强制隔离戒毒医疗服务进行业务指导;公安机关、司法行政等部门在各自职责范围内负责强制隔离戒毒所、戒毒康复场所、监狱、拘留

所和看守所开展戒毒治疗的监督管理。

第二章 机构登记

第五条 省级卫生健康行政部门商同级公安、司法行政部门,根据本行政区域戒毒治疗资源情况、吸毒人员分布状况和需求,制订本行政区域戒毒医疗机构设置规划,并纳入当地医疗机构设置规划。

第六条 医疗机构申请开展戒毒治疗,必须同时具备下列条件:

(一)具有独立承担民事责任的能力。

(二)符合戒毒医院基本标准或医疗机构戒毒治疗科基本标准和本办法规定。

戒毒医院基本标准和医疗机构戒毒治疗科基本标准由国务院卫生健康行政部门另行制订。

第七条 申请设置戒毒医疗机构或医疗机构从事戒毒治疗业务的,应当按照《医疗机构管理条例》、《医疗机构管理条例实施细则》及本办法的有关规定报省级卫生健康行政部门批准,并报同级公安机关备案。

第八条 省级卫生健康行政部门应当根据本地区戒毒医疗机构设置规划、本办法及有关规定进行审查,自受理申请之日起15个工作日内,作出批准或不予批准的决定,并书面告知申请者。如15个工作日内不能作出决定的,经本行政机关负责人批准,可以延长10个工作日,并应当将延长期限的理由告知申请者。

第九条 批准开展戒毒治疗的卫生健康行政部门,应当在《医疗机构执业许可证》副本备注栏中进行"戒毒治疗"项目登记。

第十条 医疗机构取得戒毒治疗资质后方可开展戒毒治疗。

第三章 执业人员资格

第十一条 医疗机构开展戒毒治疗应当按照戒毒医院基本标准和医疗机构戒毒治疗科基本标准规定,根据治疗需要配备相应数量的医师、护士、临床药学、医技、心理卫生等专业技术人员,并为戒毒治疗正常开展提供必要的安保和工勤保障。

第十二条　从事戒毒治疗的医师应当具有执业医师资格并经注册取得《医师执业证书》，执业范围为精神卫生专业。

第十三条　使用麻醉药品和第一类精神药品治疗的医师应当取得麻醉药品和第一类精神药品处方权。

第十四条　从事戒毒治疗的护士应当符合下列条件：

（一）经执业注册取得《护士执业证书》。

（二）经过三级精神病专科医院或者开设有戒毒治疗科的三级综合医院脱产培训戒毒治疗相关业务3个月以上。

第十五条　医疗机构开展戒毒治疗至少应当有1名药学人员具有主管药师以上专业技术职务任职资格，并经过三级精神病专科医院或者开设有戒毒治疗科的三级综合医院培训戒毒治疗相关业务。

第十六条　医疗机构开展戒毒治疗至少应当有1名药学人员取得麻醉药品和第一类精神药品的调剂权。

第十七条　医疗机构开展戒毒治疗应当有专职的麻醉药品和第一类精神药品管理人员。

第四章　执 业 规 则

第十八条　医务人员应当在具有戒毒治疗资质的医疗机构开展戒毒治疗。

第十九条　医疗机构及其医务人员开展戒毒治疗应当遵循与戒毒有关的法律、法规、规章、诊疗指南或技术操作规范。

第二十条　设有戒毒治疗科的医疗机构应当将戒毒治疗纳入医院统一管理，包括财务管理、医疗质量管理、药品管理等。

第二十一条　医疗机构开展戒毒治疗应当根据业务特点制定管理规章制度，加强对医务人员的管理，不断提高诊疗水平，保证医疗质量和医疗安全，维护医患双方的合法权益。

第二十二条　医疗机构开展戒毒治疗应当采用安全性、有效性确切的诊疗技术和方法，并符合国务院卫生健康行政部门医疗技术临床应用的有关规定。

第二十三条　用于戒毒治疗的药物和医疗器械应当取得药品监督管

理部门的批准文号。购买和使用麻醉药品及第一类精神药品应当按规定获得"麻醉药品和第一类精神药品购用印鉴卡",并在指定地点购买,不得从非法渠道购买戒毒用麻醉药品和第一类精神药品。

医疗机构开展戒毒治疗需要使用医院制剂的,应当符合《药品管理法》和《麻醉药品和精神药品管理条例》等有关规定。

第二十四条　医疗机构开展戒毒治疗应当加强药品管理,严防麻醉药品和精神药品流入非法渠道。

第二十五条　医疗机构开展戒毒治疗应当采取有效措施,严防戒毒人员或者其他人员携带毒品与违禁物品进入医疗场所。

第二十六条　医疗机构可以根据戒毒治疗的需要,对戒毒人员进行身体和携带物品的检查。对检查发现的疑是毒品及吸食、注射用具和管制器具等按照有关规定交由公安机关处理。在戒毒治疗期间,发现戒毒人员有人身危险的,可以采取必要的临时保护性约束措施。

开展戒毒治疗的医疗机构及其医务人员应当对采取临时保护性约束措施的戒毒人员加强护理观察。

第二十七条　开展戒毒治疗的医疗机构应当与戒毒人员签订知情同意书。对属于无民事行为能力或者限制民事行为能力人的戒毒人员,医疗机构可与其监护人签订知情同意书。知情同意书的内容应当包括戒毒医疗的适应症、方法、时间、疗效、医疗风险、个人资料保密、戒毒人员应当遵守的各项规章制度以及双方的权利、义务等。

第二十八条　开展戒毒治疗的医疗机构应当按照规定建立戒毒人员医疗档案,并按规定报送戒毒人员相关治疗信息。

开展戒毒治疗的医疗机构应当要求戒毒人员提供真实信息。

第二十九条　开展戒毒治疗的医疗机构应当对戒毒人员进行必要的身体检查和艾滋病等传染病的检测,按照有关规定开展艾滋病等传染病的预防、咨询、健康教育、报告、转诊等工作。

第三十条　戒毒人员治疗期间,医疗机构应当不定期对其进行吸毒检测。发现吸食、注射毒品的,应当及时向当地公安机关报告。

第三十一条　开展戒毒治疗的医疗机构应当为戒毒人员提供心理康

复、行为矫正、社会功能恢复等,并开展出院后的随访工作。

第三十二条　戒毒人员在接受戒毒治疗期间有下列情形之一的,医疗机构可以对其终止戒毒治疗:

(一)不遵守医疗机构的管理制度,严重影响医疗机构正常工作和诊疗秩序的。

(二)无正当理由不接受规范治疗或者不服从医务人员合理的戒毒治疗安排的。

(三)发现存在严重并发症或其他疾病不适宜继续接受戒毒治疗的。

第三十三条　开展戒毒治疗的医疗机构及其医务人员应当依法保护戒毒人员的隐私,不得侮辱、歧视戒毒人员。

第三十四条　戒毒人员与开展戒毒治疗的医疗机构及其医务人员发生医疗纠纷的,按照有关规定处理。

第三十五条　开展戒毒治疗的医疗机构应当定期对医务人员进行艾滋病等传染病的职业暴露防护培训,并采取有效防护措施。

第三十六条　开展戒毒治疗的医疗机构应当根据卫生健康行政部门的安排,对社区戒毒和康复工作提供技术指导或者协助。

第五章　监督管理

第三十七条　任何组织、单位和个人,未经省级卫生健康行政部门批准取得戒毒治疗资质,不得开展戒毒治疗。

第三十八条　戒毒医疗机构的校验期限按照《医疗机构管理条例》和《医疗机构校验管理办法(试行)》的有关规定执行。

第三十九条　县级以上地方卫生健康行政部门应当按照有关规定,采取有效措施,加强对成熟的戒毒诊疗技术的临床应用管理。

第四十条　县级以上地方卫生健康行政部门应当及时将辖区内戒毒治疗的开展情况报上级卫生健康行政部门和同级禁毒委员会。

第四十一条　县级以上地方卫生健康行政部门在戒毒治疗监管工作中,应当加强与同级公安机关、司法行政等部门的协作,并充分发挥卫生健康行业学(协)会和专业社会团体的作用。

第四十二条 卫生健康行政部门、医疗机构及其医务人员违反本办法有关规定的,依照国家有关法律法规予以处罚。

第六章 附 则

第四十三条 开展戒毒药物维持治疗工作按照《戒毒药物维持治疗工作管理办法》执行。

第四十四条 本办法自2021年7月1日起施行。原卫生部、公安部、司法部联合印发的《戒毒医疗服务管理暂行办法》(卫医政发〔2010〕2号)同时废止。

公安部关于未满十六周岁人员强制隔离戒毒问题的批复

1. 2014年1月8日
2. 公复字〔2014〕1号

广东省公安厅:

　　你厅《关于未满十六周岁的未成年强制隔离戒毒人员收治问题的请示》(粤公请字〔2013〕323号)收悉。现批复如下:

　　《禁毒法》第三十九条规定,"不满十六周岁的未成年人吸毒成瘾的,可以不适用强制隔离戒毒"。为有利于未成年人健康成长,公安机关办案部门查获不满十六周岁的吸毒人员,确认其吸毒成瘾严重的,应当对其所在学校、监护人履行监护管理职责以及有无既往违法犯罪经历等情况进行调查,对学业正常或者监护人监护到位的,应当报县级以上公安机关作出社区戒毒的决定,并且责令监护人将其接回严加管教;对失学超过一年且监护人拒不履行监护职责,或者有违法犯罪经历的,应当报县级以上公安机关作出强制隔离戒毒的决定。强制隔离戒毒所收戒不满十六周岁的被强制隔离戒毒人员后,发现其学业正常或者监护人监护到位,应当向原决定机关提出变更为社区戒毒的意见,原决定机关应当在七日内作出是否批准的决定。

各省、自治区、直辖市应当指定强制隔离戒毒所集中收戒不满十六周岁的被强制隔离戒毒人员。被指定的强制隔离戒毒所应当根据未成年人的生理、心理特点,采取相应的管理和教育方式,提供必要的生活卫生保障,切实帮助未成年被强制隔离戒毒人员戒除毒瘾、回归社会。

强制隔离戒毒所收戒病残吸毒人员标准(试行)

1. 2018年3月15日公安部监所管理局印发
2. 公监管〔2018〕111号

为认真贯彻落实《禁毒法》《戒毒条例》和《中共中央国务院关于加强禁毒工作的意见》(中发〔2014〕6号)以及国家禁毒办等八部委《关于加强病残吸毒人员收治工作的意见》(禁毒办通〔2015〕87号),进一步改进和规范强制隔离戒毒工作,切实维护社会和谐稳定,特制定本标准试行。

一、被决定强制隔离戒毒的吸毒人员,除有下列情形之一的,强制隔离戒毒所应当予以收戒。

(一)患有严重疾病,强制隔离戒毒所不具备治疗条件可能危及生命的。

(二)怀孕或者正在哺乳自己不满一周岁婴儿的妇女。

(三)生活不能自理的。

吸毒人员患有严重疾病、生活不能自理的认定参照最高人民法院、最高人民检察院、公安部、司法部和国家卫生计生委出台的《暂予监外执行规定》(司发通〔2014〕112号)所附《保外就医严重疾病范围》(以下简称《范围》)执行。

上述(一)、(三)两种情形消失后,应当继续由强制隔离戒毒所执行剩余的戒毒期限；已到期的，由强制隔离戒毒所办理解除强制隔离戒毒手续。

二、对患有高血压、糖尿病、心脏病等疾病，但是经诊断短期内可能没有生命危险的，强制隔离戒毒所应当收戒。

对采取自伤自残等手段逃避强制隔离戒毒的，经医疗机构医学诊断治疗后尚未危及生命且生活能够自理的或者戒毒场所具备治疗条件的，强制隔离戒毒所应当予以收戒。

对具有第一条(一)、(三)情形之一，但有严重滋扰社会治安、影响社会秩序等行为的吸毒人员，经强制隔离戒毒所主管机关批准，强制隔离戒毒所应当予以收戒。

三、吸毒人员可能具有第一条(一)、(三)情形的，应当送县(市)级及以上医院对疾病和身体情况进行诊断，并附病历、检验单、病(伤)情鉴定等。

强制隔离戒毒所应当在收戒回执或者变更戒毒措施建议书中附医疗诊断证明材料。

四、强制隔离戒毒所在执行强制隔离戒毒期间，发现戒毒人员可能患有《范围》规定疾病的，应当依照本标准第三条的规定进行诊断。确诊后，可以安排所外就医或者提出变更戒毒措施的建议，强制隔离戒毒所要将有关处置意见立即通报强制隔离戒毒决定机关。

强制隔离戒毒所发现戒毒人员病情危急，不及时出所治疗可能有生命危险或者导致身体健康严重损害的，经请示强制隔离戒毒所主管机关批准，并报强制隔离戒毒决定机关备案后，可以直接办理所外就医。

五、公安机关强制隔离戒毒所应当按照本省(区、市)公安机关和司法行政部门确定的强制隔离戒毒执行政策，向司法行政部门强制隔离戒毒所转送戒毒人员。

转戒毒人员时，公安机关强制隔离戒毒所应当附戒毒人员病历及相应诊断证明材料复印件。

司法行政部门强制隔离戒毒所对公安机关强制隔离戒毒所移送的戒毒人员，应当接收。

三、法律责任

中华人民共和国刑法(节录)

1. 1979 年 7 月 1 日第五届全国人民代表大会第二次会议通过
2. 1997 年 3 月 14 日第八届全国人民代表大会第五次会议修订
3. 根据 1998 年 12 月 29 日第九届全国人民代表大会常务委员会第六次会议通过的《关于惩治骗购外汇、逃汇和非法买卖外汇犯罪的决定》、1999 年 12 月 25 日第九届全国人民代表大会常务委员会第十三次会议通过的《中华人民共和国刑法修正案》、2001 年 8 月 31 日第九届全国人民代表大会常务委员会第二十三次会议通过的《中华人民共和国刑法修正案(二)》、2001 年 12 月 29 日第九届全国人民代表大会常务委员会第二十五次会议通过的《中华人民共和国刑法修正案(三)》、2002 年 12 月 28 日第九届全国人民代表大会常务委员会第三十一次会议通过的《中华人民共和国刑法修正案(四)》、2005 年 2 月 28 日第十届全国人民代表大会常务委员会第十四次会议通过的《中华人民共和国刑法修正案(五)》、2006 年 6 月 29 日第十届全国人民代表大会常务委员会第二十二次会议通过的《中华人民共和国刑法修正案(六)》、2009 年 2 月 28 日第十一届全国人民代表大会常务委员会第七次会议通过的《中华人民共和国刑法修正案(七)》、2009 年 8 月 27 日第十一届全国人民代表大会常务委员会第十次会议通过的《关于修改部分法律的决定》、2011 年 2 月 25 日第十一届全国人民代表大会常务委员会第十九次会议通过的《中华人民共和国刑法修正案(八)》、2015 年 8 月 29 日第十二届全国人民代表大会常务委员会第十六次会议通过的《中华人民共和国刑法修正案(九)》、2017 年 11 月 4 日第十二届全国人民代表大会常务委员会第三十次会议通过的《中华人民共和国刑法修正案(十)》、2020 年 12 月 26 日第十三届全国人民代表大会常务委员会第二十四次会议通过的《中华人民共和国刑法修正案(十一)》和 2023 年 12 月 29 日第十四届全国人民代表大会常务委员会第七次会议通过的《中华人民共和国刑法修正案(十二)》修正①

---

① 刑法、历次刑法修正案、涉及修改刑法的决定的施行日期,分别依据各法律所规定的施行日期确定。

第十七条 【刑事责任年龄】已满十六周岁的人犯罪,应当负刑事责任。

已满十四周岁不满十六周岁的人,犯故意杀人、故意伤害致人重伤或者死亡、强奸、抢劫、贩卖毒品、放火、爆炸、投放危险物质罪的,应当负刑事责任。

已满十二周岁不满十四周岁的人,犯故意杀人、故意伤害罪,致人死亡或者以特别残忍手段致人重伤造成严重残疾,情节恶劣,经最高人民检察院核准追诉的,应当负刑事责任。

对依照前三款规定追究刑事责任的不满十八周岁的人,应当从轻或者减轻处罚。

因不满十六周岁不予刑事处罚的,责令其父母或者其他监护人加以管教;在必要的时候,依法进行专门矫治教育。

第一百九十一条 【洗钱罪】为掩饰、隐瞒毒品犯罪、黑社会性质的组织犯罪、恐怖活动犯罪、走私犯罪、贪污贿赂犯罪、破坏金融管理秩序犯罪、金融诈骗犯罪的所得及其产生的收益的来源和性质,有下列行为之一的,没收实施以上犯罪的所得及其产生的收益,处五年以下有期徒刑或者拘役,并处或者单处罚金;情节严重的,处五年以上十年以下有期徒刑,并处罚金:

(一)提供资金帐户的;

(二)将财产转换为现金、金融票据、有价证券的;

(三)通过转帐或者其他支付结算方式转移资金的;

(四)跨境转移资产的;

(五)以其他方法掩饰、隐瞒犯罪所得及其收益的来源和性质的。

单位犯前款罪的,对单位判处罚金,并对其直接负责的主管人员和其他直接责任人员,依照前款的规定处罚。

第二百八十七条之一 【非法利用信息网络罪】利用信息网络实施下列行为之一,情节严重的,处三年以下有期徒刑或者拘役,并处或者单处罚金:

(一)设立用于实施诈骗、传授犯罪方法、制作或者销售违禁物品、管制物品等违法犯罪活动的网站、通讯群组的；

（二）发布有关制作或者销售毒品、枪支、淫秽物品等违禁物品、管制物品或者其他违法犯罪信息的；

（三）为实施诈骗等违法犯罪活动发布信息的。

单位犯前款罪的，对单位判处罚金，并对其直接负责的主管人员和其他直接责任人员，依照第一款的规定处罚。

有前两款行为，同时构成其他犯罪的，依照处罚较重的规定定罪处罚。

第三百四十七条 【走私、贩卖、运输、制造毒品罪】走私、贩卖、运输、制造毒品，无论数量多少，都应当追究刑事责任，予以刑事处罚。

走私、贩卖、运输、制造毒品，有下列情形之一的，处十五年有期徒刑、无期徒刑或者死刑，并处没收财产：

（一）走私、贩卖、运输、制造鸦片一千克以上、海洛因或者甲基苯丙胺五十克以上或者其他毒品数量大的；

（二）走私、贩卖、运输、制造毒品集团的首要分子；

（三）武装掩护走私、贩卖、运输、制造毒品的；

（四）以暴力抗拒检查、拘留、逮捕，情节严重的；

（五）参与有组织的国际贩毒活动的。

走私、贩卖、运输、制造鸦片二百克以上不满一千克、海洛因或者甲基苯丙胺十克以上不满五十克或者其他毒品数量较大的，处七年以上有期徒刑，并处罚金。

走私、贩卖、运输、制造鸦片不满二百克、海洛因或者甲基苯丙胺不满十克或者其他少量毒品的，处三年以下有期徒刑、拘役或者管制，并处罚金；情节严重的，处三年以上七年以下有期徒刑，并处罚金。

单位犯第二款、第三款、第四款罪的，对单位判处罚金，并对其直接负责的主管人员和其他直接责任人员，依照各该款的规定处罚。

利用、教唆未成年人走私、贩卖、运输、制造毒品，或者向未成年人出售毒品的，从重处罚。

对多次走私、贩卖、运输、制造毒品,未经处理的,毒品数量累计计算。

第三百四十八条 【非法持有毒品罪】非法持有鸦片一千克以上、海洛因或者甲基苯丙胺五十克以上或者其他毒品数量大的,处七年以上有期徒刑或者无期徒刑,并处罚金;非法持有鸦片二百克以上不满一千克、海洛因或者甲基苯丙胺十克以上不满五十克或者其他毒品数量较大的,处三年以下有期徒刑、拘役或者管制,并处罚金;情节严重的,处三年以上七年以下有期徒刑,并处罚金。

第三百四十九条 【包庇毒品犯罪分子罪;窝藏、转移、隐瞒毒品、毒赃罪】包庇走私、贩卖、运输、制造毒品的犯罪分子的,为犯罪分子窝藏、转移、隐瞒毒品或者犯罪所得的财物的,处三年以下有期徒刑、拘役或者管制;情节严重的,处三年以上十年以下有期徒刑。

【包庇毒品犯罪分子罪】缉毒人员或者其他国家机关工作人员掩护、包庇走私、贩卖、运输、制造毒品的犯罪分子的,依照前款的规定从重处罚。

犯前两款罪,事先通谋的,以走私、贩卖、运输、制造毒品罪的共犯论处。

第三百五十条 【非法生产、买卖、运输制毒物品、走私制毒物品罪】违反国家规定,非法生产、买卖、运输醋酸酐、乙醚、三氯甲烷或者其他用于制造毒品的原料、配剂,或者携带上述物品进出境,情节较重的,处三年以下有期徒刑、拘役或者管制,并处罚金;情节严重的,处三年以上七年以下有期徒刑,并处罚金;情节特别严重的,处七年以上有期徒刑,并处罚金或者没收财产。

明知他人制造毒品而为其生产、买卖、运输前款规定的物品的,以制造毒品罪的共犯论处。

单位犯前两款罪的,对单位判处罚金,并对其直接负责的主管人员和其他直接责任人员,依照前两款的规定处罚。

第三百五十一条 【非法种植毒品原植物罪】非法种植罂粟、大麻等毒品原植物的,一律强制铲除。有下列情形之一的,处五年以下有期徒刑、拘役或者管制,并处罚金:

（一）种植罂粟五百株以上不满三千株或者其他毒品原植物数量较大的；

（二）经公安机关处理后又种植的；

（三）抗拒铲除的。

非法种植罂粟三千株以上或者其他毒品原植物数量大的，处五年以上有期徒刑，并处罚金或者没收财产。

非法种植罂粟或者其他毒品原植物，在收获前自动铲除的，可以免除处罚。

第三百五十二条 【非法买卖、运输、携带、持有毒品原植物种子、幼苗罪】非法买卖、运输、携带、持有未经灭活的罂粟等毒品原植物种子或者幼苗，数量较大的，处三年以下有期徒刑、拘役或者管制，并处或者单处罚金。

第三百五十三条 【引诱、教唆、欺骗他人吸毒罪】引诱、教唆、欺骗他人吸食、注射毒品的，处三年以下有期徒刑、拘役或者管制，并处罚金；情节严重的，处三年以上七年以下有期徒刑，并处罚金。

【强迫他人吸毒罪】强迫他人吸食、注射毒品的，处三年以上十年以下有期徒刑，并处罚金。

引诱、教唆、欺骗或者强迫未成年人吸食、注射毒品的，从重处罚。

第三百五十四条 【容留他人吸毒罪】容留他人吸食、注射毒品的，处三年以下有期徒刑、拘役或者管制，并处罚金。

第三百五十五条 【非法提供麻醉药品、精神药品罪】依法从事生产、运输、管理、使用国家管制的麻醉药品、精神药品的人员，违反国家规定，向吸食、注射毒品的人提供国家规定管制的能够使人形成瘾癖的麻醉药品、精神药品的，处三年以下有期徒刑或者拘役，并处罚金；情节严重的，处三年以上七年以下有期徒刑，并处罚金。向走私、贩卖毒品的犯罪分子或者以牟利为目的，向吸食、注射毒品的人提供国家规定管制的能够使人形成瘾癖的麻醉药品、精神药品的，依照本法第三百四十七条的规定定罪处罚。

单位犯前款罪的，对单位判处罚金，并对其直接负责的主管人员和其他直接责任人员,依照前款的规定处罚。

第三百五十五条之一 【妨害兴奋剂管理罪】引诱、教唆、欺骗运动员使用兴奋剂参加国内、国际重大体育竞赛,或者明知运动员参加上述竞赛而向其提供兴奋剂,情节严重的,处三年以下有期徒刑或者拘役,并处罚金。

组织、强迫运动员使用兴奋剂参加国内、国际重大体育竞赛的,依照前款的规定从重处罚。

第三百五十六条 【毒品犯罪的再犯】因走私、贩卖、运输、制造、非法持有毒品罪被判过刑,又犯本节规定之罪的,从重处罚。

第三百五十七条 【毒品的范围及数量的计算原则】本法所称的毒品,是指鸦片、海洛因、甲基苯丙胺(冰毒)、吗啡、大麻、可卡因以及国家规定管制的其他能够使人形成瘾癖的麻醉药品和精神药品。

毒品的数量以查证属实的走私、贩卖、运输、制造、非法持有毒品的数量计算,不以纯度折算。

中华人民共和国治安管理处罚法(节录)

1. 2005年8月28日第十届全国人民代表大会常务委员会第十七次会议通过
2. 根据2012年10月26日第十一届全国人民代表大会常务委员会第二十九次会议《关于修改〈中华人民共和国治安管理处罚法〉的决定》修正

第七十一条 【涉及毒品原植物的行为及处罚】有下列行为之一的,处十日以上十五日以下拘留,可以并处三千元以下罚款;情节较轻的,处五日以下拘留或者五百元以下罚款:

(一)非法种植罂粟不满五百株或者其他少量毒品原植物的;

(二)非法买卖、运输、携带、持有少量未经灭活的罂粟等毒品原植物种子或者幼苗的;

(三)非法运输、买卖、储存、使用少量罂粟壳的。

有前款第一项行为,在成熟前自行铲除的,不予处罚。

第七十二条 【毒品违法行为及处罚】有下列行为之一的,处十日以上十五日以下拘留,可以并处二千元以下罚款;情节较轻的,处五日以下拘留或者五百元以下罚款:

（一）非法持有鸦片不满二百克、海洛因或者甲基苯丙胺不满十克或者其他少量毒品的;

（二）向他人提供毒品的;

（三）吸食、注射毒品的;

（四）胁迫、欺骗医务人员开具麻醉药品、精神药品的。

第七十三条 【对教唆、引诱、欺骗他人吸食、注射毒品的处罚】教唆、引诱、欺骗他人吸食、注射毒品的,处十日以上十五日以下拘留,并处五百元以上二千元以下罚款。

第七十四条 【对服务行业人员通风报信行为的处罚】旅馆业、饮食服务业、文化娱乐业、出租汽车业等单位的人员,在公安机关查处吸毒、赌博、卖淫、嫖娼活动时,为违法犯罪行为人通风报信的,处十日以上十五日以下拘留。

机动车驾驶证申领和使用规定（节录）

1. 2021年12月17日公安部令第162号修订
2. 根据2024年12月21日公安部令第172号《关于修改〈机动车驾驶证申领和使用规定〉的决定》修正

第十五条 有下列情形之一的,不得申请机动车驾驶证:

（一）有器质性心脏病、癫痫病、美尼尔氏症、眩晕症、癔病、震颤麻痹、精神病、痴呆以及影响肢体活动的神经系统疾病等妨碍安全驾驶疾病的;

（二）三年内有吸食、注射毒品行为或者解除强制隔离戒毒措施未满三年,以及长期服用依赖性精神药品成瘾尚未戒除的;

（三）造成交通事故后逃逸构成犯罪的;

（四）饮酒后或者醉酒驾驶机动车发生重大交通事故构成犯罪的；

（五）醉酒驾驶机动车或者饮酒后驾驶营运机动车依法被吊销机动车驾驶证未满五年的；

（六）醉酒驾驶营运机动车依法被吊销机动车驾驶证未满十年的；

（七）驾驶机动车追逐竞驶、超员、超速、违反危险化学品安全管理规定运输危险化学品构成犯罪依法被吊销机动车驾驶证未满五年的；

（八）因本款第四项以外的其他违反交通管理法律法规的行为发生重大交通事故构成犯罪依法被吊销机动车驾驶证未满十年的；

（九）因其他情形依法被吊销机动车驾驶证未满二年的；

（十）驾驶许可依法被撤销未满三年的；

（十一）未取得机动车驾驶证驾驶机动车，发生负同等以上责任交通事故造成人员重伤或者死亡未满十年的；

（十二）三年内有代替他人参加机动车驾驶人考试行为的；

（十三）法律、行政法规规定的其他情形。

未取得机动车驾驶证驾驶机动车，有第一款第五项至第八项行为之一的，在规定期限内不得申请机动车驾驶证。

第十八条 有下列情形之一的，不得申请大型客车、重型牵引挂车、城市公交车、中型客车、大型货车准驾车型：

（一）发生交通事故造成人员死亡，承担同等以上责任的；

（二）醉酒后驾驶机动车的；

（三）再次饮酒后驾驶机动车的；

（四）有吸食、注射毒品后驾驶机动车行为的，或者有执行社区戒毒、强制隔离戒毒、社区康复措施记录的；

（五）驾驶机动车追逐竞驶、超员、超速、违反危险化学品安全管理规定运输危险化学品构成犯罪的；

（六）被吊销或者撤销机动车驾驶证未满十年的；

(七)未取得机动车驾驶证驾驶机动车,发生负同等以上责任交通事故造成人员重伤或者死亡的。

第七十九条 机动车驾驶人有下列情形之一的,车辆管理所应当注销其机动车驾驶证:

(一)死亡的;

(二)提出注销申请的;

(三)丧失民事行为能力,监护人提出注销申请的;

(四)身体条件不适合驾驶机动车的;

(五)有器质性心脏病、癫痫病、美尼尔氏症、眩晕症、癔病、震颤麻痹、精神病、痴呆以及影响肢体活动的神经系统疾病等妨碍安全驾驶疾病的;

(六)被查获有吸食、注射毒品后驾驶机动车行为,依法被责令社区戒毒、社区康复或者决定强制隔离戒毒,或者长期服用依赖性精神药品成瘾尚未戒除的;

(七)代替他人参加机动车驾驶人考试的;

(八)超过机动车驾驶证有效期一年以上未换证的;

(九)年龄在 70 周岁以上,在一个记分周期结束后一年内未提交身体条件证明的;或者持有残疾人专用小型自动挡载客汽车准驾车型,在三个记分周期结束后一年内未提交身体条件证明的;

(十)年龄在 63 周岁以上,所持机动车驾驶证只具有轮式专用机械车、无轨电车或者有轨电车准驾车型,且未经车辆管理所核准延期申请的,或者年龄在 70 周岁以上,所持机动车驾驶证只具有低速载货汽车、三轮汽车准驾车型的;

(十一)机动车驾驶证依法被吊销或者驾驶许可依法被撤销的。

有第一款第二项至第十一项情形之一,未收回机动车驾驶证的,应当公告机动车驾驶证作废。

有第一款第八项情形被注销机动车驾驶证未超过二年的,机动车驾驶人参加道路交通安全法律、法规和相关知识考试合格后,可以恢复驾驶资格。申请人可以向机动车驾驶证核发地或者核发地以外的车辆管理所申请。

有第一款第九项情形被注销机动车驾驶证,机动车驾驶证在有效期内或者超过有效期不满一年的,机动车驾驶人提交身体条件证明后,可以恢复驾驶资格。申请人可以向机动车驾驶证核发地或者核发地以外的车辆管理所申请。

有第一款第二项至第九项情形之一,按照第二十七条规定申请机动车驾驶证,有道路交通安全违法行为或者交通事故未处理记录的,应当将道路交通安全违法行为、交通事故处理完毕。

第八十七条 校车驾驶人应当依法取得校车驾驶资格。

取得校车驾驶资格应当符合下列条件:

(一)取得相应准驾车型驾驶证并具有三年以上驾驶经历,年龄符合国家校车驾驶资格条件;

(二)最近连续三个记分周期内没有被记满12分记录;

(三)无致人死亡或者重伤的交通事故责任记录;

(四)无酒后驾驶或者醉酒驾驶机动车记录,最近一年内无驾驶客运车辆超员、超速等严重道路交通安全违法行为记录;

(五)无犯罪记录;

(六)身心健康,无传染性疾病,无癫痫病、精神病等可能危及行车安全的疾病病史,无酗酒、吸毒行为记录。

第八十九条 公安机关交通管理部门自受理申请之日起五日内审查提交的证明、凭证,并向所在地县级公安机关核查,确认申请人无犯罪、吸毒行为记录。对符合条件的,在机动车驾驶证上签注准许驾驶校车及相应车型,并通报教育行政部门;不符合条件的,应当书面说明理由。

第九十二条 校车驾驶人有下列情形之一的,公安机关交通管理部门应当注销其校车驾驶资格,通知机动车驾驶人换领机动车驾驶证,并通报教育行政部门和学校:

(一)提出注销申请的;

(二)年龄超过国家校车驾驶资格条件的;

(三)在致人死亡或者重伤的交通事故负有责任的;

（四）有酒后驾驶或者醉酒驾驶机动车，以及驾驶客运车辆超员、超速等严重道路交通安全违法行为的；

（五）有记满12分或者犯罪记录的；

（六）有传染性疾病、癫痫病、精神病等可能危及行车安全的疾病，有酗酒、吸毒行为记录的。

未收回签注校车驾驶许可的机动车驾驶证的，应当公告其校车驾驶资格作废。

最高人民检察院、公安部关于公安机关管辖的刑事案件立案追诉标准的规定（三）

1. 2012年5月16日
2. 公通字〔2012〕26号

第一条 ［走私、贩卖、运输、制造毒品案（刑法第三百四十七条）］走私、贩卖、运输、制造毒品，无论数量多少，都应予立案追诉。

本条规定的"走私"是指明知是毒品而非法将其运输、携带、寄递进出国（边）境的行为。直接向走私人非法收购走私进口的毒品，或者在内海、领海、界河、界湖运输、收购、贩卖毒品的，以走私毒品罪立案追诉。

本条规定的"贩卖"是指明知是毒品而非法销售或者以贩卖为目的而非法收买的行为。

有证据证明行为人以牟利为目的，为他人代购仅用于吸食、注射的毒品，对代购者以贩卖毒品罪立案追诉。不以牟利为目的，为他人代购仅用于吸食、注射的毒品，毒品数量达到本规定第二条规定的数量标准的，对托购者和代购者以非法持有毒品罪立案追诉。明知他人实施毒品犯罪而为其居间介绍、代购代卖的，无论是否牟利，都应以相关毒品犯罪的共犯立案追诉。

本条规定的"运输"是指明知是毒品而采用携带、寄递、托运、利用他人或者使用交通工具等方法非法运送毒品的行为。

本条规定的"制造"是指非法利用毒品原植物直接提炼或者用化学方法加工、配制毒品,或者以改变毒品成分和效用为目的,用混合等物理方法加工、配制毒品的行为。为了便于隐蔽运输、销售、使用、欺骗购买者,或者为了增重,对毒品掺杂使假,添加或者去除其他非毒品物质,不属于制造毒品的行为。

为了制造毒品而采用生产、加工、提炼等方法非法制造易制毒化学品的,以制造毒品罪(预备)立案追诉。购进制造毒品的设备和原材料,开始着手制造毒品,尚未制造出毒品或者半成品的,以制造毒品罪(未遂)立案追诉。明知他人制造毒品而为其生产、加工、提炼、提供醋酸酐、乙醚、三氯甲烷等制毒物品的,以制造毒品罪的共犯立案追诉。

走私、贩卖、运输毒品主观故意中的"明知",是指行为人知道或者应当知道所实施的是走私、贩卖、运输毒品行为。具有下列情形之一,结合行为人的供述和其他证据综合审查判断,可以认定其"应当知道",但有证据证明确属被蒙骗的除外:

(一)执法人员在口岸、机场、车站、港口、邮局和其他检查站点检查时,要求行为人申报携带、运输、寄递的物品和其他疑似毒品物,并告知其法律责任,而行为人未如实申报,在其携带、运输、寄递的物品中查获毒品的;

(二)以伪报、藏匿、伪装等蒙蔽手段逃避海关、边防等检查,在其携带、运输、寄递的物品中查获毒品的;

(三)执法人员检查时,有逃跑、丢弃携带物品或者逃避、抗拒检查等行为,在其携带、藏匿或者丢弃的物品中查获毒品的;

(四)体内或者贴身隐秘处藏匿毒品的;

(五)为获取不同寻常的高额或者不等值的报酬为他人携带、运输、寄递、收取物品,从中查获毒品的;

(六)采用高度隐蔽的方式携带、运输物品,从中查获毒品的;

(七)采用高度隐蔽的方式交接物品,明显违背合法物品惯常交接方式,从中查获毒品的;

（八）行程路线故意绕开检查站点，在其携带、运输的物品中查获毒品的；

（九）以虚假身份、地址或者其他虚假方式办理托运、寄递手续，在托运、寄递的物品中查获毒品的；

（十）有其他证据足以证明行为人应当知道的。

制造毒品主观故意中的"明知"，是指行为人知道或者应当知道所实施的是制造毒品行为。有下列情形之一，结合行为人的供述和其他证据综合审查判断，可以认定其"应当知道"，但有证据证明确属被蒙骗的除外：

（一）购置了专门用于制造毒品的设备、工具、制毒物品或者配制方案的；

（二）为获取不同寻常的高额或者不等值的报酬为他人制造物品，经检验是毒品的；

（三）在偏远、隐蔽场所制造，或者采取对制造设备进行伪装等方式制造物品，经检验是毒品的；

（四）制造人员在执法人员检查时，有逃跑、抗拒检查等行为，在现场查获制造出的物品，经检验是毒品的；

（五）有其他证据足以证明行为人应当知道的。

走私、贩卖、运输、制造毒品罪是选择性罪名，对同一宗毒品实施了两种以上犯罪行为，并有相应确凿证据的，应当按照所实施的犯罪行为的性质并列适用罪名，毒品数量不重复计算。对同一宗毒品可能实施了两种以上犯罪行为，但相应证据只能认定其中一种或者几种行为，认定其他行为的证据不够确实充分的，只按照依法能够认定的行为的性质适用罪名。对不同宗毒品分别实施了不同种犯罪行为的，应对不同行为并列适用罪名，累计计算毒品数量。

第二条　[非法持有毒品案(刑法第三百四十八条)]明知是毒品而非法持有，涉嫌下列情形之一的，应予立案追诉：

（一）鸦片二百克以上、海洛因、可卡因或者甲基苯丙胺十克以上；

（二）二亚甲基双氧安非他明（MDMA）等苯丙胺类毒品（甲基苯丙胺除外）、吗啡二十克以上；

（三）度冷丁（杜冷丁）五十克以上（针剂100mg/支规格的五百支以上，50mg/支规格的一千支以上；片剂25mg/片规格的二千片以上，50mg/片规格的一千片以上）；

（四）盐酸二氢埃托啡二毫克以上（针剂或者片剂20ug/支、片规格的一百支、片以上）；

（五）氯胺酮、美沙酮二百克以上；

（六）三唑仑、安眠酮十千克以上；

（七）咖啡因五十千克以上；

（八）氯氮卓、艾司唑仑、地西泮、溴西泮一百千克以上；

（九）大麻油一千克以上，大麻脂二千克以上，大麻叶及大麻烟三十千克以上；

（十）罂粟壳五十千克以上；

（十一）上述毒品以外的其他毒品数量较大的。

非法持有两种以上毒品，每种毒品均没有达到本条第一款规定的数量标准，但按前款规定的立案追诉数量比例折算成海洛因后累计相加达到十克以上的，应予立案追诉。

本条规定的"非法持有"，是指违反国家法律和国家主管部门的规定，占有、携带、藏有或者以其他方式持有毒品。

非法持有毒品主观故意中的"明知"，依照本规定第一条第八款的有关规定予以认定。

第三条　[包庇毒品犯罪分子案（刑法第三百四十九条）] 包庇走私、贩卖、运输、制造毒品的犯罪分子，涉嫌下列情形之一的，应予立案追诉：

（一）作虚假证明，帮助掩盖罪行的；

（二）帮助隐藏、转移或者毁灭证据的；

（三）帮助取得虚假身份或者身份证件的；

（四）以其他方式包庇犯罪分子的。

实施前款规定的行为，事先通谋的，以走私、贩卖、运输、制造毒品罪的共犯立案追诉。

第四条 [窝藏、转移、隐瞒毒品、毒赃案(刑法第三百四十九条)]为走私、贩卖、运输、制造毒品的犯罪分子窝藏、转移、隐瞒毒品或者犯罪所得的财物的,应予立案追诉。

实施前款规定的行为,事先通谋的,以走私、贩卖、运输、制造毒品罪的共犯立案追诉。

第五条 [走私制毒物品案(刑法第三百五十条)]违反国家规定,非法运输、携带制毒物品进出国(边)境,涉嫌下列情形之一的,应予立案追诉:

(一)1-苯基-2-丙酮五千克以上;

(二)麻黄碱、伪麻黄碱及其盐类和单方制剂五千克以上,麻黄浸膏、麻黄浸膏粉一百千克以上;

(三)3,4-亚甲基二氧苯基-2-丙酮、去甲麻黄素(去甲麻黄碱)、甲基麻黄素(甲基麻黄碱)、羟亚胺及其盐类十千克以上;

(四)胡椒醛、黄樟素、黄樟油、异黄樟素、麦角酸、麦角胺、麦角新碱、苯乙酸二十千克以上;

(五)N-乙酰邻氨基苯酸、邻氨基苯甲酸、哌啶一百五十千克以上;

(六)醋酸酐、三氯甲烷二百千克以上;

(七)乙醚、甲苯、丙酮、甲基乙基酮、高锰酸钾、硫酸、盐酸四百千克以上;

(八)其他用于制造毒品的原料或者配剂相当数量的。

非法运输、携带两种以上制毒物品进出国(边)境,每种制毒物品均没有达到本条第一款规定的数量标准,但按前款规定的立案追诉数量比例折算成一种制毒物品后累计相加达到上述数量标准的,应予立案追诉。

为了走私制毒物品而采用生产、加工、提炼等方法非法制造易制毒化学品的,以走私制毒物品罪(预备)立案追诉。

实施走私制毒物品行为,有下列情形之一,且查获了易制毒化学品,结合行为人的供述和其他证据综合审查判断,可以认定其

"明知"是制毒物品而走私或者非法买卖,但有证据证明确属被蒙骗的除外:

(一)改变产品形状、包装或者使用虚假标签、商标等产品标志的;

(二)以藏匿、夹带、伪装或者其他隐蔽方式运输、携带易制毒化学品逃避检查的;

(三)抗拒检查或者在检查时丢弃货物逃跑的;

(四)以伪报、藏匿、伪装等蒙蔽手段逃避海关、边防等检查的;

(五)选择不设海关或者边防检查站的路段绕行出入境的;

(六)以虚假身份、地址或者其他虚假方式办理托运、寄递手续的;

(七)以其他方法隐瞒真相,逃避对易制毒化学品依法监管的。

明知他人实施走私制毒物品犯罪,而为其运输、储存、代理进出口或者以其他方式提供便利的,以走私制毒物品罪的共犯立案追诉。

第六条 [非法买卖制毒物品案(刑法第三百五十条)]违反国家规定,在境内非法买卖制毒物品,数量达到本规定第五条第一款规定情形之一的,应予立案追诉。

非法买卖两种以上制毒物品,每种制毒物品均没有达到本条第一款规定的数量标准,但按前款规定的立案追诉数量比例折算成一种制毒物品后累计相加达到上述数量标准的,应予立案追诉。

违反国家规定,实施下列行为之一的,认定为本条规定的非法买卖制毒物品行为:

(一)未经许可或者备案,擅自购买、销售易制毒化学品的;

(二)超出许可证明或者备案证明的品种、数量范围购买、销售易制毒化学品的;

(三)使用他人的或者伪造、变造、失效的许可证明或者备案证明购买、销售易制毒化学品的;

(四)经营单位违反规定,向无购买许可证明、备案证明的单位、个人销售易制毒化学品的,或者明知购买者使用他人的或者伪

造、变造、失效的许可证明或者备案证明,向其销售易制毒化学品的;

(五)以其他方式非法买卖易制毒化学品的。

易制毒化学品生产、经营、使用单位或者个人未办理许可证明或者备案证明,购买、销售易制毒化学品,如果有证据证明确实用于合法生产、生活需要,依法能够办理只是未及时办理许可证明或者备案证明,且未造成严重社会危害的,可不以非法买卖制毒物品罪立案追诉。

为了非法买卖制毒物品而采用生产、加工、提炼等方法非法制造易制毒化学品的,以非法买卖制毒物品罪(预备)立案追诉。

非法买卖制毒物品主观故意中的"明知",依照本规定第五条第四款的有关规定予以认定。

明知他人实施非法买卖制毒物品犯罪,而为其运输、储存、代理进出口或者以其他方式提供便利的,以非法买卖制毒物品罪的共犯立案追诉。

第七条 [非法种植毒品原植物案(刑法第三百五十一条)]非法种植罂粟、大麻等毒品原植物,涉嫌下列情形之一的,应予立案追诉:

(一)非法种植罂粟五百株以上的;

(二)非法种植大麻五千株以上的;

(三)非法种植其他毒品原植物数量较大的;

(四)非法种植罂粟二百平方米以上、大麻二千平方米以上或者其他毒品原植物面积较大,尚未出苗的;

(五)经公安机关处理后又种植的;

(六)抗拒铲除的。

本条所规定的"种植",是指播种、育苗、移栽、插苗、施肥、灌溉、割取津液或者收取种子等行为。非法种植毒品原植物的株数一般应以实际查获的数量为准。因种植面积较大,难以逐株清点数目的,可以抽样测算每平方米平均株数后按实际种植面积测算出种植总株数。

非法种植罂粟或者其他毒品原植物,在收获前自动铲除的,可以不予立案追诉。

第八条 [非法买卖、运输、携带、持有毒品原植物种子、幼苗案(刑法第三百五十二条)]非法买卖、运输、携带、持有未经灭活的罂粟等毒品原植物种子或者幼苗,涉嫌下列情形之一的,应予立案追诉:

  (一)罂粟种子五十克以上、罂粟幼苗五千株以上;

  (二)大麻种子五十千克以上、大麻幼苗五万株以上;

  (三)其他毒品原植物种子、幼苗数量较大的。

第九条 [引诱、教唆、欺骗他人吸毒案(刑法第三百五十三条)]引诱、教唆、欺骗他人吸食、注射毒品的,应予立案追诉。

第十条 [强迫他人吸毒案(刑法第三百五十三条)]违背他人意志,以暴力、胁迫或者其他强制手段,迫使他人吸食、注射毒品的,应予立案追诉。

第十一条 [容留他人吸毒案(刑法第三百五十四条)]提供场所,容留他人吸食、注射毒品,涉嫌下列情形之一的,应予立案追诉:

  (一)容留他人吸食、注射毒品两次以上的;

  (二)一次容留三人以上吸食、注射毒品的;

  (三)因容留他人吸食、注射毒品被行政处罚,又容留他人吸食、注射毒品的;

  (四)容留未成年人吸食、注射毒品的;

  (五)以牟利为目的容留他人吸食、注射毒品的;

  (六)容留他人吸食、注射毒品造成严重后果或者其他情节严重的。

第十二条 [非法提供麻醉药品、精神药品案(刑法第三百五十五条)]依法从事生产、运输、管理、使用国家管制的麻醉药品、精神药品的个人或者单位,违反国家规定,向吸食、注射毒品的人员提供国家规定管制的能够使人形成瘾癖的麻醉药品、精神药品,涉嫌下列情形之一的,应予立案追诉:

  (一)非法提供鸦片二十克以上、吗啡二克以上、度冷丁(杜冷丁)五克以上(针剂100mg/支规格的五十支以上,50mg/支规格的一百支以上;片剂25mg/片规格的二百片以上,50mg/片规格的一百片以上)、盐酸二氢埃托啡零点二毫克以上(针剂或者片剂20ug/支、片规格的十支、片以上)、氯胺酮、美沙酮二十克以上、三唑仑、安眠酮一千克以上、咖啡因五千克以上、氯氮䓬、艾司唑仑、地西泮、溴西泮十千克以上,以及其他麻醉药品和精神药品数量较大的;

(二)虽未达到上述数量标准,但非法提供麻醉药品、精神药品两次以上,数量累计达到前项规定的数量标准百分之八十以上的;

(三)因非法提供麻醉药品、精神药品被行政处罚,又非法提供麻醉药品、精神药品的;

(四)向吸食、注射毒品的未成年人提供麻醉药品、精神药品的;

(五)造成严重后果或者其他情节严重的。

依法从事生产、运输、管理、使用国家管制的麻醉药品、精神药品的人员或者单位,违反国家规定,向走私、贩卖毒品的犯罪分子提供国家规定管制的能够使人形成瘾癖的麻醉药品、精神药品的,或者以牟利为目的,向吸食、注射毒品的人提供国家规定管制的能够使人形成瘾癖的麻醉药品、精神药品的,以走私、贩卖毒品罪立案追诉。

第十三条 本规定中的毒品是指鸦片、海洛因、甲基苯丙胺(冰毒)、吗啡、大麻、可卡因以及国家规定管制的其他能够使人形成瘾癖的麻醉药品和精神药品。具体品种以国家食品药品监督管理局、公安部、卫生部发布的《麻醉药品品种目录》、《精神药品品种目录》为依据。

本规定中的"制毒物品"是指刑法第三百五十条第一款规定的醋酸酐、乙醚、三氯甲烷或者其他用于制造毒品的原料或者配剂,具体品种范围按照国家关于易制毒化学品管理的规定确定。

第十四条 本规定中未明确立案追诉标准的毒品,有条件折算为海洛因的,参照有关麻醉药品和精神药品折算标准进行折算。

第十五条 本规定中的立案追诉标准,除法律、司法解释另有规定的以外,适用于相关的单位犯罪。

第十六条 本规定中的"以上",包括本数。

第十七条 本规定自印发之日起施行。

最高人民法院关于审理毒品犯罪案件适用法律若干问题的解释

1. 2016 年 1 月 25 日最高人民法院审判委员会第 1676 次会议通过
2. 2016 年 4 月 6 日公布
3. 法释〔2016〕8 号
4. 自 2016 年 4 月 11 日起施行

为依法惩治毒品犯罪,根据《中华人民共和国刑法》的有关规定,现就审理此类刑事案件适用法律的若干问题解释如下:

第一条 走私、贩卖、运输、制造、非法持有下列毒品,应当认定为刑法第三百四十七条第二款第一项、第三百四十八条规定的"其他毒品数量大":

(一)可卡因五十克以上;

(二)3,4-亚甲二氧基甲基苯丙胺(MDMA)等苯丙胺类毒品(甲基苯丙胺除外)、吗啡一百克以上;

(三)芬太尼一百二十五克以上;

(四)甲卡西酮二百克以上;

(五)二氢埃托啡十毫克以上;

(六)哌替啶(度冷丁)二百五十克以上;

(七)氯胺酮五百克以上;

(八)美沙酮一千克以上;

(九)曲马多、γ-羟丁酸二千克以上;

(十)大麻油五千克、大麻脂十千克、大麻叶及大麻烟一百五十千克以上;

(十一)可待因、丁丙诺啡五千克以上;

(十二)三唑仑、安眠酮五十千克以上;

(十三)阿普唑仑、恰特草一百千克以上;

(十四)咖啡因、罂粟壳二百千克以上;

(十五)巴比妥、苯巴比妥、安钠咖、尼美西泮二百五十千克以上;

(十六)氯氮卓、艾司唑仑、地西泮、溴西泮五百千克以上;

(十七)上述毒品以外的其他毒品数量大的。

国家定点生产企业按照标准规格生产的麻醉药品或者精神药品被用于毒品犯罪的,根据药品中毒品成分的含量认定涉案毒品数量。

第二条 走私、贩卖、运输、制造、非法持有下列毒品,应当认定为刑法第三百四十七条第三款、第三百四十八条规定的"其他毒品数量较大":

(一)可卡因十克以上不满五十克;

(二)3,4-亚甲二氧基甲基苯丙胺(MDMA)等苯丙胺类毒品(甲基苯丙胺除外)、吗啡二十克以上不满一百克;

(三)芬太尼二十五克以上不满一百二十五克;

(四)甲卡西酮四十克以上不满二百克;

(五)二氢埃托啡二毫克以上不满十毫克;

(六)哌替啶(度冷丁)五十克以上不满二百五十克;

(七)氯胺酮一百克以上不满五百克;

(八)美沙酮二百克以上不满一千克;

(九)曲马多、γ-羟丁酸四百克以上不满二千克;

(十)大麻油一千克以上不满五千克、大麻脂二千克以上不满十千克、大麻叶及大麻烟三十千克以上不满一百五十千克;

(十一)可待因、丁丙诺啡一千克以上不满五千克;

(十二)三唑仑、安眠酮十克以上不满五十克;

(十三)阿普唑仑、恰特草二十克以上不满一百克;

(十四)咖啡因、罂粟壳四十克以上不满二百克;

(十五)巴比妥、苯巴比妥、安钠咖、尼美西泮五十千克以上不满二百五十千克；

（十六）氯氮䓬、艾司唑仑、地西泮、溴西泮一百千克以上不满五百千克；

（十七）上述毒品以外的其他毒品数量较大的。

第三条 在实施走私、贩卖、运输、制造毒品犯罪的过程中，携带枪支、弹药或者爆炸物用于掩护的，应当认定为刑法第三百四十七条第二款第三项规定的"武装掩护走私、贩卖、运输、制造毒品"。枪支、弹药、爆炸物种类的认定，依照相关司法解释的规定执行。

在实施走私、贩卖、运输、制造毒品犯罪的过程中，以暴力抗拒检查、拘留、逮捕，造成执法人员死亡、重伤、多人轻伤或者具有其他严重情节的，应当认定为刑法第三百四十七条第二款第四项规定的"以暴力抗拒检查、拘留、逮捕，情节严重"。

第四条 走私、贩卖、运输、制造毒品，具有下列情形之一的，应当认定为刑法第三百四十七条第四款规定的"情节严重"：

（一）向多人贩卖毒品或者多次走私、贩卖、运输、制造毒品的；

（二）在戒毒场所、监管场所贩卖毒品的；

（三）向在校学生贩卖毒品的；

（四）组织、利用残疾人、严重疾病患者、怀孕或者正在哺乳自己婴儿的妇女走私、贩卖、运输、制造毒品的；

（五）国家工作人员走私、贩卖、运输、制造毒品的；

（六）其他情节严重的情形。

第五条 非法持有毒品达到刑法第三百四十八条或者本解释第二条规定的"数量较大"标准，且具有下列情形之一的，应当认定为刑法第三百四十八条规定的"情节严重"：

（一）在戒毒场所、监管场所非法持有毒品的；

（二）利用、教唆未成年人非法持有毒品的；

（三）国家工作人员非法持有毒品的；

（四）其他情节严重的情形。

第六条 包庇走私、贩卖、运输、制造毒品的犯罪分子，具有下列情形之一的，应当认定为刑法第三百四十九条第一款规定的"情节严

重":

（一）被包庇的犯罪分子依法应当判处十五年有期徒刑以上刑罚的；

（二）包庇多名或者多次包庇走私、贩卖、运输、制造毒品的犯罪分子的；

（三）严重妨害司法机关对被包庇的犯罪分子实施的毒品犯罪进行追究的；

（四）其他情节严重的情形。

为走私、贩卖、运输、制造毒品的犯罪分子窝藏、转移、隐瞒毒品或者毒品犯罪所得的财物，具有下列情形之一的，应当认定为刑法第三百四十九条第一款规定的"情节严重"：

（一）为犯罪分子窝藏、转移、隐瞒毒品达到刑法第三百四十七条第二款第一项或者本解释第一条第一款规定的"数量大"标准的；

（二）为犯罪分子窝藏、转移、隐瞒毒品犯罪所得的财物价值达到五万元以上的；

（三）为多人或者多次为他人窝藏、转移、隐瞒毒品或者毒品犯罪所得的财物的；

（四）严重妨害司法机关对该犯罪分子实施的毒品犯罪进行追究的；

（五）其他情节严重的情形。

包庇走私、贩卖、运输、制造毒品的近亲属，或者为其窝藏、转移、隐瞒毒品或者毒品犯罪所得的财物，不具有本条前两款规定的"情节严重"情形，归案后认罪、悔罪、积极退赃，且系初犯、偶犯，犯罪情节轻微不需要判处刑罚的，可以免予刑事处罚。

第七条 违反国家规定，非法生产、买卖、运输制毒物品、走私制毒物品，达到下列数量标准的，应当认定为刑法第三百五十条第一款规定的"情节较重"：

（一）麻黄碱(麻黄素)、伪麻黄碱(伪麻黄素)、消旋麻黄碱(消旋麻黄素)一千克以上不满五千克；

(二)1-苯基-2-丙酮、1-苯基-2-溴-1-丙酮、3,4-亚甲基二氧苯基-2-丙酮、羟亚胺二千克以上不满十千克;

(三)3-氧-2-苯基丁腈、邻氯苯基环戊酮、去甲麻黄碱(去甲麻黄素)、甲基麻黄碱(甲基麻黄素)四千克以上不满二十千克;

(四)醋酸酐十千克以上不满五十千克;

(五)麻黄浸膏、麻黄浸膏粉、胡椒醛、黄樟素、黄樟油、异黄樟素、麦角酸、麦角胺、麦角新碱、苯乙酸二十千克以上不满一百千克;

(六)N-乙酰邻氨基苯酸、邻氨基苯甲酸、三氯甲烷、乙醚、哌啶五十千克以上不满二百五十千克;

(七)甲苯、丙酮、甲基乙基酮、高锰酸钾、硫酸、盐酸一百千克以上不满五百千克;

(八)其他制毒物品数量相当的。

违反国家规定,非法生产、买卖、运输制毒物品、走私制毒物品,达到前款规定的数量标准最低值的百分之五十,且具有下列情形之一的,应当认定为刑法第三百五十条第一款规定的"情节较重":

(一)曾因非法生产、买卖、运输制毒物品、走私制毒物品受过刑事处罚的;

(二)二年内曾因非法生产、买卖、运输制毒物品、走私制毒物品受过行政处罚的;

(三)一次组织五人以上或者多次非法生产、买卖、运输制毒物品、走私制毒物品,或者在多个地点非法生产制毒物品的;

(四)利用、教唆未成年人非法生产、买卖、运输制毒物品、走私制毒物品的;

(五)国家工作人员非法生产、买卖、运输制毒物品的;

(六)严重影响群众正常生产、生活秩序的;

(七)其他情节较重的情形。

易制毒化学品生产、经营、购买、运输单位或者个人未办理许可证明或者备案证明,生产、销售、购买、运输易制毒化学品,确实用于合法生产、生活需要的,不以制毒物品犯罪论处。

第八条 违反国家规定,非法生产、买卖、运输制毒物品、走私制毒物品,具有下列情形之一的,应当认定为刑法第三百五十条第一款规定的"情节严重":

(一)制毒物品数量在本解释第七条第一款规定的最高数量标准以上,不满最高数量标准五倍的;

(二)达到本解释第七条第一款规定的数量标准,且具有本解释第七条第二款第三项至第六项规定的情形之一的;

(三)其他情节严重的情形。

违反国家规定,非法生产、买卖、运输制毒物品、走私制毒物品,具有下列情形之一的,应当认定为刑法第三百五十条第一款规定的"情节特别严重":

(一)制毒物品数量在本解释第七条第一款规定的最高数量标准五倍以上的;

(二)达到前款第一项规定的数量标准,且具有本解释第七条第二款第三项至第六项规定的情形之一的;

(三)其他情节特别严重的情形。

第九条 非法种植毒品原植物,具有下列情形之一的,应当认定为刑法第三百五十一条第一款第一项规定的"数量较大":

(一)非法种植大麻五千株以上不满三万株的;

(二)非法种植罂粟二百平方米以上不满一千二百平方米、大麻二千平方米以上不满一万二千平方米,尚未出苗的;

(三)非法种植其他毒品原植物数量较大的。

非法种植毒品原植物,达到前款规定的最高数量标准的,应当认定为刑法第三百五十一条第二款规定的"数量大"。

第十条 非法买卖、运输、携带、持有未经灭活的毒品原植物种子或者幼苗,具有下列情形之一的,应当认定为刑法第三百五十二条规定的"数量较大":

(一)罂粟种子五十克以上、罂粟幼苗五千株以上的;

(二)大麻种子五十千克以上、大麻幼苗五万株以上的;
(三)其他毒品原植物种子或者幼苗数量较大的。

第十一条 引诱、教唆、欺骗他人吸食、注射毒品,具有下列情形之一的,应当认定为刑法第三百五十三条第一款规定的"情节严重":
(一)引诱、教唆、欺骗多人或者多次引诱、教唆、欺骗他人吸食、注射毒品的;
(二)对他人身体健康造成严重危害的;
(三)导致他人实施故意杀人、故意伤害、交通肇事等犯罪行为的;
(四)国家工作人员引诱、教唆、欺骗他人吸食、注射毒品的;
(五)其他情节严重的情形。

第十二条 容留他人吸食、注射毒品,具有下列情形之一的,应当依照刑法第三百五十四条的规定,以容留他人吸毒罪定罪处罚:
(一)一次容留多人吸食、注射毒品的;
(二)二年内多次容留他人吸食、注射毒品的;
(三)二年内曾因容留他人吸食、注射毒品受过行政处罚的;
(四)容留未成年人吸食、注射毒品的;
(五)以牟利为目的容留他人吸食、注射毒品的;
(六)容留他人吸食、注射毒品造成严重后果的;
(七)其他应当追究刑事责任的情形。

向他人贩卖毒品后又容留其吸食、注射毒品,或者容留他人吸食、注射毒品并向其贩卖毒品,符合前款规定的容留他人吸毒罪的定罪条件的,以贩卖毒品罪和容留他人吸毒罪数罪并罚。

容留近亲属吸食、注射毒品,情节显著轻微危害不大的,不作为犯罪处理;需要追究刑事责任的,可以酌情从宽处罚。

第十三条 依法从事生产、运输、管理、使用国家管制的麻醉药品、精神药品的人员,违反国家规定,向吸食、注射毒品的人提供国家规定管制的能够使人形成瘾癖的麻醉药品、精神药品,具有下列情形之一的,应当依照刑法第三百五十五条第一款的规定,以非法提供麻醉药品、精神药品罪定罪处罚:

（一）非法提供麻醉药品、精神药品达到刑法第三百四十七条第三款或者本解释第二条规定的"数量较大"标准最低值的百分之五十，不满"数量较大"标准的；

（二）二年内曾因非法提供麻醉药品、精神药品受过行政处罚的；

（三）向多人或者多次非法提供麻醉药品、精神药品的；

（四）向吸食、注射毒品的未成年人非法提供麻醉药品、精神药品的；

（五）非法提供麻醉药品、精神药品造成严重后果的；

（六）其他应当追究刑事责任的情形。

具有下列情形之一的，应当认定为刑法第三百五十五条第一款规定的"情节严重"：

（一）非法提供麻醉药品、精神药品达到刑法第三百四十七条第三款或者本解释第二条规定的"数量较大"标准的；

（二）非法提供麻醉药品、精神药品达到前款第一项规定的数量标准，且具有前款第三项至第五项规定的情形之一的；

（三）其他情节严重的情形。

第十四条 利用信息网络，设立用于实施传授制造毒品、非法生产制毒物品的方法，贩卖毒品，非法买卖制毒物品或者组织他人吸食、注射毒品等违法犯罪活动的网站、通讯群组，或者发布实施前述违法犯罪活动的信息，情节严重的，应当依照刑法第二百八十七条之一的规定，以非法利用信息网络罪定罪处罚。

实施刑法第二百八十七条之一、第二百八十七条之二规定的行为，同时构成贩卖毒品罪、非法买卖制毒物品罪、传授犯罪方法罪等犯罪的，依照处罚较重的规定定罪处罚。

第十五条 本解释自 2016 年 4 月 11 日起施行。最高人民法院《关于审理毒品案件定罪量刑标准有关问题的解释》（法释〔2000〕13号）同时废止；之前发布的司法解释和规范性文件与本解释不一致的，以本解释为准。

最高人民法院、最高人民检察院、公安部关于办理制毒物品犯罪案件适用法律若干问题的意见

1. 2009年6月23日
2. 公通字〔2009〕33号

各省、自治区、直辖市高级人民法院、人民检察院、公安厅、局,新疆维吾尔自治区高级人民法院生产建设兵团分院、新疆生产建设兵团人民检察院、公安局:

为依法惩治走私制毒物品、非法买卖制毒物品犯罪活动,根据刑法有关规定,结合司法实践,现就办理制毒物品犯罪案件适用法律的若干问题制定如下意见:

一、关于制毒物品犯罪的认定

(一)本意见中的"制毒物品",是指刑法第三百五十条第一款规定的醋酸酐、乙醚、三氯甲烷或者其他用于制造毒品的原料或者配剂,具体品种范围按照国家关于易制毒化学品管理的规定确定。

(二)违反国家规定,实施下列行为之一的,认定为刑法第三百五十条规定的非法买卖制毒物品行为:

1. 未经许可或者备案,擅自购买、销售易制毒化学品的;
2. 超出许可证明或者备案证明的品种、数量范围购买、销售易制毒化学品的;
3. 使用他人的或者伪造、变造、失效的许可证明或者备案证明购买、销售易制毒化学品的;
4. 经营单位违反规定,向无购买许可证明、备案证明的单位、个人销售易制毒化学品的,或者明知购买者使用他人的或者伪造、变造、失效的购买许可证明、备案证明,向其销售易制毒化学品的;
5. 以其他方式非法买卖易制毒化学品的。

（三）易制毒化学品生产、经营、使用单位或者个人未办理许可证明或者备案证明，购买、销售易制毒化学品，如果有证据证明确实用于合法生产、生活需要，依法能够办理只是未及时办理许可证明或者备案证明，且未造成严重社会危害的，可不以非法买卖制毒物品罪论处。

（四）为了制造毒品或者走私、非法买卖制毒物品犯罪而采用生产、加工、提炼等方法非法制造易制毒化学品的，根据刑法第二十二条的规定，按照其制造易制毒化学品的不同目的，分别以制造毒品、走私制毒物品、非法买卖制毒物品的预备行为论处。

（五）明知他人实施走私或者非法买卖制毒物品犯罪，而为其运输、储存、代理进出口或者以其他方式提供便利的，以走私或者非法买卖制毒物品罪的共犯论处。

（六）走私、非法买卖制毒物品行为同时构成其他犯罪的，依照处罚较重的规定定罪处罚。

二、关于制毒物品犯罪嫌疑人、被告人主观明知的认定

对于走私或者非法买卖制毒物品行为，有下列情形之一，且查获了易制毒化学品，结合犯罪嫌疑人、被告人的供述和其他证据，经综合审查判断，可以认定其"明知"是制毒物品而走私或者非法买卖，但有证据证明确属被蒙骗的除外：

1. 改变产品形状、包装或者使用虚假标签、商标等产品标志的；

2. 以藏匿、夹带或者其他隐蔽方式运输、携带易制毒化学品逃避检查的；

3. 抗拒检查或者在检查时丢弃货物逃跑的；

4. 以伪报、藏匿、伪装等蒙蔽手段逃避海关、边防等检查的；

5. 选择不设海关或者边防检查站的路段绕行出入境的；

6. 以虚假身份、地址办理托运、邮寄手续的；

7. 以其他方法隐瞒真相，逃避对易制毒化学品依法监管的。

三、关于制毒物品犯罪定罪量刑的数量标准

（一）违反国家规定，非法运输、携带制毒物品进出境或者在境

内非法买卖制毒物品达到下列数量标准的,依照刑法第三百五十条第一款的规定,处三年以下有期徒刑、拘役或者管制,并处罚金:

　　1. 1-苯基-2-丙酮五千克以上不满五十千克;

　　2. 3,4-亚甲基二氧苯基-2-丙酮、去甲麻黄素(去甲麻黄碱)、甲基麻黄素(甲基麻黄碱)、羟亚胺及其盐类十千克以上不满一百千克;

　　3. 胡椒醛、黄樟素、黄樟油、异黄樟素、麦角酸、麦角胺、麦角新碱、苯乙酸二十千克以上不满二百千克;

　　4. N-乙酰邻氨基苯酸、邻氨基苯甲酸、哌啶一百五十千克以上不满一千五百千克;

　　5. 甲苯、丙酮、甲基乙基酮、高锰酸钾、硫酸、盐酸四百千克以上不满四千千克;

　　6. 其他用于制造毒品的原料或者配剂相当数量的。

　　(二)违反国家规定,非法买卖或者走私制毒物品,达到或者超过前款所列最高数量标准的,认定为刑法第三百五十条第一款规定的"数量大的",处三年以上十年以下有期徒刑,并处罚金。

办理毒品犯罪案件毒品提取、扣押、称量、取样和送检程序若干问题的规定

1. 2016年5月24日最高人民法院、最高人民检察院、公安部印发
2. 公禁毒〔2016〕511号
3. 自2016年7月1日起施行

第一章　总　　则

　　第一条　为规范毒品的提取、扣押、称量、取样和送检程序,提高办理毒品犯罪案件的质量和效率,根据《中华人民共和国刑事诉讼法》《最高人民法院关于适用〈中华人民共和国刑事诉讼法〉的解释》《人民检察院刑事诉讼规则(试行)》《公安机关办理刑事案件程序

规定》等有关规定,结合办案工作实际,制定本规定。

第二条 公安机关对于毒品的提取、扣押、称量、取样和送检工作,应当遵循依法、客观、准确、公正、科学和安全的原则,确保毒品实物证据的收集、固定和保管工作严格依法进行。

第三条 人民检察院、人民法院办理毒品犯罪案件,应当审查公安机关对毒品的提取、扣押、称量、取样、送检程序以及相关证据的合法性。

毒品的提取、扣押、称量、取样、送检程序存在瑕疵,可能严重影响司法公正的,人民检察院、人民法院应当要求公安机关予以补正或者作出合理解释。经公安机关补正或者作出合理解释的,可以采用相关证据;不能补正或者作出合理解释的,对相关证据应当依法予以排除,不得作为批准逮捕、提起公诉或者判决的依据。

第二章 提取、扣押

第四条 侦查人员应当对毒品犯罪案件有关的场所、物品、人身进行勘验、检查或者搜查,及时准确地发现、固定、提取、采集毒品及内外包装物上的痕迹、生物样本等物证,依法予以扣押。必要时,可以指派或者聘请具有专门知识的人,在侦查人员的主持下进行勘验、检查。

侦查人员对制造毒品、非法生产制毒物品犯罪案件的现场进行勘验、检查或者搜查时,应当提取并当场扣押制造毒品、非法生产制毒物品的原料、配剂、成品、半成品和工具、容器、包装物以及上述物品附着的痕迹、生物样本等物证。

提取、扣押时,不得将不同包装物内的毒品混合。

现场勘验、检查或者搜查时,应当对查获毒品的原始状态拍照或者录像,采取措施防止犯罪嫌疑人及其他无关人员接触毒品及包装物。

第五条 毒品的扣押应当在有犯罪嫌疑人在场并有见证人的情况下,由两名以上侦查人员执行。

毒品的提取、扣押情况应当制作笔录,并当场开具扣押清单。

笔录和扣押清单应当由侦查人员、犯罪嫌疑人和见证人签名。犯罪嫌疑人拒绝签名的,应当在笔录和扣押清单中注明。

第六条　对同一案件在不同位置查获的两个以上包装的毒品,应当根据不同的查获位置进行分组。

对同一位置查获的两个以上包装的毒品,应当按照以下方法进行分组:

(一)毒品或者包装物的外观特征不一致的,根据毒品及包装物的外观特征进行分组;

(二)毒品及包装物的外观特征一致,但犯罪嫌疑人供述非同一批次毒品的,根据犯罪嫌疑人供述的不同批次进行分组;

(三)毒品及包装物的外观特征一致,但犯罪嫌疑人辩称其中部分不是毒品或者不知是否为毒品的,对犯罪嫌疑人辩解的部分疑似毒品单独分组。

第七条　对查获的毒品应当按其独立最小包装逐一编号或者命名,并将毒品的编号、名称、数量、查获位置以及包装、颜色、形态等外观特征记录在笔录或者扣押清单中。

在毒品的称量、取样、送检等环节,毒品的编号、名称以及对毒品外观特征的描述应当与笔录和扣押清单保持一致;不一致的,应当作出书面说明。

第八条　对体内藏毒的案件,公安机关应当监控犯罪嫌疑人排出体内的毒品,及时提取、扣押并制作笔录。笔录应当由侦查人员和犯罪嫌疑人签名;犯罪嫌疑人拒绝签名的,应当在笔录中注明。在保障犯罪嫌疑人隐私权和人格尊严的情况下,可以对排毒的主要过程进行拍照或者录像。

必要时,可以在排毒前对犯罪嫌疑人体内藏毒情况进行透视检验并以透视影像的形式固定证据。

体内藏毒的犯罪嫌疑人为女性的,应当由女性工作人员或者医师检查其身体,并由女性工作人员监控其排毒。

第九条　现场提取、扣押等工作完成后,一般应当由两名以上侦查人员对提取、扣押的毒品及包装物进行现场封装,并记录在笔录中。

封装应当在有犯罪嫌疑人在场并有见证人的情况下进行；应当使用封装袋封装毒品并加密封口，或者使用封条贴封包装，作好标记和编号，由侦查人员、犯罪嫌疑人和见证人在封口处、贴封处或者指定位置签名并签署封装日期。犯罪嫌疑人拒绝签名的，侦查人员应当注明。

确因情况紧急、现场环境复杂等客观原因无法在现场实施封装，经公安机关办案部门负责人批准，可以及时将毒品带至公安机关办案场所或者其他适当的场所进行封装，并对毒品移动前后的状态进行拍照固定，作出书面说明。

封装时，不得将不同包装内的毒品混合。对不同组的毒品，应当分别独立封装，封装后可以统一签名。

第十条　必要时，侦查人员应当对提取、扣押和封装的主要过程进行拍照或者录像。

照片和录像资料应当反映提取、扣押和封装活动的主要过程以及毒品的原始位置、存放状态和变动情况。照片应当附有相应的文字说明，文字说明应当与照片反映的情况相对应。

第十一条　公安机关应当设置专门的毒品保管场所或者涉案财物管理场所，指定专人保管封装后的毒品及包装物，并采取措施防止毒品发生变质、泄漏、遗失、损毁或者受到污染等。

对易燃、易爆、具有毒害性以及对保管条件、保管场所有特殊要求的毒品，在处理前应当存放在符合条件的专门场所。公安机关没有具备保管条件的场所的，可以借用其他单位符合条件的场所进行保管。

第三章　称　　量

第十二条　毒品的称量一般应当由两名以上侦查人员在查获毒品的现场完成。

不具备现场称量条件的，应当按照本规定第九条的规定对毒品及包装物封装后，带至公安机关办案场所或者其他适当的场所进行称量。

第十三条 称量应当在有犯罪嫌疑人在场并有见证人的情况下进行,并制作称量笔录。

对已经封装的毒品进行称量前,应当在有犯罪嫌疑人在场并有见证人的情况下拆封,并记录在称量笔录中。

称量笔录应当由称量人、犯罪嫌疑人和见证人签名。犯罪嫌疑人拒绝签名的,应当在称量笔录中注明。

第十四条 称量应当使用适当精度和称量范围的衡器。称量的毒品质量不足一百克的,衡器的分度值应当达到零点零一克;一百克以上且不足一千克的,分度值应当达到零点一克;一千克以上且不足十千克的,分度值应当达到一克;十千克以上且不足一百千克的,分度值应当达到十克;一百千克以上且不足一吨的,分度值应当达到一百克;一吨以上的,分度值应当达到一千克。

称量前,称量人应当将衡器示数归零,并确保其处于正常的工作状态。

称量所使用的衡器应当经过法定计量检定机构检定并在有效期内,一般不得随意搬动。

法定计量检定机构出具的计量检定证书复印件应当归入证据材料卷,并随案移送。

第十五条 对两个以上包装的毒品,应当分别称量,并统一制作称量笔录,不得混合后称量。

对同一组内的多个包装的毒品,可以采取全部毒品及包装物总质量减去包装物质量的方式确定毒品的净质量;称量时,不同包装物内的毒品不得混合。

第十六条 多个包装的毒品系包装完好、标识清晰完整的麻醉药品、精神药品制剂的,可以按照其包装、标识或者说明书上标注的麻醉药品、精神药品成分的含量计算全部毒品的质量,或者从相同批号的药品制剂中随机抽取三个包装进行称量后,根据麻醉药品、精神药品成分的含量计算全部毒品的质量。

第十七条 对体内藏毒的案件,应当将犯罪嫌疑人排出体外的毒品逐一称量,统一制作称量笔录。

犯罪嫌疑人供述所排出的毒品系同一批次或者毒品及包装物的外观特征相似的，可以按照本规定第十五条第二款规定的方法进行称量。

第十八条 对同一容器内的液态毒品或者固液混合状态毒品，应当采用拍照或者录像等方式对其原始状态进行固定，再统一称量。必要时，可以对其原始状态固定后，再进行固液分离并分别称量。

第十九条 现场称量后将毒品带回公安机关办案场所或者送至鉴定机构取样的，应当按照本规定第九条的规定对毒品及包装物进行封装。

第二十条 侦查人员应当对称量的主要过程进行拍照或者录像。

照片和录像资料应当清晰显示毒品的外观特征、衡器示数和犯罪嫌疑人对称量结果的指认情况。

第四章 取　　样

第二十一条 毒品的取样一般应当在称量工作完成后，由两名以上侦查人员在查获毒品的现场或者公安机关办案场所完成。必要时，可以指派或者聘请具有专门知识的人进行取样。

在现场或者公安机关办案场所不具备取样条件的，应当按照本规定第九条的规定对毒品及包装物进行封装后，将其送至鉴定机构并委托鉴定机构进行取样。

第二十二条 在查获毒品的现场或者公安机关办案场所取样的，应当在有犯罪嫌疑人在场并有见证人的情况下进行，并制作取样笔录。

对已经封装的毒品进行取样前，应当在有犯罪嫌疑人在场并有见证人的情况下拆封，并记录在取样笔录中。

取样笔录应当由取样人、犯罪嫌疑人和见证人签名。犯罪嫌疑人拒绝签名的，应当在取样笔录中注明。

必要时，侦查人员应当对拆封和取样的主要过程进行拍照或者录像。

第二十三条 委托鉴定机构进行取样的，对毒品的取样方法、过程、结果等情况应当制作取样笔录,但鉴定意见包含取样方法的除外。

取样笔录应当由侦查人员和取样人签名,并随案移送。

第二十四条 对单个包装的毒品,应当按照下列方法选取或者随机抽取检材:

(一)粉状。将毒品混合均匀,并随机抽取约一克作为检材;不足一克的全部取作检材。

(二)颗粒状、块状。随机选择三个以上不同的部位,各抽取一部分混合作为检材,混合后的检材质量不少于一克;不足一克的全部取作检材。

(三)膏状、胶状。随机选择三个以上不同的部位,各抽取一部分混合作为检材,混合后的检材质量不少于三克;不足三克的全部取作检材。

(四)胶囊状、片剂状。先根据形状、颜色、大小、标识等外观特征进行分组;对于外观特征相似的一组,从中随机抽取三粒作为检材,不足三粒的全部取作检材。

(五)液态。将毒品混合均匀,并随机抽取约二十毫升作为检材;不足二十毫升的全部取作检材。

(六)固液混合状态。按照本款以上各项规定的方法,分别对固态毒品和液态毒品取样;能够混合均匀成溶液的,可以将其混合均匀后按照本款第五项规定的方法取样。

对其他形态毒品的取样,参照前款规定的取样方法进行。

第二十五条 对同一组内两个以上包装的毒品,应当按照下列标准确定选取或者随机抽取独立最小包装的数量,再根据本规定第二十四条规定的取样方法从单个包装中选取或者随机抽取检材:

(一)少于十个包装的,应当选取所有的包装;

(二)十个以上包装且少于一百个包装的,应当随机抽取其中的十个包装;

(三)一百个以上包装的,应当随机抽取与包装总数的平方根数值最接近的整数个包装。

对选取或者随机抽取的多份检材,应当逐一编号或者命名,且检材的编号、名称应当与其他笔录和扣押清单保持一致。

第二十六条　多个包装的毒品系包装完好、标识清晰完整的麻醉药品、精神药品制剂的，可以从相同批号的药品制剂中随机抽取三个包装，再根据本规定第二十四条规定的取样方法从单个包装中选取或者随机抽取检材。

第二十七条　在查获毒品的现场或者公安机关办案场所取样的，应当使用封装袋封装检材并加密封口，作好标记和编号，由取样人、犯罪嫌疑人和见证人在封口处或者指定位置签名并签署封装日期。犯罪嫌疑人拒绝签名的，侦查人员应当注明。

从不同包装中选取或者随机抽取的检材应当分别独立封装，不得混合。

对取样后剩余的毒品及包装物，应当按照本规定第九条的规定进行封装。选取或者随机抽取的检材应当由专人负责保管。在检材保管和送检过程中，应当采取妥善措施防止其发生变质、泄漏、遗失、损毁或者受到污染等。

第二十八条　委托鉴定机构进行取样的，应当使用封装袋封装取样后剩余的毒品及包装物并加密封口，作好标记和编号，由侦查人员和取样人在封口处签名并签署封装日期。

第二十九条　对取样后剩余的毒品及包装物，应当及时送至公安机关毒品保管场所或者涉案财物管理场所进行妥善保管。

对需要作为证据使用的毒品，不起诉决定或者判决、裁定（含死刑复核判决、裁定）发生法律效力后方可处理。

第五章　送　　检

第三十条　对查获的全部毒品或者从查获的毒品中选取或者随机抽取的检材，应当由两名以上侦查人员自毒品被查获之日起三日以内，送至鉴定机构进行鉴定。

具有案情复杂、查获毒品数量较多、异地办案、在交通不便地区办案等情形，送检时限可以延长至七日。

公安机关应当向鉴定机构提供真实、完整、充分的鉴定材料，并对鉴定材料的真实性、合法性负责。

第三十一条 侦查人员送检时,应当持本人工作证件、鉴定聘请书等材料,并提供鉴定事项相关的鉴定资料;需要复核、补充或者重新鉴定的,还应当持原鉴定意见复印件。

第三十二条 送检的侦查人员应当配合鉴定机构核对鉴定材料的完整性、有效性,并检查鉴定材料是否满足鉴定需要。

公安机关鉴定机构应当在收到鉴定材料的当日作出是否受理的决定,决定受理的,应当与公安机关办案部门签订鉴定委托书;不予受理的,应当退还鉴定材料并说明理由。

第三十三条 具有下列情形之一的,公安机关应当委托鉴定机构对查获的毒品进行含量鉴定:

(一)犯罪嫌疑人、被告人可能被判处死刑的;

(二)查获的毒品系液态、固液混合物或者系毒品半成品的;

(三)查获的毒品可能大量掺假的;

(四)查获的毒品系成分复杂的新类型毒品,且犯罪嫌疑人、被告人可能被判处七年以上有期徒刑的;

(五)人民检察院、人民法院认为含量鉴定对定罪量刑有重大影响而书面要求进行含量鉴定的。

进行含量鉴定的检材应当与进行成分鉴定的检材来源一致,且一一对应。

第三十四条 对毒品原植物及其种子、幼苗,应当委托具备相应资质的鉴定机构进行鉴定。当地没有具备相应资质的鉴定机构的,可以委托侦办案件的公安机关所在地的县级以上农牧、林业行政主管部门,或者设立农林相关专业的普通高等学校、科研院所出具检验报告。

第六章 附 则

第三十五条 本规定所称的毒品,包括毒品的成品、半成品、疑似物以及含有毒品成分的物质。

毒品犯罪案件中查获的其他物品,如制毒物品及其半成品、含有制毒物品成分的物质、毒品原植物及其种子和幼苗的提取、扣押、称量、取样和送检程序，参照本规定执行。

第三十六条 本规定所称的"以上""以内"包括本数，"日"是指工作日。

第三十七条 扣押、封装、称量或者在公安机关办案场所取样时，无法确定犯罪嫌疑人、犯罪嫌疑人在逃或者犯罪嫌疑人在异地被抓获且无法及时到场的，应当在有见证人的情况下进行，并在相关笔录、扣押清单中注明。

犯罪嫌疑人到案后，公安机关应当以告知书的形式告知其扣押、称量、取样的过程、结果。犯罪嫌疑人拒绝在告知书上签名的，应当将告知情况形成笔录，一并附卷；犯罪嫌疑人对称量结果有异议，有条件重新称量的，可以重新称量，并制作称量笔录。

第三十八条 毒品的提取、扣押、封装、称量、取样活动有见证人的，笔录材料中应当写明见证人的姓名、身份证件种类及号码和联系方式，并附其常住人口信息登记表等材料。

下列人员不得担任见证人：

（一）生理上、精神上有缺陷或者年幼，不具有相应辨别能力或者不能正确表达的人；

（二）犯罪嫌疑人的近亲属，被引诱、教唆、欺骗、强迫吸毒的被害人及其近亲属，以及其他与案件有利害关系并可能影响案件公正处理的人；

（三）办理该毒品犯罪案件的公安机关、人民检察院、人民法院的工作人员、实习人员或者其聘用的协勤、文职、清洁、保安等人员。

由于客观原因无法由符合条件的人员担任见证人或者见证人不愿签名的，应当在笔录材料中注明情况，并对相关活动进行拍照并录像。

第三十九条 本规定自2016年7月1日起施行。

办理毒品犯罪案件
适用法律若干问题的意见

1. 2007年12月18日最高人民法院、最高人民检察院、公安部印发
2. 公通字〔2007〕84号

一、关于毒品犯罪案件的管辖问题

根据刑事诉讼法的规定,毒品犯罪案件的地域管辖,应当坚持以犯罪地管辖为主、被告人居住地管辖为辅的原则。

"犯罪地"包括犯罪预谋地,毒资筹集地,交易进行地,毒品生产地,毒资、毒赃和毒品的藏匿地、转移地,走私或者贩运毒品的目的地以及犯罪嫌疑人被抓获地等。

"被告人居住地"包括被告人常住地、户籍地及其临时居住地。

对怀孕、哺乳期妇女走私、贩卖、运输毒品案件,查获地公安机关认为移交其居住地管辖更有利于采取强制措施和查清犯罪事实的,可以报请共同的上级公安机关批准,移送犯罪嫌疑人居住地公安机关办理,查获地公安机关应继续配合。

公安机关对侦办跨区域毒品犯罪案件的管辖权有争议的,应本着有利于查清犯罪事实,有利于诉讼,有利于保障案件侦查安全的原则,认真协商解决。经协商无法达成一致的,报共同的上级公安机关指定管辖。对即将侦查终结的跨省(自治区、直辖市)重大毒品案件,必要时可由公安部商最高人民法院和最高人民检察院指定管辖。

为保证及时结案,避免超期羁押,人民检察院对于公安机关移送审查起诉的案件,人民法院对于已进入审判程序的案件,被告人及其辩护人提出管辖异议或者办案单位发现没有管辖权的,受案人民检察院、人民法院经审可以依法报请上级人民检察院、人民法院指定管辖,不再自行移送有管辖权的人民检察院、人民法院。

二、关于毒品犯罪嫌疑人、被告人主观明知的认定问题

走私、贩卖、运输、非法持有毒品主观故意中的"明知",是指行为人知道或者应当知道所实施的行为是走私、贩卖、运输、非法持有毒品行为。具有下列情形之一,并且犯罪嫌疑人、被告人不能做出合理解释的,可以认定其"应当知道",但有证据证明确属被蒙骗的除外:

(一)执法人员在口岸、机场、车站、港口和其他检查站检查时,要求行为人申报为他人携带的物品和其他疑似毒品物,并告知其法律责任,而行为人未如实申报,在其所携带的物品内查获毒品的;

(二)以伪报、藏匿、伪装等蒙蔽手段逃避海关、边防等检查,在其携带、运输、邮寄的物品中查获毒品的;

(三)执法人员检查时,有逃跑、丢弃携带物品或逃避、抗拒检查等行为,在其携带或丢弃的物品中查获毒品的;

(四)体内藏匿毒品的;

(五)为获取不同寻常的高额或不等值的报酬而携带、运输毒品的;

(六)采用高度隐蔽的方式携带、运输毒品的;

(七)采用高度隐蔽的方式交接毒品,明显违背合法物品惯常交接方式的;

(八)其他有证据足以证明行为人应当知道的。

三、关于办理氯胺酮等毒品案件定罪量刑标准问题

(一)走私、贩卖、运输、制造、非法持有下列毒品,应当认定为刑法第三百四十七条第二款第(一)项、第三百四十八条规定的"其他毒品数量大":

1. 二亚甲基双氧安非他明(MDMA)等苯丙胺类毒品(甲基苯丙胺除外)100 克以上;

2. 氯胺酮、美沙酮 1 千克以上;

3. 三唑仑、安眠酮 50 千克以上;

4. 氯氮䓬、艾司唑仑、地西泮、溴西泮 500 千克以上;

5. 上述毒品以外的其他毒品数量大的。

（二）走私、贩卖、运输、制造、非法持有下列毒品，应当认定为刑法第三百四十七条第三款、第三百四十八条规定的"其他毒品数量较大"：

1. 二亚甲基双氧安非他明（MDMA）等苯丙胺类毒品（甲基苯丙胺除外）20克以上不满100克的；

2. 氯胺酮、美沙酮200克以上不满1千克的；

3. 三唑仑、安眠酮10千克以上不满50千克的；

4. 氯氮卓、艾司唑仑、地西泮、溴西泮100千克以上不满500千克的；

5. 上述毒品以外的其他毒品数量较大的。

（三）走私、贩卖、运输、制造下列毒品，应当认定为刑法第三百四十七条第四款规定的"其他少量毒品"：

1. 二亚甲基双氧安非他明（MDMA）等苯丙胺类毒品（甲基苯丙胺除外）不满20克的；

2. 氯胺酮、美沙酮不满200克的；

3. 三唑仑、安眠酮不满10千克的；

4. 氯氮卓、艾司唑仑、地西泮、溴西泮不满100千克的；

5. 上述毒品以外的其他少量毒品的。

（四）上述毒品品种包括其盐和制剂。毒品鉴定结论中毒品品名的认定应当以国家食品药品监督管理局、公安部、卫生部最新发布的《麻醉药品品种目录》、《精神药品品种目录》为依据。

四、关于死刑案件的毒品含量鉴定问题

可能判处死刑的毒品犯罪案件，毒品鉴定结论中应有含量鉴定的结论。

附　录

附录一　常见毒品类型

一、海洛因

海洛因,又称白粉、白面,是一种传统毒品,距今已有100多年的历史。海洛因属于鸦片的提纯物,因此海洛因的危害比鸦片更大。刚开始,人们将海洛因当作药物用于戒吗啡毒瘾,但是后来发现海洛因有更强的副作用。中国距离海洛因的主要生产地"金三角"[①]比较近,因此,海洛因成了危害中国的主要毒品类型之一。

海洛因,是以吗啡生物碱作为合成起点得到的半合成毒品。吸毒者吸食海洛因一次就可能上瘾。海洛因具有极强的成瘾性,对吸毒者的危害是十分严重的。

滥用海洛因会对人体产生损害,而且这种损害是多方面的。吸食海洛因会使吸毒者产生血液缺氧、呼吸缓慢、皮肤湿冷、瞳孔缩小畏光、抵抗力下降等生理反应,还会出现不安、焦虑、烦躁、攻击以及自伤、自残等精神失常的现象。海洛因,无论是通过注射器直接注入血液,还是用其他方式吸食都会通过血液循环将危害物质传送到人体各个器官,破坏各个器官的正常功能,引发多方面的疾病。有些吸毒者共用注射器,还会交叉感染上艾滋病、肝炎等传染性疾病。上述这些传染性疾病如不及时治疗,将危及生命。

---

① 所谓"金三角",是指位于东南亚的泰国、缅甸和老挝三国边境地区的三角地带。

二、可卡因

可卡因,又称古柯碱,是从植物古柯的叶子中提纯而来,味道先苦后麻,是一种无色无气味的微细、白色的晶体。它最早用于医疗领域,作为局部麻醉药或血管收缩剂。其麻醉效果好,穿透力强,主要用于表面麻醉。但是,可卡因毒性太强,不宜直接注射。可卡因用于人体可以刺激中枢神经,使中枢神经系统产生兴奋。自1985年起,可卡因成为全球主要的毒品之一,多在美洲和欧洲泛滥。

人体使用可卡因后,大脑皮层会产生兴奋,反复使用即可成瘾。若长期小剂量滥用可卡因可致慢性中毒,一般会影响人体的睡眠与进食,且会出现易激惹、注意力涣散等轻微精神异常,还会产生心理依赖。大剂量使用可卡因会刺激人体中枢神经,产生急性中毒。若再次使用,极易依赖成瘾。

无论是可卡因慢性中毒还是急性中毒都可能导致严重的神经损伤,并出现神经系统并发症,包括缺血性中风、蛛网膜下腔出血、脑出血、头痛、晕厥、癫痫甚至死亡。有的吸毒者通过注射器将可卡因注入血液,毒性直达心脏。若吸毒者共用注射器,极易感染肝炎、艾滋病等疾病,严重威胁吸毒者的生命健康。

三、大麻

大麻,是一年生草本植物,喜欢光照,可以耐受空气干燥,但是不能耐受土壤干燥,对土壤的要求较高。这种一年生草本植物的韧皮纤维也是最早用作纺织纤维的材料之一。公元前1世纪到20世纪后半叶,大麻一直是人们广泛种植的农作物。大麻又名线麻、胡麻、野麻,可剥麻收籽,有雌雄之分。它可以入药,其作用有祛风、利湿、行气、化滞,麻仁能够补中益气。

大麻也可以提取毒品,使用剂量超过一定的限度时,就会使人产生依赖。这种依赖以心理依赖为主,躯体依赖较轻,不易产生耐受性。成瘾者长期服用大麻会造成精神障碍,包括焦虑和妄想等,而且会伤及记忆神经,甚至影响免疫系统,诱发其他疾病,损害人体健康。有些人加大服用剂量,会出现低血压、呼吸抑制、休克等中毒现象,不及时救治极可能导致死亡。服用大麻成瘾后停药会产生戒断反应,即停药后一段时间内会出现头痛、恶心、厌食、腹绞痛、发抖、失眠等症状。

四、罂粟

罂粟，是一年生草本植物。它茎高 30~80 厘米；花朵五彩缤纷，有白色、红色、紫色；叶片碧绿；蒴果高高在上。罂粟花，花大艳丽，香气浓郁，是世界上最美的花之一。其花果期一般在 3~11 月。罂粟的生长条件要求雨水较少、土地保持湿润、日照时间较长。缅甸、泰国和老挝三国交界地区正好满足罂粟严格的生长条件。因此，该地区成为最适宜罂粟生长的地区之一。

罂粟是制取鸦片的主要原料，故罂粟这一美丽的植物又被称为"恶之花"。我国对罂粟种植严加控制，除药用科研外，一律禁植。

五、鸦片

鸦片，又名阿片，俗称大烟，源于罂粟植物蒴果。其含有 20 多种生物碱，其中包括吗啡、可待因等。因为产地不同，鸦片呈现黑色或褐色，有氨味或陈旧尿味，味苦，气味强烈。精制鸦片呈棕色或金黄色，吸食时可以散发出香甜气味。鸦片对人体的危害极大。在清朝中后期，鸦片给我国带来了巨大的灾难。1840 年爆发的第一次鸦片战争，就是因为清政府打击外国商人向中国走私鸦片，进行了虎门销烟，英国资产阶级认为中国禁烟措施阻碍了其继续掠夺中国财富，损害了英国的利益，从而鼓动英国政府通过军事行动侵略中国引发的。

鸦片，会让吸食者在心理上和生理上对其产生依赖，严重危害吸食者的身心健康和生命安全。长期吸食鸦片会导致人体各器官功能衰退，尤其对胃功能、肝功能及生育功能的破坏性极强，还会让吸食者变得虚弱从而引发各种疾病，最终导致死亡。过量吸食鸦片可引起急性中毒，严重者会因呼吸抑制而死亡。

六、吗啡

吗啡，属于阿片类生物碱，是鸦片类毒品的重要组成部分，在鸦片中的含量约为 10%，是一种无色柱状晶体。其衍生物盐酸吗啡是临床上常用的麻醉剂，有极强的镇痛作用，多用于因创伤、手术、烧伤等引起的剧痛。如果科学地使用，吗啡是一种有效的止痛药，如果滥用则会变成毒品。

吗啡的成瘾性很强,容易使人产生强烈的精神依赖、躯体依赖及耐药性。有的人小剂量连续使用两次即可成瘾。吗啡能够刺激人体神经中枢,使吸食者出现嗜睡以及性格改变等现象。如果长期大剂量地使用吗啡,吸食者会记忆力减退、出现幻觉、精神失常,甚至死亡。

七、古柯

古柯,别名为古加、高柯,是一种小灌木,高2~4米,是生长在南美洲的一种传统种植物。早在16世纪,人们就发现,嚼食古柯的叶子有提神的作用。古柯的叶子可以入药,有补肾助阳、镇痛的作用。

古柯叶子中的古柯碱含量其实很低,要经过多道程序纯化之后才能得到古柯碱。但是,如果大剂量食用古柯叶,食用者也会出现神经敏感、精神亢奋、判断力下降等一系列中毒症状。慢性中毒者会出现耐受性增强的反应,即古柯的药用价值在其身上很难起到治疗作用。长期依赖古柯镇痛的患者还可能出现撤药综合征,即停药后主要表现为疲乏、睡眠障碍、情绪障碍、精神运动性兴奋,严重者还会自杀。

八、冰毒

冰毒,即甲基苯丙胺,又名甲基安非他明、去氧麻黄碱,是一种无味或微有苦味的透明结晶体,纯品很像冰糖,形似冰,故俗称冰毒。冰毒是一种新型毒品,20世纪90年代进入中国,其有胶囊、粉剂、小块等多种形式。

服用小剂量冰毒有短暂的抗疲劳的作用,故其丸剂又有"大力丸"之称。吸食冰毒的人往往一次成瘾,且多为心理上的依赖。所以,仅靠物理戒毒往往达不到预期的效果,很多人会复吸。

冰毒对人体的最大危害就是破坏脑组织。若吸食者每月吸食冰毒5次以上,持续2年左右便会出现明显的精神异常。具体可表现为情感冲动、活动过度、情绪偏执、举止野蛮、妄想甚至有杀人倾向。上述状态过后,会出现一种极度衰竭和抑郁的状态,严重者会出现自杀倾向。相比吸食海洛因,吸食冰毒更具损伤性。很多年轻人在出入娱乐场合时没有警惕性，易在他人引诱的情况下吸食冰毒。很多人认为服用一次不会上瘾，但是后果往往十分严重，甚至一发不可收拾。

九、摇头丸

摇头丸，是人工合成毒品，含有苯丙胺类兴奋剂成分，是我国规定管制的精神药品。

摇头丸对人体有强烈的中枢神经兴奋作用，具有很强的精神依赖性，危害十分严重。服用后表现为：活动过度、感情冲动、性欲亢进、嗜舞、偏执、妄想、自我约束力下降以及出现幻觉和暴力倾向等。该毒品现主要在迪厅、卡拉OK厅、夜总会等公共娱乐场所以口服形式被一些疯狂的舞迷滥用。

一般情况下，服用摇头丸几分钟之后便开始产生作用，服用1小时后作用达到巅峰，服用者先是感觉到浑身发热，之后开始不自觉地晃动身体、忍不住摇头。有的场所为了方便吸食者服用，将摇头丸溶解于水或者饮料当中，制作成"开心水"等。

据研究数据显示，我国摇头丸的滥用者中有73%的人年龄在16~25岁。摇头丸与传统阿片类毒品一样，会使人产生极强的精神依赖，即便是戒毒成功的人，也极易复吸。

十、K粉

K粉是氯胺酮的俗称，呈白色粉末状，无色无味，可以溶于水、饮料或者酒水之中。

美国于20世纪60年代发明了氯胺酮这种麻醉药物，在战争中为救治伤员广泛使用。后来，人们发现它不仅具有麻醉作用，还可以引起人的兴奋和幻觉，有些人开始滥用氯胺酮。氯胺酮极易使人产生依赖性——通常情况下只要吸食两三次即可上瘾——是一种很危险的精神类药品。吸食者在服用药物之初会表现出四肢瘫软、全身无力等症状，听到节奏欢快的音乐后会条件反射地手舞足蹈，直至筋疲力尽。滥用氯胺酮会造成人体中枢神经中毒，使人出现幻觉、精神分裂等症状，还会对人的记忆力和思考能力产生消极影响，吸食K粉两年以上的滥用者，智商远低于常人。

因氯胺酮价格便宜、易于吸食,很快被不法分子滥用。一些不法分子经常在娱乐场所将 K 粉溶入酒水或饮料中诱骗年轻人服用,致年轻人染上毒瘾。

十一、麻果

麻果是泰语的音译,又名麻古,它呈现出来的颜色通常有红色、绿色和黑色,是冰毒经过再加工之后的片剂,属于苯丙胺类兴奋剂。麻果吸食之后极易成瘾。吸食者随着吸食次数的增多吸食量也会逐渐增加,最终会因吸食过量而死亡。可以说,麻果是当今新型毒品中毒性较强的一种,且在临床上不具有任何药用价值。

吸食者在吸食麻果后通常会表现出不安、头昏、震颤、话多、易激惹、烦躁或惊恐等症状。很多人在吸食麻果之后会脾气暴躁、情绪冲动、出现幻觉,更有甚者会自残或者伤害他人。吸食麻果会造成慢性中毒,从而引发一系列身体疾病,最终造成不可挽回的后果。近些年来,因麻果的价格比摇头丸低,所以麻果毒情在我国发展较快。

十二、麦角乙二胺(LSD)

麦角乙二胺(LSD),无色无味,开始多以胶囊的形式出现,当前最常见的为吸水纸形式,也有丸剂形式。人服用它之后听到音乐就会不自觉地手舞足蹈。目前,它是一种药力最强的致幻剂,滥用之后会造成吸食者行为和精神的异常,丧失对空间和距离的正常感知,会增加吸毒者意外受伤或死亡的风险。LSD 非常容易被人体吸收,很小的剂量就会造成严重的幻觉。LSD 的致幻时间可长达 12 小时,危害极大。

十三、咖啡因

很多人没有想到,咖啡因也属于新型毒品之一。在我们日常饮用的饮料中,很多会有咖啡因的成分,比如咖啡、茶水等。咖啡因就是经过化学合成或者从咖啡果、茶叶中提取的生物碱。

咖啡因属于一种神经兴奋剂,具有驱除疲劳、兴奋神经的作用。人们日常少量饮用咖啡或者茶水不会有损健康,但是,若长期大量地服用咖啡因就会对人体造成损害。而且,咖啡因也具有成瘾性,如果长时间、大剂量地服用咖啡因或者饮用含有咖啡因的饮料,一旦停下来就会出现精神萎靡、神思倦怠等症状。孕妇如果无节制地饮用含有咖啡因的饮料,可能会造成婴儿智力低下以及肢体畸形的严重后果。目前,咖啡因为国家管制精神药品,使用的时候要注意用量,避免形成依赖。

十四、三唑仑

三唑仑又称海乐神,在口服 5~10 分钟之后即可使人昏迷晕倒,因此俗称为蒙汗药、迷魂药。它呈现为淡蓝色片状,没有任何味道,可溶于水,是一种高效的麻醉药品。它的催眠、镇定效果远远高于安定片。若长期服用,吸食者会对其产生依赖。有些不法分子利用三唑仑有迅速催眠的作用实施抢劫、强奸等不法活动。因此,对于陌生人提供的饮料、酒水要提高警惕,不要轻易饮用。

十五、γ-羟丁酸(GHB)

γ-羟丁酸(GHB)与三唑仑类似,也是一种迷魂药,又称液体迷魂药。它是一种无色无味的液体,使用之后会导致人心率下降、呼吸抑制,甚至失去意识,而且苏醒后对服药期间的事情没有任何记忆。不法分子常常利用此药物实施犯罪。

十六、止咳水

止咳水,是指含有复方可待因成分的止咳药水,它的主要成分是磷酸可待因、盐酸麻黄碱等。由于止咳水有止咳、镇痛的功效,通常情况下,人们用它来治疗干咳。但是,长期服用止咳水会使人对其产生心理依赖,症状类似吸食海洛因;过量服用会刺激神经中枢,导致中毒性精神病,造成吸食者神志失常、昏迷、心跳停止等严重后果。对于这种有副作用的处方药,人们一定要严格依照医生开具的处方购买,如果遇到无良商家公然出售此类药品,一定要及时举报。

十七、恰特草

恰特草,又名阿拉伯茶、也门茶、埃塞俄比亚茶、布什曼茶、东非罂粟,原产地为埃塞俄比亚,现广泛分布于热带非洲、埃塞俄比亚、阿拉伯半岛以及中国的海南、广西等地。恰特草属于软性毒品,价格便宜,外形颇具迷惑性——刚摘下来新鲜的时候外形酷似市场上常见的苋菜,吸食者直接嚼食;如果将恰特草晒干,外形又像茶叶一样。

恰特草的毒效与海洛因一样,能使吸食者兴奋或产生幻觉。药力退却之后,吸食者多会感到沮丧,逻辑混乱,长期吸食可能造成厌食,甚至引发心血管疾病。

十八、迷幻蘑菇

迷幻蘑菇,内含二甲羟色胺磷酸,是一种新型软性毒品。迷幻蘑菇大多为粉红色片剂,具有迷幻作用,其迷幻成分主要由一种含毒性的菌类植物"毒蝇伞"制成。进食迷幻蘑菇者会出现恶心、肌肉无力、昏睡、瞳孔放大、流汗、动作不协调及焦躁不安等反应;如大量服用,会产生幻觉,症状可持续长达6小时。更可怕的是,吸食者还会出现行为受他人支配的情况,会将各种秘密与隐私通过交谈随意告诉他人。并且,心脏有问题的人服用后可导致休克或突然死亡。

附录二 指导案例

王某贩卖、制造毒品案

（检例第 150 号）

【关键词】

贩卖、制造毒品罪 国家管制化学品 麻醉药品、精神药品 毒品含量 涉毒资产查处

【要旨】

行为人利用未列入国家管制的化学品为原料,生产、销售含有国家管制的麻醉药品、精神药品成分的食品,明知该成分毒品属性的,应当认定为贩卖、制造毒品罪。检察机关办理新型毒品犯罪案件,应当审查毒品含量,依法准确适用刑罚。对于毒品犯罪所得的财物及其孳息、收益和供犯罪所用的本人财物,应当依法予以追缴、没收。

【基本案情】

被告人王某,男,1979 年出生,原系某公司法定代表人。

2016 年,被告人王某明知国家管制的精神药品 γ-羟丁酸可以

由当时尚未被国家列管的化学品 γ-丁内酯（2021 年被列管为易制毒化学品）通过特定方法生成，为谋取非法利益，多次购进 γ-丁内酯，添加香精制成混合液体，委托广东某公司（另案处理）为混合液体粘贴"果味香精 CD123"的商品标签，交由广东另一公司（另案处理）按其配方和加工方法制成"咔哇氿"饮料。王某通过四川某公司将饮料销往多地娱乐场所。至案发，共销售"咔哇氿"饮料 52355 件（24 瓶/件，275ml/瓶），销售金额人民币 1158 万余元。

2017 年 9 月 9 日，公安机关将王某抓获，当场查获"咔哇氿"饮料 720 余件，后追回售出的 18505 件。经鉴定，"果味香精 CD123""咔哇氿"饮料中均检出 γ-羟丁酸成分，含量分别为 2000－44000μg/ml、80.3－7358μg/ml。

【检察机关履职过程】

（一）引导取证

2017 年 10 月 11 日，四川省成都市公安局青羊区分局以王某涉嫌生产、销售有毒、有害食品罪提请批准逮捕。10 月 18 日，成都市青羊区人民检察院对王某依法批准逮捕。检察机关审查认为，"咔哇氿"饮料中含有国家管制的一类精神药品 γ-羟丁酸，王某可能涉嫌毒品犯罪。为准确认定犯罪性质，检察机关引导公安机关重点围绕王某涉嫌犯罪主观故意开展侦查：一是核查王某的从业经历及知识背景；二是调取王某通讯记录和委托生产饮料的情况；三是调取王某隐瞒饮料成分、规避检查的情况；四是核查饮料销售价格等异常情况。

（二）审查起诉

2017 年 12 月 11 日，公安机关认为王某在制造饮料过程中添加有毒、有害物质，以王某涉嫌生产、销售有毒、有害食品罪移送审查起诉。

成都市青羊区人民检察院认为本案定性存在疑问，继续引导公安机关侦查取证。一是收集、固定网络检索记录等电子证据，查明王某在生产"咔哇氿"饮料前，已明知 γ-丁内酯可生成 γ-羟丁酸，且明知 γ-羟丁酸是国家管制的精神药品。二是收集、固定"咔哇氿"饮料包装标签等证据，结合王某的供述及其与他人的聊天记录，查明王某在家多次实验,明知 γ-羟丁酸的性质和危害。三是对查获的饮料取样、送检、鉴定,收集专家的证言,证实 γ-丁内酯自然状态下水解可少量生成 γ-羟丁酸,但含量不稳定,在人工干预等特定条件下生成的含量较为稳定。四是调取快递发货单等书证,查明王某贩卖"咔哇氿"饮料的数量、途径。五是调查王某的涉案财物、资金流向及不动产登记情况,查封、扣押其涉案房产和资金。

检察机关综合全案事实证据审查认为,王某明知 γ-丁内酯能生成 γ-羟丁酸,γ-羟丁酸系国家管制的精神药品,而将 γ-丁内酯作为原料生产含有 γ-羟丁酸成分的饮料并进行销售,饮用后有麻醉、致幻和成瘾等后果,具有制造、贩卖毒品的主观故意和客观行为,符合贩卖、制造毒品罪的构成要件。

2018 年 6 月 15 日,成都市青羊区人民检察院以王某犯贩卖、制造毒品罪依法提起公诉。

(三)指控与证明犯罪

2020 年 1 月 15 日,成都市青羊区人民法院依法公开开庭审理本案。被告人王某及其辩护人对检察机关指控的主要犯罪事实、证据无异议,但提出以下辩解及辩护意见:一是"咔哇氿"饮料中含有的 γ-羟丁酸,可能是原料自然生成;二是王某没有制造和贩卖毒品的主观故意;三是王某超限量滥用食品添加剂 γ-丁内酯,应构成生产、销售不符合安全标准的食品罪。

针对第一条辩解及辩护意见,公诉人答辩指出:一是公安机关对原料厂商仓库内的 γ-丁内酯进行抽样鉴定,未检出 γ-羟丁酸成分,而对查获的"咔哇氿"饮料进行抽样鉴定,均检出 γ-羟丁酸成分,能够排除"咔哇氿"饮料中 γ-羟丁酸系自然生成。二是 γ-丁内酯在自然状态下生成的 γ-羟丁酸含量不稳定,而以 γ-丁内酯为原料人工合成的 γ-羟丁酸含量较为稳定,本案查获的"果味香精 CD123"和"咔哇氿"饮料中 γ-羟丁酸含量均相对稳定,系特定条件下水解生成。三是王某以 γ-丁内酯为原料制造混合液体"果味香精 CD123",再以"果味香精 CD123"为原料通过特定方法制成"咔哇氿"饮料。在制造"咔哇氿"饮料过程中,虽然"果味香精 CD123"被饮料用水稀释,但鉴定意见显示成品饮料中γ-羟丁酸的含量却上升。综上,"咔哇氿"饮料中的γ-羟丁酸不是原料自然生成,而是王某通过加工生成。

针对第二条辩解及辩护意见,公诉人答辩指出：一是根据王某所作供述、通讯记录、网络搜索记录等证据,结合王某长期经营酒类、饮料工作经历,能够认定王某预谋用γ-丁内酯生成国家管制的γ-羟丁酸。二是王某通过长期实验制造出"咔哇氿"饮料,其不仅独自掌握配方,且在委托加工时刻意隐瞒使用γ-丁内酯的事实,具有隐蔽性和欺骗性,证实王某明知γ-丁内酯的特性及加工方法,仍将其作为原料加工生成γ-羟丁酸。三是王某委托生产时要求包装瓶上印刷"每日饮用量小于三瓶""饮用后不宜驾驶汽车"等提示,配料表上用"γ-氨基丁酸"掩盖"γ-羟丁酸",且将该饮料以远超"γ-氨基丁酸"类饮料价格销往娱乐场所,证实王某明知γ-羟丁酸的危害性,而将含有该成分的饮料销售。综上,现有证据足以证明王某具有制造、贩卖毒品的主观故意。

针对第三条辩解及辩护意见,公诉人答辩指出：超限量使用食品添加剂足以造成严重食物中毒事故的,可构成生产、销售不符合安全标准的食品罪。但本案中,王某明知γ-羟丁酸系国家管制的精神药品,在生产饮料过程中使用工业用的非食品原料γ-丁内酯生成γ-羟丁酸,以达到麻醉、致幻和成瘾的效果,其行为与生产、销售不符合安全标准的食品罪构成要件不符,应当认定为贩卖、制造毒品罪。

另外,公诉人当庭指出,被扣押的两套房产及人民币643万余元,其中有的房产登记在他人名下,部分资产存于他人账户,但均系王某的毒品犯罪所得,应当依法予以没收。

（四）处理结果

2020年6月22日,成都市青羊区人民法院作出一审判决,采纳成都市青羊区人民检察院的指控,以贩卖、制造毒品罪判处王某有期徒刑十五年,并处没收个人财产人民币四百二十七万元;依法没收扣押的用毒资购买的两套房产及违法所得、收益、孳息人民币六百四十三万余元。宣判后,王某提出上诉。2020年9月18日,成都市中级人民法院依法裁定驳回上诉,维持原判。

(五)制发检察建议

含新型毒品成分的饮料、食品向社会销售扩散,严重危害公众,特别是青少年的身心健康。针对主管部门监管不到位问题,成都市青羊区人民检察院从建立食品安全监管平台、开展综合整治、加强日常宣传及警示教育等方面,向食品安全监管部门制发检察建议。食品安全监管部门积极整改,对酒吧、KTV等娱乐场所加大监管力度,与卫生部门建立食品风险监测合作机制,加强了联合执法和饮料、食品安全监管。

【指导意义】

(一)对于生产、销售含有国家管制的麻醉药品、精神药品成分的食品的行为,应当区分不同情形依法惩处。行为人利用未被国家管制的化学品为原料,生产、销售含有国家管制的麻醉药品、精神药品成分的食品,明知该成分毒品属性的,应当认定为贩卖、制造毒品罪。行为人对化学品可生成毒品的特性或者相关成分毒品属性不明知,如果化学品系食品原料,超限量、超范围添加足以造成严重食物中毒事故或者其他严重食源性疾病的,依法构成生产、销售不符合安全标准的食品罪;如果化学品系有毒、有害非食品原料,依法构成生产、销售有毒、有害食品罪。行为人犯贩卖、制造毒品罪,同时构成生产、销售不符合安全标准的食品罪或者生产、销售有毒、有害食品罪的,应当按照处罚较重的罪名追究刑事责任。行为人对于相关毒品成分主观上是否明知,不能仅凭其口供,还应当根据其对相关物质属性认识、从业经历、生产制作工艺、产品标签标注、销售场所及价格等情况综合认定。

(二)办理新型毒品犯罪案件,应当审查涉案毒品含量。根据刑法第三百五十七条的规定,毒品数量以查证属实的走私、贩卖、运输、制造、非法持有毒品的数量计算,不以纯度折算。新型毒品混于饮料、食品中,往往含有大量水分或者其他物质,不同于传统毒品。检察机关应当综合考虑涉案新型毒品的纯度和致瘾癖性、社会危害性及其非法所得等因素,依法提出量刑建议。

（三）认真审查涉案财物性质及流转情况，依法追缴涉毒资产。追缴涉毒资产是惩治毒品犯罪的重要内容，对于提升惩治毒品犯罪质效具有重要意义。检察机关应当依法引导侦查机关及时对涉案资产进行查封、扣押，全面收集、固定证据。对于侦查机关移送的涉案资产，要着重审查性质、权属及流转，严格区分违法所得与合法财产、本人财产与其家庭成员的财产，并在提起公诉时提出明确的处置意见。对于毒品犯罪所得的财物及其孳息、收益和供犯罪所用的本人财物，应当依法予以追缴、没收。

【相关规定】

《中华人民共和国刑法》第六十四条、第一百四十三条、第一百四十四条、第三百四十七条、第三百五十七条

《中华人民共和国禁毒法》第二条、第二十一条、第二十五条、第五十九条

《麻醉药品和精神药品管理条例》（2016年2月6日修订）第三条、第四条

《最高人民法院关于审理毒品犯罪案件适用法律若干问题的解释》第一条

《最高人民检察院、公安部关于公安机关管辖的刑事案件立案追诉标准的规定（三）》第一条

《最高人民法院、最高人民检察院、公安部办理毒品犯罪案件毒品提取、扣押、称量、取样和送检程序若干问题的规定》第三十三条

马某某走私、贩卖毒品案

（检例第151号）

【关键词】

走私、贩卖毒品罪　麻醉药品、精神药品　主观明知　非法用途　贩卖毒品既遂

【要旨】

行为人明知系国家管制的麻醉药品、精神药品，出于非法用途走

私、贩卖的,应当以走私、贩卖毒品罪追究刑事责任。行为人出于非法用途,以贩卖为目的非法购买国家管制的麻醉药品、精神药品的,应当认定为贩卖毒品罪既遂。检察机关应当综合评价新型毒品犯罪的社会危害性,依法提出量刑建议。

【基本案情】

被告人马某某,男,1996年出生,原系某社区卫生服务中心药剂师。

2020年8月16日,马某某在网络上发布信息,称有三唑仑及其他违禁品出售。2021年4月16日,马某某通过网络向境外卖家求购咪达唑仑,并支付人民币1100元。后境外卖家通过快递将一盒咪达唑仑从德国邮寄至马某某的住处,马某某以虚构的"李某英"作为收件人领取包裹。

2021年4月20日至25日,马某某以名为"李医生"的QQ账号,与"阳光男孩"等多名QQ用户商议出售三唑仑、咪达唑仑等精神药品,马某某尚未卖出即于同年7月15日被民警抓获。民警在其住处查获透明液体12支(净重36ml,经鉴定,检出咪达唑仑成分)、蓝色片剂13粒(净重3.25mg,经鉴定,检出三唑仑成分)、白色片剂72粒(净重28.8mg,经鉴定,检出阿普唑仑成分)等物品。

【检察机关履职过程】

(一)引导取证

广东省广州市公安局海珠区分局以马某某涉嫌走私毒品罪提请批准逮捕。2021年8月20日,广州市海珠区人民检察院对其批准逮捕。根据走私类案件管辖规定,广州市人民检察院及时派出检察官介入侦查,引导取证。通过阅卷审查,承办检察官发现有较充分证据证明马某某实施了通过网络从境外购买、走私精神药品咪达唑仑的犯罪行为,但没有证据证明从其家中搜出的其他精神药品三唑仑、阿普唑仑的来源和用途。对于走私精神药品的目的,马某某时而称拟用于非法用途,时而称拟用于贩卖,可能同时存在走私和贩卖的行为。为查明其主观上是否明知药品性质及危害,广州市人民检察院发出意见书,引导侦查机关调取马某某任职情况、学历证书、网页截图、网络聊天记录等证据,并查清涉案精神药品的来源和用途。

(二)审查起诉

2021年10月12日,广州市公安局海珠区分局以马某某涉嫌走私毒品罪移送审查起诉。广州市海珠区人民检察院根据走私案件管辖规定,于2021年11月5日将案件报送广州市人民检察院。马某某的辩护人向检察机关提出意见认为,国家管制的麻醉药品和精神药品种类繁多,马某某案发时并不明知所购买的咪达唑仑、三唑仑等精神药品属于国家管制名录中的毒品,马某某的行为不构成毒品犯罪。

检察机关审查认为,一是涉案毒品均已列入向社会公布的《精神药品品种目录》,马某某作为药学专业毕业生和药剂师,具备专业知识,对于精神药品属性具有认知能力。二是据马某某供述,其明知涉案药物不能在市面上随意流通和购买,只能通过翻墙软件、借助境外网络聊天工具购买,并假报姓名作为收货人,通过隐秘手段付款,将精神药品走私入境。后马某某又在网上发布出售广告,称相关药品可用于非法用途,与多名买家商谈价格和发货方式。可见,马某某的行为构成走私、贩卖毒品罪。

经检察机关依法告知诉讼权利义务,马某某表示自愿认罪认罚。检察机关结合马某某的犯罪行为、目的、毒品效能及用量,提出了判处有期徒刑八个月,并处罚金的量刑建议。马某某在辩护人见证下自愿签署认罪认罚具结书。

2021年12月2日,广州市人民检察院以马某某涉嫌走私、贩卖毒品罪依法提起公诉。

(三)指控与证明犯罪

2021年12月3日,广州市中级人民法院依法公开开庭审理本案。被告人马某某对检察机关指控的事实、证据及量刑建议均无异议,当庭再次表示认罪认罚。马某某的辩护人认为,马某某自愿认罪悔罪,平时表现良好;涉案毒品数量少,未贩卖成功,也未实际使用,属于贩卖毒品未遂。

公诉人答辩指出,对于马某某的认罪态度、平时表现以及涉案毒品数量等情节,已在提出量刑建议时得到体现。马某某以贩卖为目的走私入境咪达唑仑等毒品,后又在网上发布出售毒品的信息,且与多名买家商谈交易事宜,根据相关司法解释性文件的规定,其行为已构成贩卖毒品罪既遂。

(四)处理结果

2022年2月18日,广州市中级人民法院作出一审判决,采纳检察机关的指控意见和量刑建议,以走私、贩卖毒品罪判处被告人马某某有期徒刑八个月,并处罚金人民币五千元。马某某未上诉,判决已生效。

【指导意义】

(一)审查涉案麻醉药品、精神药品的用途和行为人主观认知,依法认定走私、贩卖麻醉药品、精神药品行为的性质。麻醉药品、精神药品可以在医疗、教学、科研用途合法使用,也会被违法犯罪分子作为毒品使用。行为人向走私、贩卖毒品的犯罪分子或者吸毒人员贩卖国家管制的麻醉药品、精神药品,应当以贩卖毒品罪追究刑事责任。行为人出于其他非法用途,走私、贩卖国家管制的麻醉药品、精神药品,应当以走私、贩卖毒品罪追究刑事责任。行为人未核实购买人购买麻醉药品、精神药品具体用途,但知道其不是用于合法用途,为非法获利,基于放任的故意,向用于非法用途的人贩卖的,应当认定为贩卖毒品罪。对于"非法用途",可以从行为人买卖麻醉药品、精神药品是否用于医疗等合法目的予以认定。判断行为人对涉案毒品性质是否明知,除审查其供述外,还应结合其认知能力、学历、从业背景、是否曾有同类药物服用史、是否使用虚假身份交易等证据进行综合认定。

(二)准确认定非法贩卖国家管制的麻醉药品、精神药品行为的犯罪既遂。根据《最高人民检察院、公安部关于公安机关管辖的刑事案件立案追诉标准的规定(三)》的规定,贩卖毒品是指明知是毒品而非法销售或者以贩卖为目的而非法收买的行为。行为人出于非法用途,以贩卖为目的非法购买国家管制的麻醉药品、精神药品的,应当认定为贩卖毒品罪既遂。

(三)综合评价新型毒品犯罪行为的社会危害性,确保罪责刑相适应。涉案麻醉药品、精神药品往往具有数量小、纯度低等特点,检察机关提出量刑建议时,应当考虑毒品数量、折算比例、效能及浓度、交易价格、犯罪次数、违法所得、危害后果、行为人的主观恶性及人身危险性等各种因素。对于将麻醉药品和精神药品用于实施其他犯罪的,还应当考量其用途、可能作用的人数及后果、其他犯罪的社会危害性等,确保罪责刑相适应。

【相关规定】

《中华人民共和国刑法》第三百四十七条、第三百五十七条

《中华人民共和国禁毒法》第二条、第二十一条、第二十五条、第五十九条

《麻醉药品和精神药品管理条例》(2016年2月6日修订)第三条、第四条

《最高人民检察院、公安部关于公安机关管辖的刑事案件立案追诉标准的规定(三)》第一条

郭某某欺骗他人吸毒案
(检例第152号)

【关键词】

欺骗他人吸毒罪　麻醉药品、精神药品　情节严重　自行补充侦查　客观性证据审查

【要旨】

行为人明知系国家管制的麻醉药品、精神药品而向他人的饮料、食物中投放,欺骗他人吸食的,应当以欺骗他人吸毒罪追究刑事责任。对于有证据证明行为人为实施强奸、抢劫等犯罪而欺骗他人吸食麻醉药品、精神药品的,应当按照处罚较重的罪名追究刑事责任。检察机关应当加强自行补充侦查,强化电子数据等客观性证据审查,准确认定犯罪事实。

【基本案情】

被告人郭某某,男,1990年出生,原系某公司工程技术部副经理。

2015年,郭某某为寻求刺激,产生给其女友张某甲下"迷药"的想法。此后,郭某某通过网络了解药物属性后多次购买三唑仑、γ-羟丁酸。2015年至2020年间,郭某某趁张某甲不知情,多次将购买的"迷药"放入张某甲的酒水饮料中,致其出现头晕、恶心、呕吐、昏睡等症状。其中,2017年1月,郭某某将三唑仑片偷偷放入张某甲酒中让其饮下,致其昏迷两天。

2020年10月5日,郭某某邀请某养生馆工作人员张某乙及其同事王某某(均为女性)到火锅店吃饭。郭某某趁两人离开座位之际,将含有γ-羟丁酸成分的药水倒入两人啤酒杯中。后张某乙将啤酒喝下,王某某察觉味道不对将啤酒吐出。不久,张某乙出现头晕、呕吐、昏迷等症状,被送医救治。张某乙的同事怀疑郭某某下药,遂向公安机关报案。

【检察机关履职过程】

(一)引导取证

因案件涉及新型毒品犯罪,浙江省舟山市普陀区人民检察院应公安机关商请参与案件会商,根据郭某某给人下"迷药"的事实和证据,引导公安机关从欺骗他人吸毒罪的角度取证,重点调取涉案电子数据及书证。同时,检察机关发现郭某某属于国企工作人员,向公安机关提出收集、固定其岗位职责等方面的证据。2021年1月7日,公安机关以郭某某涉嫌欺骗他人吸毒罪立案侦查。

(二)审查起诉

2021年3月2日,舟山市公安局普陀区分局以郭某某涉嫌欺骗他人吸毒罪移送审查起诉。审查期间,郭某某辩解对张某甲未使用三唑仑片,对张某乙和王某某使用的"迷药"是在外地酒吧陌生人处购买的"拼酒药",不知道该药成分,认为可能是高度酒精。舟山市普陀区人民检察院以查证毒品来源为主线自行补充侦查,从郭某某上网记录海量电子数据中,发现了其购买药品的名称、药效、使用方法、支付方式、收货地址等诸多细节,最终查明了其在火锅店使用的γ-羟丁酸的来源,形成了客观性证据锁链。

舟山市普陀区人民检察院审查认为,郭某某明知三唑仑、γ-羟丁酸为国家管制的精神药品,仍在酒水饮料中掺入含上述成分的药物,欺骗多人吸食,其行为构成欺骗他人吸毒罪。郭某某作为国企工作人员,欺骗多人吸食毒品,按照相关司法解释规定,应当认定为刑法第三百五十三条第一款的规定"情节严重"的情形。

2021年4月28日,舟山市普陀区人民检察院以郭某某犯欺骗他人吸毒罪依法提起公诉,结合郭某某的认罪态度提出了判处其有期徒刑三年六个月,并处罚金的量刑建议。

(三)指控与证明犯罪

2021年6月3日、8月23日,舟山市普陀区人民法院两次依法不公开开庭审理本案。庭审中,郭某某不供认犯罪事实,称对所下药物的成分不明知,药物不是毒品。郭某某的辩护人认为,郭某某的行为不构成犯罪。理由:一是现有证据无法证实郭某某给张某甲下的药系三唑仑片;二是郭某某缺乏对其所下"迷药"属于毒品的认知;三是郭某某的行为构成自首;四是郭某某不是国家工作人员且在本案中未造成被害人成瘾,也未出现严重后果,属于情节显著轻微,可不作为犯罪处理。

公诉人答辩指出,郭某某的行为构成欺骗他人吸毒罪,且应认定为"情节严重"。一是涉案"迷药"为国家管制精神药品三唑仑和 γ-羟丁酸。郭某某的网络交易记录、浏览历史记录和聊天记录等客观性证据足以证明其所使用精神药品的药名、药效、购买方式等事实,特别是购买记录与作案时间的先后顺序和时间间隔对应,结合被害人张某甲、张某乙、王某某的陈述内容,就医症状和鉴定意见等,足以认定涉案"迷药"为国家管制的精神药品三唑仑和 γ-羟丁酸。二是郭某某主观上对"迷药"的性质和毒品性状具有明知。从郭某某与网络卖家的聊天记录、郭某某浏览相关药品信息以及其通过网上邮寄、假名收货的方式进行交易等情节,足以推定其明知此类药物的性质属于毒品。三是郭某某得知他人报案后虽主动投案,但到案后拒不供认主要犯罪事实,不构成自首。四是欺骗他人吸毒罪不需要具备特定的动机或目的,亦不要求造成实害结果,郭某某"为寻求感官刺激"而下药,未让被害人染上毒瘾等不成为否定其构成欺骗他人吸毒罪的抗辩理由。五是在案证据证实郭某某系国有公司管理人员,且欺骗多人吸毒,符合《最高人民法院关于审理毒品犯罪案件适用法律若干问题的解释》规定的"情节严重"的情形。

(四)处理结果

2021年8月26日,舟山市普陀区人民法院作出一审判决,采纳舟山市普陀区人民检察院的指控和量刑建议,以欺骗他人吸毒罪判处郭某某有期徒刑三年六个月,并处罚金人民币三千元。郭某某不服一审判决,提出上诉。同年11月16日,舟山市中级人民法院作出二审裁定,驳回上诉,维持原判。

【指导意义】

(一)准确认定欺骗他人吸食国家管制的麻醉药品、精神药品行为的性质。当前,一些不法分子给他人投放新型毒品的违法犯罪案件增多,社会危害性大。对于行为人明知系国家管制的麻醉药品、精神药品而向他人的饮料、食物中投放,欺骗他人吸食的,应当以欺骗他人吸毒罪追究刑事责任。对于有证据证明行为人为实施强奸、抢劫等犯罪而欺骗他人吸食麻醉药品、精神药品的,应当按照处罚较重的罪名追究刑事责任。

(二)针对不同情形,依法认定涉案麻醉药品、精神药品为毒品。麻醉药品、精神药品的镇静、安眠等药用功效,往往成为行为人抗辩其毒品属性的借口,对此检察机关应当严格审查。对于有证据证明行为人明知系国家管制的麻醉药品、精神药品,仍利用其毒品属性和用途的,应当依法认定相关物品为毒品;行为人对于涉案物品系毒品主观上是否明知,应当根据其年龄、职业、生活阅历、有无吸贩毒史以及对物品的交付、使用方式等证据,运用经验法则和逻辑规则综合分析判断。

(三)办理新型毒品犯罪案件,依法做好补充侦查工作。检察机关应当及时引导侦查机关对新型毒品成分、来源和用途等事实进行补充侦查,制作具体可行的补查提纲,跟踪落实补查情况。必要时,检察机关应当依法履行自行补充侦查职能,充分发掘客观性证据,尤其要重视电子数据的恢复、勘验、检索和提取,加强对电子数据的审查,全面、公正评价行为人实施的犯罪行为及后果。

【相关规定】

《中华人民共和国刑法》第三百五十三条第一款、第三百五十七条

《中华人民共和国禁毒法》第二条、第二十一条、第二十五条、第五十九条

《麻醉药品和精神药品管理条例》(2016年2月6日修订)第三条、第四条

《最高人民法院关于审理毒品犯罪案件适用法律若干问题的解释》第十一条

《最高人民检察院、公安部关于公安机关管辖的刑事案件立案追诉标准的规定(三)》第九条

何某贩卖、制造毒品案

(检例第153号)

【关键词】

贩卖、制造毒品罪　麻醉药品、精神药品　未管制原生植物侦查实验

【要旨】

行为人利用原生植物为原料,通过提炼等方法制成含有国家管制的麻醉药品、精神药品的物质,并予以贩卖的,应当认定为贩卖、制造毒品罪。办理新型毒品犯罪案件,检察机关应当依法引导侦查机关开展侦查实验,查明案件事实。

【基本案情】

被告人何某,男,1992年出生,原系某单位医务人员。

2018年1月至2019年6月间,被告人何某明知某类树皮含有国家管制的精神药品成分,为谋取非法利益,通过网络购买某类树皮,磨成粉末后按特定方法熬制成水溶液"死藤水",先后三次贩卖给袁某某、傅某某、汪某吸食,非法获利人民币1800元。2019年9月23

日,何某被公安机关抓获,在其住处查获某类树皮粉末,净重256.55克。

归案后,被告人何某检举揭发他人犯罪并查证属实。

【检察机关履职过程】

(一)引导取证

2019年9月1日,公安机关对何某涉嫌贩卖毒品罪立案侦查。公安机关认为,查获的树皮粉末中检出二甲基色胺,树皮粉末和制成的"死藤水"均是毒品,何某买入树皮加工成"死藤水"销售获利的行为构成贩卖毒品罪,其应当对查获的树皮粉末以及售出的"死藤水"的总数量承担刑事责任。

鉴于本案系新类型案件,应公安机关商请,江苏省南京市秦淮区人民检察院依法介入侦查。检察机关认为,某类树属于原生态天然植物,目前并未列入国家管制,并非毒品原植物,不能仅因其含有国家管制的麻醉药品或精神药品成分而直接认定为毒品;在树皮实物灭失无法鉴定的情况下,不能直接认定犯罪嫌疑人何某通过熬制等方式制作出的"死藤水"含有该种成分。检察机关建议公安机关开展侦查实验,并列明实验要求和注意事项。公安机关按照何某供述的制作方法和流程进行侦查实验,获取"死藤水"样本一份,现场提取、封存并形成侦查实验笔录,该份"死藤水"经送检后检出二甲基色胺成分。

(二)审查起诉

2021年5月11日,公安机关以何某涉嫌贩卖毒品罪移送审查起诉。南京市秦淮区人民检察院审查认为,除公安机关移送审查起诉的何某三次贩卖"死藤水"的犯罪事实外,何某从树皮提炼"死藤水"的行为还涉嫌制造毒品罪。在听取辩护人意见过程中,辩护人提出,无论是何某将树皮磨成粉末的行为,还是对树皮熬制提炼成"死藤水"的行为,都只包含物理方法,不存在化学加工行为,因此也没有产生与树皮有本质区别或是新的国家管制麻醉药品、精神药品成分,其行为不构成制造毒品罪。

检察机关审查认为:第一,制造毒品的行为不仅包括以化学方法加工、配制毒品的行为,还包括以改变毒品成分和效用为目的,用混合等物理方法加工、配制毒品的行为。何某通过特定方法对树皮粉末进行反复熬制,提炼出"死藤水",目的就是将其中的二甲基色胺从树皮粉末中溶解并浓缩至易于人体服用的液体中,从根本上改变了原树皮的天然状态和效用,该提炼行为将原生植物转变成"毒品",应认定为制造毒品的行为。同时,何某将制成的"死藤水"贩卖给他人吸食,应当以贩卖、制造毒品罪追究其刑事责任。第二,何某将树皮磨成粉末,改变了树皮的物理形状,未改变其内部成分比例和效用,不属于刑法意义上的"制造毒品"行为,故查获的树皮粉末系可用于制造毒品的"原料",不应当将其计入毒品数量。

经检察机关依法告知诉讼权利义务,何某自愿认罪认罚。检察机关据此提出对其判处有期徒刑一年九个月,并处罚金人民币三千元的量刑建议。何某在辩护人的见证下签署了认罪认罚具结书,认可检察机关指控的事实、罪名以及提出的量刑建议。

2021年7月1日,南京市秦淮区人民检察院以被告人何某犯贩卖、制造毒品罪依法提起公诉。

(三)指控与证明犯罪

2021年7月21日,南京市秦淮区人民法院依法公开开庭审理本案。庭审中,被告人何某对检察机关指控的事实、证据及量刑建议均无异议,当庭再次表示认罪认罚,希望从宽处理。辩护人对指控事实和定性不持异议,提出被告人何某贩卖、制造的毒品数量不多,有立功表现,社会危害性不大,建议宣告缓刑。

公诉人答辩指出,被告人何某多次贩卖含有国家管制的精神药品成分的"死藤水",且所贩卖的"死藤水"是其本人购入未管制原生植物的某类树皮作为原料,提炼其中的国家管制精神药品成分所制成,应当以贩卖、制造毒品罪追究其刑事责任。何某不仅制造毒品"死藤水"用于自吸,还多次向他人贩卖牟利,结合其犯罪性质及相关量刑情节,可以依法减轻处罚,但不宜适用缓刑。

(四)处理结果

2021年7月29日,南京市秦淮区人民法院作出一审判决,采纳检察机关的指控和量刑建议,以贩卖、制造毒品罪判处被告人何某有期徒刑一年九个月,并处罚金人民币三千元;依法没收扣押在案的"死藤水"、树皮粉末,追缴违法所得人民币一千八百元。宣判后,何某未提出上诉,判决已生效。

【指导意义】

(一)准确区分利用原生植物制成的毒品和未管制原生植物。根据禁毒法第十九条的规定,禁止非法种植罂粟、古柯植物、大麻植物以及国家规定管制的可以用于提炼加工毒品的其他原植物。以国家未管制但含有国家管制的麻醉药品、精神药品成分的原生植物为原料,通过特定方法,将植物中国家管制的麻醉药品、精神药品成分提炼制成相关物质,相关物质具有使人形成瘾癖的毒品特征,应当认定为毒品。对于未被国家管制的原生植物,以及通过研磨等方式简单改变外在形态的植物载体,虽含有国家管制的麻醉药品、精神药品成分,不认定为毒品。

(二)依法认定从未管制原生植物中提炼麻醉药品、精神药品成分行为的性质。根据《最高人民检察院、公安部关于公安机关管辖的刑事案件立案追诉标准的规定(三)》的规定,制造毒品是指非法利用毒品原植物直接提炼或者用化学方法加工、配制毒品,或者以改变毒品成分和效用为目的,用混合等物理方法加工、配制毒品的行为。行为人明知某类植物系未被国家管制的原生植物,但含有国家管制的麻醉药品、精神药品成分,采取特定方法提炼出植物中国家管制的麻醉药品、精神药品成分,改变了原生植物的物理形态,使其具备毒品效用,应当认定为制造毒品行为。行为人从未管制原生植物中提炼出毒品并予以贩卖的,应当认定为贩卖、制造毒品罪。

(三)办理新型毒品犯罪案件,应当充分运用有效的侦查方法。检察机关应当引导侦查机关采取各项侦查措施,全面收集、固定新型毒品犯罪案件关于主观明知和制造、贩卖行为认定等方面的证据。在制造毒品方法存疑等情形下,根据案件具体情况,引导侦查机关开展侦查实验,列明实验要求和注意事项,依法及时固定证据,以查明案件事实。

【相关规定】

《中华人民共和国刑法》第三百四十七条、第三百五十七条

《中华人民共和国刑事诉讼法》(2018年10月26日修正)第一百三十五条

《中华人民共和国禁毒法》第二条、第十九条、第二十一条、第二十五条、第五十九条

《麻醉药品和精神药品管理条例》(2016年2月6日修订)第三条、第四条

《最高人民检察院、公安部关于公安机关管辖的刑事案件立案追诉标准的规定(三)》第一条

附录三 典型案例

最高人民法院发布2019年十大毒品(涉毒)犯罪典型案例

案例1

施镇民、林少雄制造毒品案
——纠集多人制造毒品数量特别巨大,罪行极其严重

(一)基本案情

被告人施镇民,男,汉族,1973年1月27日出生,无业。

被告人林少雄,男,汉族,1970年11月2日出生,无业。

2015年6月,被告人施镇民、林少雄密谋合伙制造甲基苯丙胺(冰毒),商定施镇民出资8万元,负责购买主要制毒原料及设备等,林少雄出资20万元,负责租赁场地和管理资金。同年7月,施镇民纠集郑大江、刘广、柯森(均系同案被告人,已判刑)参与制毒。郑大江提出参股,后通过施镇民交给林少雄42万元。施镇民自行或安排

郑大江购入部分制毒原料、工具。林少雄租下广东省揭阳市揭东区锡场镇的一处厂房作为制毒工场,纠集林海滨、黄海光(均系同案被告人,已判刑)协助制毒,并购入部分制毒配料、工具。同月20日晚,施镇民以每袋7.8万元的价格向吴元木、俞天富(均系同案被告人,已判刑)购买10袋麻黄素,并通知林少雄到场支付40万元现金作为预付款。林少雄将麻黄素运至上述制毒工场后,施镇民、林少雄组织、指挥郑大江、刘广、柯森、林海滨、黄海光制造甲基苯丙胺。同月23日23时许,公安人员抓获正在制毒的施镇民、林少雄等七人,当场查获甲基苯丙胺约149千克,含甲基苯丙胺成分的固液混合物和液体共计约621千克,以及一批制毒原料和工具。

(二)裁判结果

本案由广东省揭阳市中级人民法院一审,广东省高级人民法院二审。最高人民法院对本案进行了死刑复核。

法院认为,被告人施镇民、林少雄结伙制造甲基苯丙胺,其行为均已构成制造毒品罪。施镇民、林少雄分别纠集人员共同制造甲基苯丙胺,数量特别巨大,社会危害极大,罪行极其严重,且二人在共同犯罪中均起主要作用,系主犯,均应按照其所组织、指挥和参与的全部犯罪处罚。据此,依法对被告人施镇民、林少雄均判处并核准死刑,剥夺政治权利终身,并处没收个人全部财产。

罪犯施镇民、林少雄已于2018年12月13日被依法执行死刑。

(三)典型意义

据统计,甲基苯丙胺已取代海洛因成为我国滥用人数最多的毒品种类,国内制造甲基苯丙胺等毒品的犯罪形势也较为严峻,在部分地方尤为突出。本案就是一起典型的大量制造甲基苯丙胺犯罪案件。被告人施镇民、林少雄分别纠集人员共同制造甲基苯丙胺,专门租赁场地作为制毒场所,大量购置麻黄素等制毒原料及各种制毒设备、工具,公安人员在制毒场所查获成品甲基苯丙胺约149千克,另查获含甲基苯丙胺成分的液体和固液混合物约621千克,所制造的毒品数量特别巨大。制造毒品犯罪属于刑事政策上应予严惩的重点类型,人民法院根据二被告人犯罪的事实、性质和具体情节,依法对二人均判处死刑,体现了对源头性毒品犯罪的严厉惩处,充分发挥了刑罚的威慑作用。

案例 2

赵云华贩卖、运输毒品案
——跨省贩卖、运输毒品数量巨大,且系累犯、
毒品再犯,罪行极其严重

(一)基本案情

被告人赵云华,男,汉族,1963 年 3 月 1 日出生,无业。1981 年 10 月因犯盗窃罪被判处有期徒刑二年;1996 年 5 月因犯贩卖毒品罪被判处有期徒刑一年;2005 年 3 月 7 日因犯贩卖毒品罪被判处有期徒刑十五年,剥夺政治权利五年,并处没收财产人民币二万元;2015 年 11 月 28 日刑满释放。

2016 年 11 月 24 日早晨,陆慧琴(同案被告人,已判刑)雇车与被告人赵云华一起从上海市出发前往广东省。赵云华与严某某(在逃)联系后,严某某及其子严进鸿(同案被告人,已判刑)驾车在广东省粤东高速公路普宁市池尾出口接应赵云华等人。同月 25 日上午,赵云华、陆慧琴分别让他人向陆慧琴的银行卡汇款 32 万元、5 万元。陆慧琴从银行取款后,赵云华、陆慧琴将筹集的现金共计 40 万元交给严某某父子。后严进鸿搭乘赵云华等人的车,指挥司机驶入返回上海市的高速公路。途中,严进鸿让司机在高速公路某处应急车道停车,事先在该处附近等待的严某某将 2 个装有毒品的黑色皮包交给赵云华、陆慧琴。当日 23 时 30 分许,赵云华等人驾车行至福建省武平县闽粤高速检查站入闽卡口处时,例行检查的公安人员从该车后排的 2 个黑色皮包中查获甲基苯丙胺(冰毒)11 袋,净重 10 002.6 克,赵云华、陆慧琴被当场抓获。

(二)裁判结果

本案由福建省龙岩市中级人民法院一审,福建省高级人民法院

二审。最高人民法院对本案进行了死刑复核。

法院认为,被告人赵云华以贩卖为目的,伙同他人非法购买并运输甲基苯丙胺,其行为已构成贩卖、运输毒品罪。在共同犯罪中,赵云华联系毒品上家,积极筹集毒资且为主出资,参与支付购毒款、交接和运输毒品,起主要作用,系罪责最为严重的主犯,应当按照其所参与的全部犯罪处罚。赵云华伙同他人跨省贩卖、运输甲基苯丙胺10余千克,毒品数量巨大,罪行极其严重,且其曾两次因犯贩卖毒品罪被判处有期徒刑以上刑罚,在刑罚执行完毕后不足一年又犯贩卖、运输毒品罪,系累犯和毒品再犯,主观恶性深,人身危险性大,应依法从重处罚。据此,依法对被告人赵云华判处并核准死刑,剥夺政治权利终身,并处没收个人全部财产。

罪犯赵云华已于2019年2月22日被依法执行死刑。

(三)典型意义

近年来,内地省份的犯罪分子前往广东省购买毒品后运回当地进行贩卖,已成为我国毒品犯罪的一个重要特点。与此同时,公安机关加大了执法查缉力度,一些案件得以在运输途中被破获。本案就是一起典型的犯罪分子驾车从外省前往广东省购买毒品,携毒返程途中被查获的案件。被告人赵云华伙同他人跨省贩卖、运输甲基苯丙胺数量巨大,社会危害极大,且系共同犯罪中罪责最重的主犯,又系累犯和毒品再犯,主观恶性和人身危险性大。人民法院根据赵云华犯罪的事实、性质和具体情节,依法对其判处死刑,体现了对此类毒品犯罪的严惩。

案例3

杨有昌贩卖、运输毒品、赵有增贩卖毒品案
——大量贩卖、运输新精神活性物质,依法从严惩处

(一)基本案情

被告人杨有昌,男,汉族,1972年3月25日出生,个体经营者。

被告人赵有增,男,汉族,1982年8月19日出生,公司法定代表人。

被告人杨有昌、赵有增长期从事化学品研制、生产、销售及化学品出口贸易工作。2015年4月,杨有昌租用江苏省宜兴市中宇药化技术有限公司的设备、场地进行化学品的研制、生产及销售。其间,杨有昌雇用他人生产包括N-(1-甲氧基羰基-2-甲基丙基)-1-(5-氟戊基)吲唑-3-甲酰胺(简称5F-AMB)在内的大量化工产品并进行销售。同年10月1日,5F-AMB被国家相关部门列入《非药用类麻醉药品和精神药品管制品种增补目录》,禁止任何单位和个人生产、买卖、运输、使用、储存和进出口。2016年1月,赵有增与杨有昌在明知5F-AMB已被国家相关部门列管的情况下,仍商定杨有昌以每千克2 200元左右的价格向赵有增贩卖150千克5F-AMB。同月22日,杨有昌根据赵有增的要求,安排他人将约150千克5F-AMB从宜兴市运送至浙江省义乌市,后赵有增将钱款汇给杨有昌。

2016年3月28日,被告人杨有昌用约1千克5F-AMB冒充MMBC贩卖给李某某(另案处理),后在李某某安排他人寄出的邮包中查获477.79克5F-AMB。

2016年8月和9月,被告人杨有昌、赵有增先后被抓获。公安人员从杨有昌租用的中宇药化技术有限公司冷库内查获33.92千克5F-AMB。

(二)裁判结果

本案由江苏省南京市中级人民法院一审,江苏省高级人民法院二审。

法院认为,被告人杨有昌明知5F-AMB被国家列入毒品管制仍予以贩卖、运输,其行为已构成贩卖、运输毒品罪。被告人赵有增明知5F-AMB被国家列入毒品管制仍大量购买,其行为已构成贩卖毒品罪。杨有昌贩卖、运输5F-AMB约184千克,赵有增贩卖5F-AMB约150千克,均属贩卖毒品数量大,应依法惩处。据此,依法对被告人杨有昌、赵有增均判处死刑,缓期二年执行,剥夺政治权利终身,并处没收个人全部财产。

上述裁判已于 2019 年 2 月 22 日发生法律效力。

(三)典型意义

新精神活性物质通常是不法分子为逃避法律管制,修改被管制毒品的化学结构而得到的毒品类似物,具有与管制毒品相似或更强的兴奋、致幻、麻醉等效果,被联合国毒品与犯罪问题办公室确定为继海洛因、甲基苯丙胺之后的第三代毒品,对人体健康危害很大。本案所涉毒品 5F-AMB 属于合成大麻素类新精神活性物质,于 2015 年 10 月 1 日被国家相关部门列入《非药用类麻醉药品和精神药品管制品种增补目录》。人民法院根据涉案新精神活性物质的种类、数量、危害和被告人杨有昌、赵有增犯罪的具体情节,依法对二被告人均判处死刑缓期二年执行,体现了对此类犯罪的从严惩处。

案例 4

李军贩卖毒品案
——利用网络向外籍人员贩卖大麻,依法惩处

(一)基本案情

被告人李军,男,汉族,1980 年 3 月 9 日出生,无业。

被告人李军起意贩卖大麻后,在社交网络上发布大麻图片,吸引他人购买。浙江省苍南县某英语培训机构的一名外籍教员在社交网络上看到李军发布的大麻照片后点赞,李军便询问其是否需要,后二人互加微信,并联系大麻交易事宜。2017 年 11 月至 2018 年 10 月间,李军先后 31 次卖给对方共计 141 克大麻,得款 1.7 万余元。经鉴定,查获的检材中检出四氢大麻酚、大麻二酚、大麻酚成分。

(二)裁判结果

本案由浙江省平阳县人民法院审理。

法院认为,被告人李军明知大麻是毒品而贩卖,其行为已构成贩卖毒品罪,且多次贩卖,属情节严重,应依法惩处。鉴于李军归案后

能如实供述自己的罪行,可从轻处罚。据此,依法对被告人李军判处有期徒刑四年,并处罚金人民币一万六千元。

宣判后,在法定期限内没有上诉、抗诉,上述裁判已于2019年4月9日发生法律效力。

(三)典型意义

大麻属于传统毒品,我国对大麻类毒品犯罪的打击和惩处从未放松。但目前,一些国家推行所谓大麻"合法化",这一定程度对现有国际禁毒政策产生冲击,也容易让部分外籍人员对我国的全面禁毒政策产生某种误解。本案就是一起通过网络向国内的外籍务工人员贩卖大麻的典型案件。被告人李军在社交网络上发布大麻照片吸引买家,而购毒人员系外籍教员。在案证据显示,此人称在其本国吸食大麻并不违法。但李军明知大麻在中国系禁止贩卖、吸食的毒品,仍通过网络出售给他人,已构成贩卖毒品罪,且属情节严重,人民法院对其依法判处了刑罚。此类案件对在中国境内的留学生、外籍务工人员以及赴外留学的中国青年学生都有警示作用。

案例 5

梁力元非法利用信息网络、非法持有毒品、汪庆贩卖毒品案
——非法利用网络平台组织视频吸毒,依法惩处

(一)基本案情

被告人梁力元,男,汉族,1974年1月2日出生,无业。

被告人汪庆,女,汉族,1970年10月1日出生,无业。2015年8月27日因犯非法持有毒品罪被判处拘役三个月,并处罚金人民币一千元。

2016年底至2017年初,被告人梁力元加入名流汇、CF中国网络平台,在平台中以视频方式与他人共同吸食甲基苯丙胺(冰毒)。2017年3月,梁力元主动联系网络技术员"OV",重新架设名流汇视

频网络平台,通过名流汇的 QQ 群及 QQ 站务群对平台进行管理,交付网络维护费、服务器租赁费等,发展平台会员,并对平台内的虚拟房间进行管理。经查,该平台在此期间以虚拟房间形式组织大量吸毒人员一起视频吸毒,居住在苏州的陆某、梁某(已另案判刑)等人通过该平台达成毒品买卖意向并在线下交易毒品。

2017 年 5 月 9 日,被告人梁力元在吉林省白山市被抓获,公安人员从其驾驶的汽车内查获甲基苯丙胺 2 包,净重 11.28 克。

被告人汪庆自 2016 年起在组织吸毒活动的名流汇视频平台等非法网络中进行活动,并结识吸毒人员刘某某。2016 年 12 月至 2017 年 2 月间,汪庆先后 3 次通过微信收取刘某某支付的毒资共计 4 500 元,向刘某某贩卖甲基苯丙胺共 24 克,从中获利 900 元。

(二)裁判结果

本案由江苏省苏州市吴中区人民法院一审,苏州市中级人民法院二审。

法院认为,被告人梁力元利用信息网络设立用于组织他人吸食毒品等违法犯罪活动的网站、通讯群组,情节严重,其行为已构成非法利用信息网络罪;梁力元非法持有甲基苯丙胺数量较大,其行为又构成非法持有毒品罪。对梁力元所犯数罪,应依法并罚。被告人汪庆明知是毒品而贩卖,其行为已构成贩卖毒品罪。汪庆曾因犯非法持有毒品罪被判刑,现又犯贩卖毒品罪,系毒品再犯,应依法从重处罚。据此,依法对被告人梁力元以非法利用信息网络罪判处有期徒刑一年,并处罚金人民币一万元,以非法持有毒品罪判处有期徒刑九个月,并处罚金人民币二千元,决定执行有期徒刑一年六个月,并处罚金人民币一万二千元;对被告人汪庆以贩卖毒品罪判处有期徒刑九年,并处罚金人民币二万元。

上述裁判已于 2018 年 11 月 2 日发生法律效力。

(三)典型意义

信息网络技术促进了经济发展,便利了社会生活,但网络自身的快速、大量传播等特点也容易被一些不法分子利用,使网络平台成为实施违法犯罪活动的场所和工具。近年来利用信息网络组织吸毒、交易毒品的案件时有发生,危害很大。为有效打击此类犯罪行为,2015年11月1日施行的《刑法修正案(九)》增设了非法利用信息网络罪,2016年4月11日实施的《最高人民法院关于审理毒品犯罪案件适用法律若干问题的解释》第十四条也规定,利用信息网络设立用于组织他人吸食、注射毒品等违法犯罪活动的网站、通讯群组,情节严重的,以非法利用信息网络罪定罪处罚。本案被告人梁力元重新架设并管理维护视频网络平台,发展平台会员人数众多(加入会员需视频吸毒验证),以虚拟房间形式组织大量吸毒人员一起视频吸毒,并间接促成线下毒品交易,已有部分会员因犯贩卖毒品罪被判刑,其犯罪行为属于非法利用信息网络"情节严重"。被告人汪庆通过非法网络平台结识吸毒人员后进行线下毒品交易,贩卖毒品数量较大。人民法院依法对二被告人判处了刑罚。

案例6

谢元庆非法持有毒品、容留他人吸毒案
——容留多名未成年人吸毒,依法惩处

(一)基本案情

被告人谢元庆,男,汉族,1990年10月26日出生,农民。

2018年3月26日凌晨,被告人谢元庆在广西壮族自治区陆川县大桥镇家中,容留梁某某、吕某甲、吕某乙、王某甲及未成年人李某某、陈某、王某乙、吕某丙等8人吸食毒品。当日14时许,公安人员对该房间进行例行检查时,将谢元庆及上述8名吸毒人员抓获,当场从谢元庆的电脑台抽屉内查获1包甲基苯丙胺(冰毒),重526.5克。经依法对上述人员进行尿液检测,检测结果均呈氯胺酮阳性。

(二)裁判结果

本案由广西壮族自治区陆川县人民法院审理。

法院认为,被告人谢元庆非法持有毒品数量大,其行为已构成非法持有毒品罪;谢元庆提供场所容留多人吸食毒品,其行为又构成容

留他人吸毒罪。谢元庆非法持有甲基苯丙胺数量大,且容留多名未成年人吸毒,应依法惩处。鉴于其归案后如实供述自己的罪行,可从轻处罚。对其所犯数罪,应依法并罚。据此,依法对被告人谢元庆以非法持有毒品罪判处有期徒刑八年,并处罚金人民币五千元;以容留他人吸毒罪判处有期徒刑一年,并处罚金人民币二千元,决定执行有期徒刑八年六个月,并处罚金人民币七千元。

宣判后,在法定期限内没有上诉、抗诉,上述裁判已于2019年1月7日发生法律效力。

(三) 典型意义

近年来,容留他人吸毒案件发案率较高,吸毒人员低龄化特征也较为明显。未成年人心智尚未成熟,一旦沾染毒品,极易造成身体和心理的双重依赖,进而诱发侵财、伤害等违法犯罪行为,对个人、家庭和社会都会造成很大危害。本案是一起容留多名未成年人吸毒的典型案件。被告人谢元庆本身系吸毒人员,其从一名毒品受害者演变成一名毒品传播者,一次容留4名成年人、4名未成年人在其家中吸毒,且非法持有毒品数量大。人民法院根据其犯罪的事实、性质和具体情节依法判处刑罚,体现了对未成年人的保护,也对预防未成年人违法犯罪有警示作用。

案例 7

李德森非法生产、买卖制毒物品案
——非法生产、买卖邻酮,数量特别巨大,依法惩处

(一) 基本案情

被告人李德森,男,汉族,1982年8月3日出生,农民。

2015年冬天,边某某(已另案判刑)与王某某结识并商定非法生产制毒物品邻氯苯基环戊酮(简称邻酮),王某某负责提供部分原料、指导设备安装及生产、联系买家等,边某某负责提供厂房、设备、资金、组织人员生产等。2016年3月,边某某纠集被告人李德森等人租

用山东省惠民县胡集镇一闲置厂房开始承建化工厂。其间,边某某与李德森商定,由李德森出资建厂生产,后期双方分红。同年3月至6月,李德森陆续出资25万余元,多次到工厂查看进度,并前往江苏省盐城市接送王某某。同年6月,李德森将生产出的800千克邻酮运至山东省淄博市临淄区,由边某某等人通过物流发往河北省石家庄市,后边某某给李德森25.5万元现金。同年7月12日,公安人员在上述工厂附近隐藏的车辆上查获邻酮373千克。

(二)裁判结果

本案由山东省惠民县人民法院一审,山东省滨州市中级人民法院二审。

法院认为,被告人李德森非法生产、买卖制毒物品邻酮的行为已构成非法生产、买卖制毒物品罪。李德森明知他人非法生产、买卖邻酮而积极参与投资建厂、接送人员等,生产、买卖邻酮共计约1 173千克,情节特别严重,应依法惩处。据此,依法对被告人李德森判处有期徒刑八年,并处罚金人民币八万元。

上述裁判已于2018年11月15日发生法律效力。

(三)典型意义

近年来,受制造毒品犯罪影响,我国制毒物品犯罪问题也较为突出。为遏制制毒物品犯罪的蔓延,增强对源头性毒品犯罪的打击力度,2015年11月1日起施行的《刑法修正案(九)》完善了制毒物品犯罪的规定,增设了非法生产、运输制毒物品罪。本案是一起比较典型的非法生产、买卖邻酮的案件。邻酮是合成羟亚胺的重要原料,而羟亚胺可用于制造毒品氯胺酮。本案被告人李德森犯罪所涉邻酮数量特别巨大,根据《最高人民法院关于审理毒品犯罪案件适用法律若干问题的解释》第八条的规定,其犯罪行为属情节特别严重。人民法院根据李德森犯罪的事实、性质和具体情节依法判处刑罚,体现了对源头性毒品犯罪的坚决打击。

案例 8

李华富故意杀人案
——有长期吸毒史,持刀杀死邻居夫妇2人,
罪行极其严重

(一)基本案情

被告人李华富,男,汉族,1981年7月9日出生,农民。2007年7月19日因犯故意伤害罪被判处有期徒刑三年,缓刑五年;2013年3月11日因犯盗窃罪被判处有期徒刑十一个月,并处罚金人民币二千元,同年11月7日刑满释放;2014年4月10日因犯盗窃罪被判处拘役三个月,并处罚金人民币一千元。

被告人李华富住四川省安岳县护龙镇聪明村,有长期吸毒史,因琐事对邻居伍某某(被害人,男,殁年53岁)、游某某(被害人,女,殁年52岁)夫妇素有不满。2016年6月14日18时许,李华富携带尖刀到伍某某家,见伍某某夫妇在堂屋看电视,即持刀捅刺伍某某的左肩部、右胸部等处数刀,捅刺游某某的胸部、腰背部等处数刀,致伍某某、游某某二人死亡。随后李华富返回家中烧毁了作案所穿裤子、胶鞋,清洗了作案工具尖刀,并将此事告知家人。李华富之父报警后,公安人员赶到李家将李华富抓获。经鉴定,李华富患有精神活性物质所致精神障碍,对其上述行为具有刑事责任能力。

(二)裁判结果

本案由四川省资阳市中级人民法院原审、四川省高级人民法院复核审。最高人民法院对本案进行了死刑复核。

法院认为,被告人李华富故意非法剥夺他人生命,其行为已构成故意杀人罪。李华富因琐事而起意行凶,到邻居家中杀死2名被害人,犯罪情节恶劣,后果和罪行极其严重,社会危害大,且其曾因犯盗窃罪被判处有期徒刑以上刑罚,刑罚执行完毕后五年内又犯故意杀人罪,系累犯,应依法从重处罚。虽然李华富有自首情节,但综合其犯罪的事实、性质和具体情节,不足以对其从轻处罚。据此,依法对

被告人李华富判处并核准死刑,剥夺政治权利终身。

罪犯李华富已于 2018 年 7 月 27 日被依法执行死刑。

(三)典型意义

毒品具有刺激兴奋、致幻等作用,可导致吸食者出现兴奋、狂躁、幻视、幻听、被害妄想等症状,进而导致自伤自残或对他人实施暴力犯罪。近年来,因吸毒诱发的故意杀人、故意伤害等恶性案件屡有发生,严重危害社会治安,教训十分深刻。本案就是一起因长期吸毒导致精神障碍,进而诱发故意杀人的典型案例。在案证据显示,被告人李华富有长期吸毒史,出现吸毒导致的幻想等症状,并伴有行为异常。李华富因琐事对邻居夫妇不满,案发当日持尖刀进入邻居家中杀死伍某某、游某某夫妇 2 人,犯罪情节恶劣,后果和罪行极其严重。经鉴定,李华富对其实施的行为具有刑事责任能力。李华富虽有自首情节,但根据本案的具体情况不足以从轻处罚。该案充分反映出毒品对个人和社会的严重危害,尤其值得吸毒者深刻警醒。

案例 9

姚永良以危险方法危害公共安全、妨害公务案
——吸毒后驾驶机动车任意冲撞,并撞击执行公务的警车,依法惩处

(一)基本案情

被告人姚永良,男,汉族,1972 年 10 月 10 日出生,务工人员。

2017 年 5 月 28 日下午至 29 日凌晨,被告人姚永良在云南省瑞丽市某公司宿舍内吸食甲基苯丙胺(冰毒)。29 日 5 时许,姚永良和姚某某驾驶一辆皮卡车从瑞丽市行至云南省芒市。当行至芒市人民医院路边时,姚永良怀疑姚某某对其不利,遂用长刀威胁姚某某并将姚某某赶下车,自己驾车在芒市城区行驶。其间,姚永良手持长刀对着路人及路上车辆挥舞。当日 7 至 8 时许,姚永良先后在芒市阔时路菜市场门口、造纸厂环岛驾车撞击车牌号为云 NC5765、云 NH8977

的车辆,致二车受损。处警民警在造纸厂环岛附近驾驶警车追赶姚永良所驾车辆,并通过车载扩音器多次向姚永良喊话,让其停车接受检查。姚永良拒不停车,在造纸厂环岛旁驾车撞向正在现场执行处警任务的辅警杨某某,杨某某及时躲避。后姚永良继续驾车在造纸厂环岛撞击民警杨某驾驶的车牌号为云 N0475 的警车,致该车受损。8 时 17 分,姚永良驾车在造纸厂环岛撞击一辆电动车,致车上的潘某某、裴某某受伤,该车受损。民警来到姚永良驾驶的车辆旁让其停车,姚永良不听从民警指令,继续驾车前行。民警鸣枪示警无效后,开枪将姚永良击伤制服。经鉴定,潘某某、裴某某的伤情构成轻微伤;受损的 3 辆汽车、1 辆电动车修理费共计 7 550 元。

(二)裁判结果

本案由云南省芒市人民法院一审,云南省德宏傣族景颇族自治州中级人民法院二审。

法院认为,被告人姚永良吸食毒品后,在公共道路上以驾车任意冲撞的危险方法危害公共安全,其行为已构成以危险方法危害公共安全罪;姚永良以暴力方法阻碍国家机关工作人员依法执行职务,其行为又构成妨害公务罪。姚永良拒不听从民警指令,驾车撞向执行公务民警驾驶的警车,属暴力袭击正在依法执行职务的人民警察,应依法从重处罚。鉴于姚永良当庭自愿认罪,态度较好,有悔罪表现,可从轻处罚。对姚永良所犯数罪,应依法并罚。据此,依法对被告人姚永良以以危险方法危害公共安全罪判处有期徒刑四年;以妨害公务罪判处有期徒刑一年,决定执行有期徒刑四年六个月。

上述裁判已于 2018 年 4 月 9 日发生法律效力。

(三)典型意义

甲基苯丙胺类合成毒品具有中枢神经兴奋、致幻等作用,吸食后会产生感知错位、注意力无法集中、幻视幻听等症状,此种情形下驾驶机动车极易肇事肇祸,造成严重危害后果。本案就是一起吸毒后驾驶机动车危害公共安全并妨害公务的典型案例。被告人姚永良吸毒后不顾人民群众的生命财产安全,驾车在市区任意冲撞,致 2 人受伤、多辆汽车受损、多名群众受到惊吓,还拒不听从民警指令,驾车撞向执行公务民警驾驶的警车和辅警,暴力阻碍警察执法,造成恶劣社会影响。人民法院根据姚永良犯罪的事实、性质和危害后果等具体情节,对其依法判处了刑罚。

案例 10

李建贩卖毒品案
——对取证瑕疵能够作出合理解释的,
可以依法采纳相关证据

(一)基本案情

被告人李建,男,汉族,1991年4月11日出生,务工人员。2013年1月16日因犯寻衅滋事罪被判处有期徒刑一年,同年5月13日刑满释放。

2017年4月5日、7日,被告人李建通过微信等方式与吸毒人员林某某商谈毒品交易事宜后,在福建省霞浦县一小区先后两次向林某某出售甲基苯丙胺(冰毒)各1包,收取毒资250元。同月8日12时许,李建在霞浦县松港街道欲再次向林某某出售甲基苯丙胺时被当场抓获。公安人员从李建身上查获2小包甲基苯丙胺,重1.59克,从李建住处卧室床头柜的抽屉内查获10小包甲基苯丙胺,共计重约28.07克。

(二)裁判结果

本案由福建省霞浦县人民法院一审,福建省宁德市中级人民法院二审。

法院在审理中发现本案取证程序存在一定问题,如,侦查人员搜查现场时未出示搜查证,现场勘查笔录和扣押物品清单对毒品包数和位置的记载不一致。对此,公安机关出具了工作说明,并有相关侦查人员当庭作出合理解释,再结合本案视听资料及搜查时在场的两名证人的证言,相关证据可以采纳。法院认为,被告人李建明知是毒品而贩卖,其行为已构成贩卖毒品罪。李建多次贩卖甲基苯丙胺共计约 30 克,且其曾因犯寻衅滋事罪被判处有期徒刑以上刑罚,在刑罚执行完毕后五年内又犯应当判处有期徒刑以上刑罚之罪,系累犯,应依法从重处罚。据此,依法对被告人李建判处有期徒刑十一年九个月,并处罚金人民币五千元。

上述裁判已于 2018 年 10 月 8 日发生法律效力。

(三) 典型意义

依法全面、规范地收集、提取证据,确保案件证据质量,是有力打击毒品犯罪的基础和前提。毒品犯罪隐蔽性较强,证据收集工作有一定特殊性,对于不属于非法取证情形的证据瑕疵,通过补查补正或者作出合理解释,可以依法采纳相关证据。本案侦查人员在搜查时未出示搜查证,现场勘查笔录与扣押清单中对毒品包数和查获毒品位置的记载不完全一致,但通过侦查机关出具说明、调取在场证人的证言、侦查人员出庭作证等方式,使得证据瑕疵得到合理解释,能够确认相关证据的真实性,体现了审判阶段对取证规范性的严格要求,有利于确保毒品犯罪案件的证据质量。

最高人民法院发布 2020 年十大毒品 (涉毒) 犯罪典型案例

案例 1

吴筹、吴海柱贩卖、运输、制造毒品案
——纠集多人制造、运输、贩卖毒品数量特别巨大,
　罪行极其严重

(一) 基本案情

被告人吴筹,男,汉族,1972 年 8 月 17 日出生,农民。

被告人吴海柱,男,汉族,1964 年 10 月 23 日出生,农民。

2015 年 11 月,被告人吴筹、吴海柱与吴某甲(在逃)、张伟健(同案被告人,已判刑)等在广东省陆丰市预谋共同出资制造甲基苯丙胺

（冰毒），吴某甲纠集陈江彬、吴佳瑞（均系同案被告人，已判刑）参与。后吴筹等人租下广东省四会市的一处厂房作为制毒工场，并将制毒原料、工人从陆丰市运到该处，开始制造甲基苯丙胺。

同年12月5日凌晨，被告人吴筹、吴海柱和吴某甲指使张伟健、陈江彬驾车将制出的24箱甲基苯丙胺运往高速公路入口处，将车交给吴佳瑞开往广东省惠来县。吴海柱、陈江彬与吴筹、吴某甲分别驾车在前探路。后吴海柱指使吴佳瑞在惠来县隆江镇卸下7箱毒品交给他人贩卖，另转移4箱毒品到自己车上。吴佳瑞将车开到陆丰市甲子镇，吴某乙（另案处理）取走该车上剩余的13箱毒品用于贩卖。

同月10日，被告人吴筹经与吴某甲、吴某乙等密谋后，由张伟健从制毒工场装载7箱甲基苯丙胺前往广东省东莞市，将毒品交给吴某乙联系的买家派来的接货人刘某某、张某某（均另案处理）。次日零时许，刘、张二人驾车行至广州市被截获，公安人员当场从车内查获上述7箱甲基苯丙胺，共约192千克。

同月10日左右，被告人吴海柱在陆丰市甲子镇经林宗庭（同案被告人，已判刑）介绍，与纪某某（在逃）商定交易550千克甲基苯丙胺，并收取定金港币20万元。同月16日22时许，吴海柱、林宗庭、纪某某等在广东省肇庆市经"验货"确定交易后，陈江彬驾驶纪某某的车到制毒工场装载甲基苯丙胺，后将车停放在肇庆市某酒店停车场。次日凌晨，公安人员在四会市某高速公路桥底处抓获吴筹等人，在制毒工场抓获吴海柱等人。公安人员在上述酒店停车场纪某某的车内查获15箱甲基苯丙胺，在制毒工场的汽车内查获6箱和3编织袋甲基苯丙胺，上述甲基苯丙胺共约830千克。公安人员另在制毒工场内查获约882千克含甲基苯丙胺成分的灰白色固液混合物及若干制毒原料、制毒工具。

（二）裁判结果

本案由广东省肇庆市中级人民法院一审，广东省高级人民法院二审。最高人民法院对本案进行了死刑复核。

法院认为，被告人吴筹、吴海柱伙同他人制造甲基苯丙胺，并将制出的毒品予以运输、贩卖,其行为均已构成贩卖、运输、制造毒品罪。吴筹、吴海柱纠集多人制造、运输、贩卖毒品,数量特别巨大,社会危害极大,罪行极其严重。在共同犯罪中,二被告人均系罪责最为突出的主犯,应当按照其所组织、指挥和参与的全部犯罪处罚。据此,依法对被告人吴筹、吴海柱均判处并核准死刑,剥夺政治权利终身,并处没收个人全部财产。

罪犯吴筹、吴海柱已于 2020 年 6 月 15 日被依法执行死刑。

(三)典型意义

近年来,我国面临境外毒品渗透和国内制毒犯罪蔓延的双重压力,特别是制造毒品犯罪形势严峻,在个别地区尤为突出。本案就是一起大量制造甲基苯丙胺后予以运输、贩卖的典型案例。被告人吴筹、吴海柱纠集多人参与犯罪,在选定的制毒工场制出毒品后组织运输、联系贩卖,形成"产供销一条龙"式犯罪链条。吴筹、吴海柱犯罪所涉毒品数量特别巨大,仅查获的甲基苯丙胺成品即达 1 吨多,另查获 800 余千克毒品半成品,还有大量毒品已流入社会,社会危害极大,罪行极其严重。人民法院依法对二人均判处死刑,体现了对制造毒品类源头性犯罪的严惩立场。

案例 2

周新林运输毒品案
——伙同他人运输毒品数量特别巨大,
　且系累犯,罪行极其严重

(一)基本案情

被告人周新林,男,汉族,1978 年 9 月 12 日出生,农民。2005 年 6 月 28 日因犯盗窃罪、非法持有枪支罪被判处有期徒刑十四年,并处罚金人民币十三万元,2012 年 10 月 30 日被假释,假释考验期至 2015 年 7 月 3 日止。

2015 年 7 月 12 日,被告人周新林与刘满生(同案被告人,已判刑)在云南省景洪市某小区租房用于藏匿毒品。同年8月,周新林经与毒品上家联系,伙同刘满生前往缅甸小勐拉"验货",后二人两次驾驶事先专门购买的两辆汽车前往景洪市嘎洒镇附近接取毒品,运至上述租房藏匿。同月10日,公安人员在该租房内查获甲基苯丙胺片剂(俗称"麻古")40490克,并于次日抓获周、刘二人。

(二)裁判结果

本案由云南省保山市中级人民法院一审,云南省高级人民法院二审。最高人民法院对本案进行了死刑复核。

法院认为,被告人周新林非法运输甲基苯丙胺片剂,其行为已构成运输毒品罪。周新林纠集同案被告人刘满生共同购买运毒车辆、租用房屋,共同前往境外查验毒品并接取、藏匿毒品,单独与上家联系,系主犯,且在共同犯罪中罪责更大,应当按照其所参与的全部犯罪处罚。周新林运输毒品数量特别巨大,社会危害极大,罪行极其严重,且其曾因犯罪被判处有期徒刑以上刑罚,在假释考验期满的当月再犯应当判处有期徒刑以上刑罚之罪,系累犯,主观恶性深,人身危险性大,应依法从重处罚。据此,依法对被告人周新林判处并核准死刑,剥夺政治权利终身,并处没收个人全部财产。

罪犯周新林已于2020年4月21日被依法执行死刑。

(三)典型意义

西南地区临近"金三角",一直是我国严防境外毒品输入、渗透的重点地区,从云南走私毒品入境并往内地省份扩散是该地区毒品犯罪的重要方式,也是历来重点打击的源头性毒品犯罪。本案就是一起境外"验货"、境内运输并藏匿毒品的典型案例。被告人周新林伙同他人专门购车用于运毒、专门租房用于藏毒、出境查验毒品、联系上家接取毒品,涉案毒品数量特别巨大,且其曾因犯罪被判处重刑,假释期满后又迅即实施毒品犯罪,系累犯,主观恶性深,不堪改造。根据在案证据,周新林涉嫌为贩卖而运输毒品,这种情形不同于单纯受指使、雇用为他人运输毒品,量刑时应体现从严。

案例 3

刘勇等贩卖、制造毒品案
——制造、贩卖芬太尼等多种新型毒品,依法严惩

(一)基本案情
被告人刘勇,男,汉族,1978年11月5日出生,公司经营者。
被告人蒋菊华,女,汉族,1964年9月14日出生,微商。
被告人王凤玺,男,汉族,1983年2月2日出生,公司经营者。
被告人夏增玺,男,汉族,1975年5月10日出生,公司经营者。
被告人杨行,男,汉族,1989年10月12日出生,无业。
被告人杨江萃、张军红、梁丁丁、于淼,均系被告人王凤玺、夏增玺经营公司的业务员。

2017年5月,被告人刘勇、蒋菊华共谋由刘勇制造芬太尼等毒品,由蒋菊华联系客户贩卖,后蒋菊华为刘勇提供部分资金。同年10月,蒋菊华向被告人王凤玺销售刘勇制造的芬太尼285.08克。同年12月5日,公安人员抓获刘勇,后从刘勇在江苏省常州市租用的实验室查获芬太尼5017.8克、去甲西泮3383.16克、地西泮41.9克、阿普唑仑5012.96克等毒品及制毒设备、原料,从刘勇位于上海市的租住处查获芬太尼6554.6克及其他化学品、原料。

2016年11月以来,被告人王凤玺、夏增玺成立公司并招聘被告人杨江萃、张军红、梁丁丁、于淼等人为业务员,通过互联网发布信息贩卖毒品。王凤玺先后从被告人蒋菊华处购买前述285.08克芬太尼,从被告人杨行处购买阿普唑仑991.2克,并从其他地方购买呋喃芬太尼等毒品。案发后,公安机关查获王凤玺拟通过快递寄给买家的芬太尼211.69克、呋喃芬太尼25.3克、阿普唑仑991.2克;从杨江萃处查获王凤玺存放的芬太尼73.39克、呋喃芬太尼14.23克、4-氯甲卡西酮8.33克、3,4-亚甲二氧基乙卡西酮1 920.12克;从杨行住处查获阿普唑仑6 717.4克。

(二)裁判结果

本案由河北省邢台市中级人民法院一审,河北省高级人民法院二审。

法院认为,被告人刘勇、蒋菊华共谋制造芬太尼等毒品并贩卖,其行为均已构成贩卖、制造毒品罪。被告人王凤玺、夏增玺、杨行、杨江萃、张军红、梁丁丁、于森明知是毒品而贩卖或帮助贩卖,其行为均已构成贩卖毒品罪。刘勇、蒋菊华制造、贩卖芬太尼等毒品数量大,且在共同犯罪中均系主犯。刘勇所犯罪行极其严重,根据其犯罪的事实、性质和具体情节,对其判处死刑,缓期二年执行,剥夺政治权利终身,并处没收个人全部财产;蒋菊华作用相对小于刘勇,对其判处无期徒刑,剥夺政治权利终身,并处没收个人全部财产。王凤玺、夏增玺共同贩卖芬太尼等毒品数量大,王凤玺系主犯,但具有如实供述、立功情节,对其判处无期徒刑,剥夺政治权利终身,并处没收个人全部财产;夏增玺系从犯,对其判处有期徒刑十年,并处罚金人民币十万元。杨行贩卖少量毒品,对其判处有期徒刑二年,并处罚金人民币六万元。杨江萃、张军红、梁丁丁、于森参与少量毒品犯罪,且均系从犯,对四人分别判处有期徒刑一年八个月、一年六个月、一年四个月、六个月,并处罚金。

上述裁判已于2020年6月17日发生法律效力。

(三)典型意义

芬太尼类物质滥用当前正成为国际社会面临的新毒品问题,此类犯罪在我国也有所发生。为防范芬太尼类物质犯罪发展蔓延,国家相关部门在以往明确管控25种芬太尼类物质的基础上,又于2019年5月1日将芬太尼类物质列入《非药用类麻醉药品和精神药品管制品种增补目录》进行整类列管。本案系国内第一起有影响的芬太尼类物质犯罪案件,涉及芬太尼、呋喃芬太尼、阿普唑仑、去甲西泮、4-氯甲卡西酮、3,4-亚甲二氧基乙卡西酮等多种新型毒品,部分属于新精神活性物质。人民法院根据涉案毒品的种类、数量、危害和被告人刘勇、蒋菊华、王凤玺、夏增玺犯罪的具体情节,依法对四人从严惩处,特别是对刘勇判处死刑缓期执行,充分体现了对此类犯罪的有力惩处。

案例 4

祝浩走私、运输毒品案
—— 通过手机网络接受他人雇用，
走私、运输毒品数量大

（一）基本案情

被告人祝浩，男，汉族，1996 年 5 月 5 日出生，无业。

2018 年 12 月，被告人祝浩因欠外债使用手机上网求职，在搜索到"送货"可以获得高额报酬的信息后，主动联系对方并同意"送货"。后祝浩按照对方安排，从四川省成都市经云南省昆明市来到云南省孟连傣族拉祜族佤族自治县，乘坐充气皮艇偷渡出境抵达缅甸。

2019 年 1 月下旬，被告人祝浩从对方接取一个拉杆箱，在对方安排下回到国内，经多次换乘交通工具返回昆明市，并乘坐 G286 次列车前往山东省济南市。同月 27 日 18 时许，公安人员在列车上抓获祝浩，当场从其携带的拉杆箱底部夹层内查获海洛因 2 包，净重 2063.99 克。

（二）裁判结果

本案由济南铁路运输中级法院一审，山东省高级人民法院二审。

法院认为，被告人祝浩将毒品从缅甸携带至我国境内并进行运输，其行为已构成走私、运输毒品罪。祝浩对接受雇用后偷渡到缅甸等待一月之久、仅携带一个装有衣物的拉杆箱即可获取高额报酬、途中多次更换交通工具、大多选择行走山路等行为不能作出合理解释，毒品又系从其携带的拉杆箱夹层中查获，可以认定其明知是毒品而走私、运输。祝浩实施犯罪所涉毒品数量大，鉴于其系接受他人雇用走私、运输毒品，且具有初犯、偶犯等酌予从宽处罚情节，可从轻处罚。据此，依法对被告人祝浩判处无期徒刑，剥夺政治权利终身，并处没收个人全部财产。

上述裁判已于 2020 年 3 月 19 日发生法律效力。

(三)典型意义

毒品犯罪分子为逃避处罚,以高额回报为诱饵,通过网络招募无案底的年轻人从境外将毒品运回内地,此类案件近年来时有发生,已成为我国毒品犯罪的一个新动向。本案就是一起典型的无案底年轻人通过手机网络接受他人雇用走私、运输毒品的案例。被告人祝浩为获取高额报酬,在网络上接受他人雇用走私、运输毒品,犯下严重罪行。祝浩归案后辩解其不知晓携带的拉杆箱内藏有毒品,与在案证据证实的情况不符。人民法院根据祝浩犯罪的事实、性质和具体情节,依法对其判处无期徒刑,体现了对毒品犯罪的严惩。

案例5

卞晨晨等贩卖毒品、非法利用信息网络案
——非法种植、贩卖大麻,非法利用网络论坛发布种植大麻等信息

(一)基本案情

被告人卞晨晨,男,汉族,1995年2月20日出生,学生。

被告人卞士磊,男,汉族,1970年9月20日出生,务工人员。

2017年冬天,被告人卞晨晨提供大麻种子给其父被告人卞士磊,卞士磊遂在其工厂宿舍及家中进行种植。自2018年1月起,卞晨晨通过微信向他人贩卖大麻,后经与卞士磊合谋,由卞晨晨联系贩卖并收款,卞士磊将成熟的大麻风干固化成大麻叶成品后通过快递寄给买家。至同年10月,卞晨晨贩卖大麻至少18次共计294克,获利13530元,其中卞士磊参与贩卖至少11次共计241克。案发后,公安人员在卞士磊处查获大麻植株12株、大麻叶16根。

另查明,"园丁丁"是一个从事大麻种植经验交流、大麻种子及成品买卖、传授反侦查手段等非法活动的网络论坛。被告人卞晨晨于2015年1月7日注册账号"白振业"加入"园丁丁"论坛,系该论坛版主,负责管理内部教程板块,共发布有关大麻知识及种植技术的主题

帖 19 个,回帖交流大麻种植技术 164 次。

(二)裁判结果

本案由浙江省诸暨市人民法院审理。

法院认为,被告人卞晨晨、卞士磊明知大麻是毒品而种植、贩卖,其行为均已构成贩卖毒品罪。卞晨晨、卞士磊多次贩卖大麻,属情节严重,且二人系共同犯罪,应当按照各自参与的全部犯罪处罚。卞晨晨利用信息网络发布涉毒品违法犯罪信息,情节严重,其行为又构成非法利用信息网络罪。卞晨晨、卞士磊归案后均能如实供述犯罪事实,且认罪认罚,可从轻处罚。对卞晨晨所犯数罪,应依法并罚。据此,依法对被告人卞晨晨以贩卖毒品罪判处有期徒刑四年,并处罚金人民币二万五千元,以非法利用信息网络罪判处有期徒刑一年四个月,并处罚金人民币五千元,决定执行有期徒刑四年九个月,并处罚金人民币三万元;对被告人卞士磊以贩卖毒品罪判处有期徒刑三年九个月,并处罚金人民币二万五千元。

宣判后,在法定期限内没有上诉、抗诉,上述裁判已于 2019 年 10 月 29 日发生法律效力。

(三)典型意义

随着信息化时代的到来,各类网络平台、自媒体等发展迅速,在社会生活中扮演十分重要的角色。同时,一些违法犯罪分子利用网络平台便于隐匿身份、信息传播迅速、不受地域限制等特点,创建或经营管理非法论坛、直播平台等,实施涉毒品违法犯罪活动。本案就是一起被告人种植、贩卖大麻并利用非法论坛发布相关违法犯罪信息的案例。被告人卞晨晨指使其父卞士磊种植大麻,二人配合进行贩卖,卞晨晨还长期管理传播种植大麻方法、贩卖成品大麻的非法论坛,同时犯两罪。人民法院依法对二被告人判处了相应刑罚。

案例 6

刘彦铄贩卖毒品案
——国家工作人员实施毒品犯罪,依法严惩

(一)基本案情

被告人刘彦铄,男,汉族,1985年9月15日出生,江苏省灌云县林牧业执法大队职工。

2019年八九月的一天晚上,被告人刘彦铄在江苏省灌云县伊山镇王圩村卖给王东明甲基苯丙胺(冰毒)约0.5克。同年10月,刘彦铄又在该县老供电公司门口卖给周雷甲基苯丙胺约0.3克。

(二)裁判结果

本案由江苏省灌云县人民法院审理。

法院认为,被告人刘彦铄明知是毒品而进行贩卖,其行为已构成贩卖毒品罪。刘彦铄身为国家工作人员贩卖少量毒品,属情节严重。鉴于其有如实供述、认罪认罚等情节,可从轻处罚。据此,对被告人刘彦铄判处有期徒刑三年,并处罚金人民币一万元。

宣判后,在法定期限内没有上诉、抗诉,上述裁判已于2020年3月28日发生法律效力。

(三)典型意义

国家工作人员本应更加自觉地抵制毒品,积极与毒品违法犯罪作斗争,但近年来出现了一些国家工作人员涉足毒品违法犯罪的情况,造成了不良社会影响。本案被告人刘彦铄系灌云县自然资源和规划局下属事业单位职工,具有国家工作人员身份,根据《最高人民法院关于审理毒品犯罪案件适用法律若干问题的解释》第四条的规定,其属贩卖少量毒品"情节严重"。人民法院对刘彦铄依法判处三年有期徒刑,体现了对此类犯罪的严惩。

案例 7

邹火生引诱他人吸毒、盗窃案
——引诱他人吸毒并唆使他人共同盗窃,依法惩处

(一)基本案情

被告人邹火生,男,汉族,1987年10月9日出生,农民。

被告人邹火生系广东省化州市某村村民,意图引诱同村村民邹某某(另案处理)一起吸毒。2018年9月的一天,邹火生向邹某某借款购买海洛因后,当晚来到邹某某家,称吸食海洛因可消除邹某某腿部术后疼痛。邹某某表示其不会吸毒,邹火生便将海洛因放在锡纸上加热,让邹某某吸食烤出的烟雾。此后,邹某某遇腿部疼痛时便让邹火生购买海洛因一起吸食。

同年11月的一天晚上,被告人邹火生和邹某某毒瘾发作,但无钱购买毒品。经邹火生提议,二人潜入同村一村民家窃得一台液晶电视机。次日,邹火生将电视机销赃得款400元,用其中100元购买海洛因,与邹某某一起吸食。

(二)裁判结果

本案由广东省化州市人民法院审理。

法院认为,被告人邹火生引诱他人吸食毒品,其行为已构成引诱他人吸毒罪;邹火生以非法占有为目的,伙同他人入户盗窃财物,其行为又构成盗窃罪。鉴于邹火生如实供述自己的罪行,并当庭认罪悔罪,可从轻处罚。对邹火生所犯数罪,应依法并罚。据此,对邹火生以引诱他人吸毒罪判处有期徒刑一年二个月,并处罚金人民币二千元;以盗窃罪判处有期徒刑七个月,并处罚金人民币一千元,决定执行有期徒刑一年六个月,并处罚金人民币三千元。

宣判后,在法定期限内没有上诉、抗诉,上述裁判已于2019年4月30日发生法律效力。

(三)典型意义

吸毒成瘾不仅损害身体健康,高额的支出也会造成经济困境,诱

使吸毒者实施盗抢等侵财犯罪。我国刑法对引诱、教唆、欺骗他人吸毒罪没有设置数量、情节等入罪条件,故实施此类行为的一般均应追究刑事责任。本案就是一起引诱他人吸毒后又共同实施侵财犯罪的典型案例。被告人邹火生以吸毒可以消除病痛为由引诱同村村民吸食海洛因,为购买毒品又唆使其共同入户盗窃财物,较为突出地体现了吸毒诱发犯罪的危害。人民法院根据邹火生犯罪的事实、性质和具体情节,依法对其判处了刑罚。

案例 8

陈德胜容留他人吸毒案
——容留多名未成年人吸毒,依法严惩

(一)基本案情

被告人陈德胜,男,土家族,1999 年 9 月 14 日出生,在校学生。

2018 年 5 月 12 日晚,被告人陈德胜为给女朋友黄某某(未成年人)庆祝生日,在湖北省荆州市荆州区一音乐会所的房间内容留张某某、林某某及 14 名未成年人吸食氯胺酮(俗称"K 粉")。当日 22 时许,公安人员在该房间将陈德胜、黄某某及上述 16 名吸毒人员查获。经尿检,陈德胜及 16 名吸毒人员的检测结果均为氯胺酮阳性。

另查明,2017 年 12 月 18 日被告人陈德胜受他人邀约参加聚众斗殴犯罪。

(二)裁判结果

本案由湖北省荆州市荆州区人民法院审理。

法院认为,被告人陈德胜容留多名未成年人吸食毒品,其行为已构成容留他人吸毒罪,并应从重处罚;陈德胜积极参加聚众斗殴,其行为又构成聚众斗殴罪。对其所犯数罪,应依法并罚。据此,依法对被告人陈德胜以容留他人吸毒罪判处有期徒刑三年,并处罚金人民币一万元;以聚众斗殴罪判处有期徒刑三年,决定执行有期徒刑五年六个月,并处罚金人民币一万元。

宣判后,在法定期限内没有上诉、抗诉,上述裁判已于 2019 年 8 月 3 日发生法律效力。

(三)典型意义

毒品具有成瘾性,一旦沾染,极易造成身体和心理的双重依赖。近年来我国容留他人吸毒案件发案率较高,吸毒人员低龄化特点也较突出。未成年人心智尚未成熟,更易遭受毒品侵害。本案是一起容留多名未成年人吸毒的典型案例。被告人陈德胜系在校学生,为女朋友庆祝生日时容留前来聚会的多名未成年人一同吸毒,已从单纯的毒品滥用者转变为毒品犯罪实施者。人民法院根据陈德胜犯罪的事实、性质和具体情节,依法从严判处刑罚。

案例 9

吕晓春等非法生产、买卖制毒物品案
——非法买卖溴代苯丙酮、生产麻黄素,
情节特别严重

(一)基本案情

被告人吕晓春,男,汉族,1968 年 2 月 24 日出生,无业。2008 年 1 月 10 日因犯贩卖毒品罪被判处有期徒刑十五年,并处罚金人民币十万元,2015 年 7 月 6 日刑满释放。

被告人高俊成,男,汉族,1981 年 12 月 2 日出生,务工人员。2014 年 6 月 30 日因犯运输、制造毒品罪被判处有期徒刑一年六个月,并处罚金人民币一万元,同年 11 月 23 日刑满释放。

被告人郑颖,男,汉族,1982 年 5 月 25 日出生,农民。2003 年 11 月 11 日因犯抢劫罪被判处有期徒刑六年,并处罚金人民币二千元。

2017 年 3 月,被告人吕晓春为生产麻黄素,通过网络联系被告人郑颖购买 1-苯基-2-溴-1-丙酮(俗称溴代苯丙酮)200 千克。后吕晓春雇用被告人高俊成参与生产,并购买制毒工具和其他原材料。2018 年 1 月 20 日,公安人员在山东省青岛市市北区永乐路 93

号将吕晓春、高俊成抓获,并在该处查获麻黄素5.65千克、含有麻黄素的液体104.65千克及其他化学制剂。后郑颖被抓获归案。

(二)裁判结果

本案由山东省青岛市市北区人民法院一审,山东省青岛市中级人民法院二审。

法院认为,被告人吕晓春非法购买、生产用于制造毒品的原料,情节特别严重,其行为已构成非法生产、买卖制毒物品罪;被告人高俊成非法生产用于制造毒品的原料,情节特别严重,其行为已构成非法生产制毒物品罪;被告人郑颖非法出售用于制造毒品的原料,情节特别严重,其行为已构成非法买卖制毒物品罪。吕晓春、高俊成在共同犯罪中均系主犯,且均系累犯、毒品再犯,应依法从重处罚。三人均如实供述主要犯罪事实,酌予从轻处罚。据此,依法对被告人吕晓春判处有期徒刑十年六个月,并处罚金人民币三万元;对被告人高俊成判处有期徒刑九年六个月,并处罚金人民币二万元;对被告人郑颖判处有期徒刑八年六个月,并处罚金人民币二万元。

上述裁判已于2019年7月3日发生法律效力。

(三)典型意义

受多种因素影响,当前我国制毒物品违法犯罪问题较为突出。本案是一起比较典型的非法生产、买卖制毒物品的案例。溴代苯丙酮是合成麻黄素的重要原料,而麻黄素可用于制造毒品甲基苯丙胺,二者都是国家严格管控的易制毒化学品。根据《最高人民法院关于审理毒品犯罪案件适用法律若干问题的解释》第八条的规定,被告人吕晓春、高俊成、郑颖三人实施制毒物品犯罪均属情节特别严重,人民法院依法判处相应刑罚,体现了对此类毒品犯罪的坚决惩处。

案例 10

张伟故意杀人案
——有长期吸毒史,杀死无辜儿童,罪行极其严重

(一)基本案情

被告人张伟,男,汉族,1989 年 7 月 16 日出生,湖南省新邵县市场监督管理局职工。

被告人张伟自 2012 年开始吸毒,曾多次被戒毒和送医治疗。2016 年 12 月 21 日 16 时许,张伟驾车经过湖南省新邵县酿溪镇雷家坳村财兴路地段时,见王某某(被害人,男,殁年 7 岁)背着书包在路边行走,遂将其骗上车。当日 21 时许,张伟驾车来到新邵县坪上镇坪新村一偏僻公路上,停车后将熟睡的王某某抱下车,持菜刀连续切割、砍击王的颈部,致王颈部离断死亡。张伟将王某某的头部和躯干分别丢进附近草丛后逃离现场。

(二)裁判结果

本案由湖南省邵阳市中级人民法院一审,湖南省高级人民法院二审。最高人民法院对本案进行了死刑复核。

法院认为,被告人张伟故意非法剥夺他人生命,其行为已构成故意杀人罪。张伟杀害无辜儿童,犯罪手段残忍,情节特别恶劣,罪行极其严重,应依法惩处。据此,依法对被告人张伟判处并核准死刑,剥夺政治权利终身。

罪犯张伟已于 2020 年 6 月 17 日被依法执行死刑。

(三)典型意义

吸毒行为具有违法性和自陷性。医学研究表明,长期吸毒可能对人体的大脑中枢神经造成不可逆的损伤。对于因吸毒导致精神障碍的,一般不作为从宽处罚的理由。本案就是一起被告人长期吸食毒品致精神障碍,杀害无辜儿童的典型案例。被告人张伟明知吸毒后会出现幻觉等精神异常,且曾多次被戒毒、送医,却仍继续长期吸毒。张伟诱骗独行的 7 岁儿童,并将其杀害,致其尸首分离,犯罪手

段残忍,情节特别恶劣,罪行极其严重。人民法院依法判处张伟死刑,体现了对吸毒诱发的严重暴力犯罪的严惩。

最高人民法院发布 2021 年十大毒品（涉毒）犯罪典型案例

案例 1

李奇峰走私、贩卖、运输毒品、组织越狱案
——缓刑考验期内实施毒品犯罪,数量特别巨大,羁押期间组织越狱,罪行极其严重

（一）基本案情

被告人李奇峰,男,汉族,1974 年 2 月 19 日出生,无业。2014 年 3 月 19 日因犯非法买卖制毒物品罪被判处有期徒刑三年,缓刑四年,并处罚金人民币二十万元,缓刑考验期至 2018 年 9 月 2 日止。

2017 年 1 月,被告人李奇峰在缅甸购得甲基苯丙胺片剂（俗称"麻古"）,指使同乡李新林、邓文武（均系同案被告人,已判刑）与其共同重新包装后藏匿在事先改装的货车货厢底部夹层内,又雇用秦永胜（同案被告人,已判刑）运输毒品。同月 23 日,李奇峰安排同乡刘迎春（另案处理）将上述货车从缅甸偷开入境至云南省沧源县某偏僻处停放,又指使李新林将秦永胜送到该处。秦永胜接取上述藏有毒品的货车后,按照李奇峰书写的车辆行驶路线,驾驶该车前往湖南省,同日 17 时许途经沧源县城时被公安人员抓获。公安人员在该货车夹层内查获甲基苯丙胺片剂 38 包,共计 374544 克。

被告人李奇峰被抓获后,在看守所羁押期间产生越狱之念,纠集同监室在押人员朱军华、周中（均已另案判刑）参与,并自制塑料锐器等工具。2018 年 1 月 6 日 17 时许,李奇峰等三人准备越狱,因看守所值班民警发现异常而未实施。次日 17 时 20 分许,三人趁放风之机,使用事先准备的工具挟持值班民警,打开两道监区门,欲从送饭

通道逃跑,但因通道铁门外部上锁而未果,后与值班民警发生打斗,被赶来的武警等抓获。

(二) 裁判结果

本案由云南省普洱市中级人民法院一审,云南省高级人民法院二审。最高人民法院对本案进行了死刑复核。

法院认为,被告人李奇峰走私、贩卖、运输甲基苯丙胺片剂,其行为已构成走私、贩卖、运输毒品罪;李奇峰纠集在押人员越狱,其行为又构成组织越狱罪。李奇峰走私、贩卖、运输毒品,数量特别巨大,社会危害极大,罪行极其严重,在羁押期间组织同监室在押人员自制工具,挟持管教人员,暴力越狱,主观恶性极深,人身危险性极大,应依法惩处。李奇峰在走私、贩卖、运输毒品和组织越狱共同犯罪中均起组织、指挥作用,均系主犯,应当按照其所组织、指挥的全部犯罪处罚。李奇峰曾因犯非法买卖制毒物品罪被判刑,在缓刑考验期内又犯罪,依法应撤销缓刑,数罪并罚。据此,依法对被告人李奇峰以走私、贩卖、运输毒品罪判处死刑,剥夺政治权利终身,并处没收个人全部财产;以组织越狱罪判处有期徒刑七年;撤销缓刑,数罪并罚,决定执行死刑,剥夺政治权利终身,并处没收个人全部财产。

罪犯李奇峰已于2020年9月29日被依法执行死刑。

(三) 典型意义

我国毒品主要来自境外。云南是"金三角"毒品主要的渗透入境地和中转集散地,大宗走私、贩卖、运输毒品犯罪多发,是遏制境外毒品向内地扩散的前沿阵地。本案就是一起境外购毒、走私入境、境内贩运的典型案例。被告人李奇峰在境外购毒,指使并伙同他人共同藏毒,安排他人将毒品走私入境,雇用司机运往内地,毒品数量特别巨大,羁押期间组织在押人员暴力越狱,且其曾因犯非法买卖制毒物品罪被判刑,缓刑考验期内又犯罪,主观恶性极深,人身危险性极大,不堪改造。人民法院依法对李奇峰判处死刑,体现了对源头性毒品犯罪的严惩立场。

案例 2

唐志东制造毒品案
——纠集多人大量制造毒品，
罪行极其严重，且系累犯

（一）基本案情

被告人唐志东，男，汉族，1973 年 11 月 24 日出生，农民。2012 年 6 月 26 日因犯抢劫罪被判处有期徒刑一年六个月，并处罚金人民币二千元，因患病暂予监外执行，刑期至 2013 年 11 月 29 日止。

2016 年 5 月 4 日，被告人唐志东与郭远柏、蔡笃炜（均系同案被告人，已判刑）在四川省成都市商议制毒事宜，唐志东安排郭远柏协助其制造甲基苯丙胺（冰毒），蔡笃炜提供其在四川省资中县某村的住房作为制毒窝点并找人将制毒原料和工具送往该处。后蔡笃炜、郭远柏分别纠集黄前良（同案被告人，已判刑）、郭城（另案处理）参与。同月 8 日，蔡笃炜与黄前良、郭城驾车将从唐志东处接取的制毒原料、工具等运至制毒窝点。次日，唐志东提供制毒核心技术，负责配置制毒原料等，安排郭远柏、蔡笃炜、黄前良、郭城制造甲基苯丙胺。同月 10 日，唐志东安排郭远柏、蔡笃炜负责后期结晶、冷却等制毒工序后，与黄前良、郭城离开制毒窝点。同月 13 日，公安人员在制毒窝点将郭远柏、蔡笃炜抓获，当场查获甲基苯丙胺 8114 克、含有甲基苯丙胺成分的固液混合物 16970 克以及大量制毒辅料和工具，并于当晚在成都市将唐志东抓获。

（二）裁判结果

本案由四川省内江市中级人民法院一审，四川省高级人民法院二审。最高人民法院对本案进行了死刑复核。

法院认为，被告人唐志东非法制造甲基苯丙胺，其行为已构成制造毒品罪。唐志东伙同他人非法制造毒品，数量巨大，社会危害极大，罪行极其严重，且其曾因犯抢劫罪被判刑，在刑罚执行完毕后五年内又犯本罪，系累犯，主观恶性深，人身危险性大，应依法从重处罚。唐志东提供制毒原料、辅料、工具、技术并负责制毒关键环节,安排他人具体操作,在共同犯罪中起主要作用,系地位和作用最为突出的主犯,应按照其所参与的全部犯罪处罚。据此,依法对被告人唐志东判处死刑,剥夺政治权利终身,并处没收个人全部财产。

罪犯唐志东已于 2021 年 5 月 24 日被依法执行死刑。

(三) 典型意义

近年来,我国制造甲基苯丙胺等合成毒品犯罪突出,甲基苯丙胺已成为国内滥用人数最多的毒品,防控形势严峻。本案就是一起大量制造甲基苯丙胺的典型案例。被告人唐志东纠集多人制造甲基苯丙胺,不仅是制毒原料、工具、核心技术的提供者,还是制毒关键环节的操作者,对毒品的顺利制造起着决定性作用。本案查获的甲基苯丙胺成品达 8 千余克,另查获毒品半成品近 17 千克,社会危害极大,且唐志东系累犯,主观恶性深,人身危险性大。人民法院依法对唐志东判处死刑,体现了对制造类毒品犯罪的严厉惩处。

案例 3

张月东等贩卖毒品案
—— 诊所医务人员向吸毒人员出售精神药品

(一) 基本案情

被告人张月东,男,汉族,1969 年 11 月 13 日出生,乡村诊所经营者、医生。

被告人郭和聪、林进泉、刘继盛、江耀勤、赖友辉、朱志伟、蔡永辉、叶小美、蔡建军、张美霞、林倩如,均系诊所经营者、医务人员;被告人周桢淳、陈志炜,均系农民。

2016 年至 2017 年 9 月间,被告人张月东在其经营的福建省平和县文峰镇文美村"文美卫生室",向被告人周桢淳、陈志炜和罗文强、林元正、陈智辉等吸毒人员出售奥亭牌复方磷酸可待因口服溶液(以下简称可待因口服液,每包 10ml,含磷酸可待因 9mg)共计 375 次,得款110957.8元。

2015年底至2018年3月间,被告人郭和聪等11名医务人员分别在福建省漳州市城区、乡镇、农村各自经营的诊所内,向被告人周桢淳等吸毒人员出售可待因口服液,次数为4次至267次不等,得款在2150元至82812元之间。被告人周桢淳将部分购得的可待因口服液向被告人陈志炜、罗文强、林元正等多名吸毒人员出售共计91次,得款41420元,陈志炜将部分购得的可待因口服液向陈智辉出售共计12次,得款900元。

(二)裁判结果

本案由福建省平和县人民法院一审,福建省漳州市中级人民法院二审。

法院认为,被告人张月东等14人非法贩卖国家规定管制的能够使人形成瘾癖的精神药品,其行为均已构成贩卖毒品罪。张月东等14人多次向吸毒人员贩卖毒品,情节严重,应依法惩处。对于张月东,鉴于其认罪认罚,可从轻处罚,依法判处有期徒刑五年二个月,并处罚金人民币六万元。对于郭和聪等13名被告人,根据各自犯罪的事实、性质、情节和对社会的危害程度,依法判处有期徒刑四年七个月至有期徒刑三年,缓刑三年六个月不等的刑罚,并处罚金。

上述裁判已于2020年7月10日发生法律效力。

(三)典型意义

国家列管的药用类精神药品和麻醉药品,具有药品与毒品双重属性,长期服用会形成瘾癖。近年来,该类药品流入非法渠道、被作为成瘾替代品滥用的情况时有发生,在一些农村地区尤为明显。本案就是一起诊所医务人员向吸毒人员出售精神药品的典型案例。被告人张月东作为乡村诊所医生,本应利用医学知识积极抵制毒品,却在日常诊疗中非法出售国家列管的精神药品复方磷酸可待因口服溶液,犯罪隐蔽性强,社会危害大。被告人郭和聪等人同是利用其在乡镇、农村等地经营诊所的便利,非法出售该类药品,影响恶劣。人民法院依法对张月东等人进行惩处,体现了对诊所医务人员非法贩卖精神药品犯罪的严厉打击。

案例 4

谢彭等贩卖毒品案
——利用网络联系订单,以比特币形式
收取毒资,通过物流寄递毒品

(一)基本案情

被告人谢彭,男,汉族,1991年8月29日出生,无业。

被告人叶楚骏,男,汉族,1993年5月12日出生,无业。

2020年5月,被告人谢彭、叶楚骏经预谋,在云南省租赁土地种植大麻。同年9月至10月,二人收获大麻后,由谢彭通过telegram软件联系毒品订单,以比特币形式收取毒资,由叶楚骏使用虚假姓名,通过快递将大麻邮寄给浙江等地的毒品买家。二人贩卖大麻约10次,非法获利4万余元。后公安人员将二人抓获,并从叶楚骏处查获大麻3332.96克。

(二)裁判结果

本案由浙江省诸暨市人民法院审理。

法院认为,被告人谢彭、叶楚骏向他人贩卖大麻,其行为均已构成贩卖毒品罪。谢彭、叶楚骏多次贩卖毒品,情节严重,应依法惩处。二人结伙贩卖毒品,系共同犯罪,应当按照其所参与的犯罪处罚。鉴于二人归案后均如实供述犯罪事实,认罪认罚,可从轻处罚。据此,依法对被告人谢彭判处有期徒刑三年六个月,并处罚金人民币一万三千元;对被告人叶楚骏判处有期徒刑三年三个月,并处罚金人民币一万元。

宣判后,在法定期限内没有上诉、抗诉。上述判决已于2021年5月11日发生法律效力。

(三)典型意义

随着互联网技术和物流业的发展,犯罪分子利用网络、物流实施毒品犯罪的情况日渐增多,毒品交易手法更趋隐蔽、多样化。本案就是一起犯罪分子使用"互联网+虚拟货币+物流寄递"手段贩卖毒品的典型案例。比特币是一种认可度较高的虚拟货币,具有匿名性等特点,在本案中被用于毒品交易支付。谢彭、叶楚骏利用网络联系毒品订单,以比特币形式收取毒资,使用虚假姓名寄递毒品,隐蔽性强。人民法院依法对二被告人判处了相应刑罚。

案例 5

陈嘉豪贩卖毒品案
——利用微信在酒吧等处多次出售新型毒品

(一)基本案情

被告人陈嘉豪,男,汉族,1999 年 6 月 1 日出生,无业。

2018 年 3 月至 6 月,被告人陈嘉豪通过微信联系等方式,在江苏省苏州市姑苏区酒吧、酒店等处向吕聪聪、宋佳能、张晗出售毒品氟硝西泮片剂(俗称"蓝精灵")24 次,共计 104 粒,违法所得 4110 元。陈嘉豪归案后,其亲属帮助退缴全部违法所得。

(二)裁判结果

本案由江苏省苏州市姑苏区人民法院审理。

法院认为,被告人陈嘉豪非法贩卖国家规定管制的能够使人形成瘾癖的精神药品氟硝西泮,其行为已构成贩卖毒品罪。陈嘉豪多次在酒吧等地向他人贩卖毒品,情节严重,应依法惩处。鉴于陈嘉豪归案后如实供述犯罪事实,认罪认罚,且其亲属代为退缴全部违法所得,可从轻处罚。据此,依法对被告人陈嘉豪判处有期徒刑三年,并处罚金人民币五千元。

宣判后,在法定期限内没有上诉、抗诉。上述判决已于 2021 年 2 月 19 日发生法律效力。

(三)典型意义

氟硝西泮是国家列管的精神药品,俗称"蓝精灵",与酒精作用后危害更大。近年来,"蓝精灵"在酒吧等娱乐场所较为流行,青少年群体是其侵害的主要目标。本案就是一起利用微信在酒吧等地多次出售氟硝西泮的典型案例。被告人陈嘉豪明知吕聪聪等人购买氟硝西泮片剂是提供给酒吧客人饮酒时使用,仍多次贩卖,情节严重。人民法院根据陈嘉豪犯罪的事实、性质、情节和对社会的危害程度,依法对其进行了惩处。

案例 6

王飞贩卖、制造毒品案
——将新型毒品伪装成饮料销往多地娱乐场所

(一)基本案情

被告人王飞,男,汉族,1979 年 6 月 2 日出生,成都陆柒捌贸易有限公司(以下简称陆柒捌公司)法定代表人。

2013 年 7 月,被告人王飞注册成立陆柒捌公司并担任法定代表人。2016 年开始,王飞多次以陆柒捌公司名义购买 γ-丁内酯,将 γ-丁内酯与香精混合,命名为"香精 CD123"。2016 年 5 月,王飞在隐瞒"香精 CD123"含 γ-丁内酯成分的情况下,委托广东康加德食品实业有限公司为"香精 CD123"粘贴"果味香精 CD123"商品标签,委托裕豪食品饮料有限公司按照其提供的配方和技术标准,将水和其他辅料加入"果味香精 CD123",制成"咔哇氿"饮料。后王飞将"咔哇氿"饮料出售给总经销商四川玩道酒业有限公司,由该公司销往深圳、贵阳、广州等地的娱乐场所,各级经销商亦自行销售。至 2017 年 8 月,王飞购买 γ-丁内酯共计 3575 千克,裕豪食品饮料有限公司收到"果味香精 CD123"共计 1853 千克,王飞销售"咔哇氿"饮料共计 52355 件(24 瓶/件,275ml/瓶),销售金额 11587040 元。

2017 年 9 月 9 日,公安人员将被告人王飞抓获,从其家中及陆柒捌公司租用的仓库查获"咔哇氿"饮料共计 723 件 25 瓶。各地亦陆续召回"咔哇氿"饮料 18505 件。经鉴定,从裕豪食品饮料有限公司提供的"果味香精 CD123"、在王飞家中和仓库查获的以及召回的"咔哇氿"饮料中检出含量为 80.3ug/ml 至 44000ug/ml 不等的 γ-羟丁酸成分。

（二）裁判结果

本案由四川省成都市青羊区人民法院一审，成都市中级人民法院二审。

法院认为，被告人王飞制造毒品 γ-羟丁酸并销售，其行为已构成贩卖、制造毒品罪。王飞明知使用 γ-丁内酯作为生产原料会产生毒品 γ-羟丁酸成分，购买并使用 γ-丁内酯调制成混合原料，委托他人采用其指定的工艺和配比，加工制成含有 γ-羟丁酸成分的饮料并对外销售，贩卖、制造毒品数量大，社会危害大。据此，依法对被告人王飞判处有期徒刑十五年，并处没收个人财产人民币四百二十七万元。

上述裁判已于2020年9月28日发生法律效力。

（三）典型意义

近年来，新型毒品犯罪呈上升趋势，与传统毒品犯罪相互交织。新型毒品形态各异，往往被伪装成饮料、饼干等形式，极具隐蔽性和迷惑性，易在青少年中传播。本案就是一起制造、贩卖新型毒品的典型案例。被告人王飞批量制造含有国家列管精神药品 γ-羟丁酸成分的饮料，大量销往全国多地娱乐场所，社会危害大。人民法院根据王飞的犯罪事实、性质、情节和对社会的危害程度，依法对其判处了刑罚。

案例7

陈国龙等贩卖毒品、以危险方法危害公共安全案

——为抗拒缉毒警察抓捕，驾车肆意冲撞，危害公共安全

（一）基本案情

被告人陈国龙，男，苗族，1981年3月12日出生，无业。2002年11月18日至2017年3月1日因犯贩卖毒品罪、故意伤害罪、容留他人吸毒罪、非法持有毒品罪，先后六次被判处有期徒刑六个月至四年

不等的刑罚,2018年12月31日刑满释放。

被告人李镇,男,汉族,1986年2月18日出生,无业。2013年5月20日因犯抢劫罪被判处有期徒刑三年,并处罚金人民币一千元;2018年9月25日因犯容留他人吸毒罪,被判处有期徒刑六个月,并处罚金人民币一千元,2018年12月12日刑满释放。

2019年6月至7月,被告人陈国龙四次向他人贩卖甲基苯丙胺5克、甲基苯丙胺片剂17颗。被告人李镇明知陈国龙贩卖毒品,仍两次驾车陪同陈国龙贩卖。

同年7月22日12时许,被告人陈国龙乘坐被告人李镇驾驶的车辆行至湖南省沅陵县沅陵镇某街道时,被前来抓捕的公安人员拦截。公安人员出示警官证,要求二人停车。陈国龙指挥李镇倒车逃避抓捕,与其后方的出租车相撞。公安人员上前制止,陈国龙、李镇拒绝停车,不顾周围群众安全多次冲撞,致3名公安人员轻微伤,并致一辆摩托车以及两户居民楼大门损坏,损失共计3189元。后公安人员抓获二人,当场从陈国龙身上查获甲基苯丙胺片剂0.5克,从其所乘车上查获甲基苯丙胺0.2克。

(二)裁判结果

本案由湖南省沅陵县人民法院审理。

法院认为,被告人陈国龙、李镇贩卖甲基苯丙胺、甲基苯丙胺片剂,其行为均已构成贩卖毒品罪;陈国龙、李镇为逃避抓捕,驾驶机动车在公共场所肆意冲撞,危害公共安全,其行为均又构成以危险方法危害公共安全罪。对二人所犯数罪,均应依法并罚。陈国龙在贩卖毒品、以危险方法危害公共安全共同犯罪中,均起主要作用,系主犯,李镇在贩卖毒品共同犯罪中系从犯,在以危险方法危害公共安全共同犯罪中系主犯,应按照二人所参与的犯罪处罚。陈国龙多次贩卖毒品,情节严重,且系累犯、毒品再犯,李镇系累犯,均应依法从重处罚。二人均如实供述犯罪事实,具有坦白情节,可从轻处罚。据此,依法对被告人陈国龙以贩卖毒品罪判处有期徒刑四年,并处罚金人民币五千元,以以危险方法危害公共安全罪判处有期徒刑三年,决定执行有期徒刑六年,并处罚金人民币五千元;对被告人李镇以贩卖毒品罪判处有期徒刑二年,并处罚金人民币二千元,以以危险方法危害公共安全罪判处有期徒刑三年,决定执行有期徒刑四年,并处罚金人民币二千元。

宣判后,在法定期限内没有上诉、抗诉。上述判决已于 2020 年 9 月 15 日发生法律效力。

(三) 典型意义

一些毒品犯罪分子为逃避法律制裁,不惜铤而走险,暴力抗拒抓捕,既增加了缉毒工作风险,也严重威胁人民群众生命财产安全。本案就是一起毒贩为抗拒抓捕而驾车冲撞,危害公共安全的典型案例。被告人陈国龙、李镇为逃避制裁,在公共场所驾驶机动车肆意冲撞,造成多名缉毒民警受伤,多名群众受到惊吓、财产遭受损失,社会影响恶劣。人民法院依法对二人进行了惩处。

案例 8

马兆云等非法生产、买卖、运输制毒物品案
——非法生产、买卖、运输制毒物品,情节特别严重

(一) 基本案情

被告人马兆云,男,汉族,1969 年 12 月 8 日出生,个体户。1992 年 9 月 5 日因犯盗窃罪被判处死刑,缓期二年执行,剥夺政治权利终身,2007 年 1 月 30 日被假释,假释考验期至 2008 年 6 月 20 日止。

被告人刘保安,男,汉族,1968 年 6 月 6 日出生,某公司法定代表人。2019 年 5 月 8 日因犯污染环境罪被判处有期徒刑九个月,并处罚金人民币一万元,2019 年 6 月 28 日刑满释放。

被告人胡文虎、周国珠,均系个体户;被告人李友龙、许步年、王德林、祁建刚,均无业。

2019 年三四月份,被告人马兆云、胡文虎共谋出资生产制毒物品盐酸羟亚胺。马兆云委托被告人李友龙寻找场地并负责生产,聘请被告人许步年作为技术员指导生产,胡文虎负责提供生产工艺图纸。

后李友龙租用山西省介休市一公司作为生产窝点,与许步年等人组织工人生产盐酸羟亚胺。同年12月,马兆云、胡文虎从被告人刘保安处购买易制毒化学品溴素5010千克及甲苯12000千克,运至上述窝点。马兆云等人生产盐酸羟亚胺共计2723.67千克,出售1470千克,其中,马兆云15次参与出售1470千克,胡文虎6次参与出售630千克,李友龙7次参与出售900千克,被告人周国珠4次参与出售615千克,被告人王德林4次参与出售300千克,被告人祁建刚2次参与出售100千克,马兆云、胡文虎、李友龙、周国珠、王德林还参与运输盐酸羟亚胺。

2020年6月15日,公安人员在江苏省建湖县马兆云岳父家查获马兆云、胡文虎藏匿的盐酸羟亚胺1253.67千克、含有羟亚胺和邻氯苯基环戊酮成分的固液混合物260.69千克。

(二)裁判结果

本案由江苏省盐城市亭湖区人民法院审理。

法院认为,被告人马兆云、胡文虎、李友龙非法生产、买卖、运输制毒物品,情节特别严重,其行为均已构成非法生产、买卖、运输制毒物品罪。被告人许步年非法生产制毒物品,情节特别严重,其行为已构成非法生产制毒物品罪。被告人周国珠、王德林非法买卖、运输制毒物品,情节特别严重,其行为均已构成非法买卖、运输制毒物品罪。被告人刘保安、祁建刚非法买卖制毒物品,情节特别严重,其行为均已构成非法买卖制毒物品罪。在共同犯罪中,马兆云、胡文虎、李友龙均系主犯,应按照其参与的全部犯罪处罚,许步年、周国珠、王德林、祁建刚系从犯,应依法从轻或者减轻处罚。刘保安系累犯,应依法从重处罚。八人均如实供述犯罪事实,可从轻处罚。除刘保安外,其余七人均退缴违法所得,可酌情从轻处罚。据此,依法对被告人马兆云判处有期徒刑十二年,并处罚金人民币一百万元;对被告人刘保安判处有期徒刑九年,并处罚金人民币四十万元;对被告人胡文虎、李友龙、许步年、周国珠、王德林、祁建刚分别判处有期徒刑十年六个月至五年不等的刑罚,并处罚金。

宣判后,在法定期限内没有上诉、抗诉。上述判决已于2021年2

月 11 日发生法律效力。

(三) 典型意义

近年来,受制造毒品犯罪增长影响,制毒物品流入非法渠道的形势十分严峻。本案就是一起非法生产、买卖、运输制毒物品的典型案例。溴素、甲苯可用于制造盐酸羟亚胺,盐酸羟亚胺可用于制造毒品氯胺酮,均是国家严格管控的易制毒化学品。根据《最高人民法院关于审理毒品犯罪案件适用法律若干问题的解释》第八条的规定,被告人马兆云等八人实施制毒物品犯罪均属情节特别严重,人民法院依法判处相应刑罚,体现了对源头性毒品犯罪的坚决惩处。

案例 9

林永伟强奸、引诱他人吸毒、容留他人吸毒案
——引诱留守女童吸毒后强行奸淫,依法严惩

(一) 基本案情

被告人林永伟,男,汉族,1972 年 5 月 24 日出生,无业。1996 年 2 月 9 日因犯流氓罪被判处有期徒刑五年;2000 年 4 月 20 日因犯盗窃罪被判处有期徒刑三年,合并余刑,决定执行有期徒刑四年六个月。

2016 年上半年的一天,被告人林永伟将同村的被害人林某(女,时年 10 岁)带至家中,诱骗林某吸食甲基苯丙胺。林某吸食后感觉不适,林永伟让林某躺到床上休息,后不顾林某反抗,强行对林某实施奸淫。林永伟威胁林某不许将此事告知家人,并要求林某每星期来其家一次。后林永伟多次叫林某来其家中吸食毒品,并与林某发生性关系。林某吸毒上瘾后,也多次主动找林永伟吸毒,并与林永伟发生性关系。2019 年 10 月 1 日,林永伟被公安人员抓获。

另查明,2016 年初至 2019 年 6 月,被告人林永伟多次在家中等地容留多人吸食甲基苯丙胺。

(二)裁判结果

本案由湖南省邵阳市中级人民法院一审,湖南省高级人民法院二审。

法院认为,被告人林永伟引诱他人吸食甲基苯丙胺,其行为已构成引诱他人吸毒罪;林永伟利用幼女吸毒后无力反抗及毒品上瘾,与之发生性关系,其行为又构成强奸罪;林永伟多次容留他人吸食甲基苯丙胺,其行为还构成容留他人吸毒罪。林永伟引诱幼女吸毒,并长期奸淫幼女,情节恶劣,应依法从重处罚。对其所犯数罪,应依法并罚。据此,对被告人林永伟以强奸罪判处无期徒刑,剥夺政治权利终身;以引诱他人吸毒罪判处有期徒刑三年,并处罚金人民币一万元;以容留他人吸毒罪判处有期徒刑二年,并处罚金人民币一万元,决定执行无期徒刑,剥夺政治权利终身,并处罚金人民币二万元。

上述裁判已于2021年1月21日发生法律效力。

(三)典型意义

成瘾性是毒品最基本的特征。吸食者一旦产生依赖,容易遭受侵害。尤其是未成年人,心智发育尚不成熟,自我保护能力欠缺,更易遭受毒品危害。本案就是一起引诱留守女童吸食毒品后实施强奸犯罪的典型案例。被告人林永伟引诱年仅10岁的幼女吸食甲基苯丙胺并成瘾,以此长期控制、奸淫幼女,还多次容留他人吸毒,社会危害大。人民法院依法判处林永伟无期徒刑,体现了对侵害未成年人犯罪予以严惩的坚定立场。

案例 10

沈立功故意杀人、容留他人吸毒案
——因吸毒致幻杀害亲属,依法惩处

(一)基本案情

被告人沈立功,男,汉族,1973年3月4日出生,高校教师。

2018年以来,被告人沈立功因吸食大麻导致精神障碍,由妻子赵宝玲(被害人,殁年40岁)照顾。其间,沈立功仍吸食大麻。2019年12月13日傍晚,沈立功在其住处因吸食大麻产生幻觉,持羊角锤等工具击打赵宝玲的头部,致赵严重颅脑损伤死亡。沈立功毁坏赵宝玲尸体后,以割腕、跳楼等方式自杀未果。同月16日11时许,沈立功在住处让他人帮忙报警,后被处警的公安人员控制。经鉴定,沈立功在作案期间患有精神活性物质所致精神障碍。

另查明,2016年至2019年11月,被告人沈立功多次容留多人在其住处吸食大麻。

(二)裁判结果

本案由浙江省杭州市中级人民法院一审,浙江省高级人民法院二审。

法院认为,被告人沈立功在吸食毒品致精神障碍的情况下将妻子杀害,其行为已构成故意杀人罪;沈立功提供场所容留他人吸毒,其行为又构成容留他人吸毒罪。鉴于沈立功杀人后委托他人代为投案,归案后如实供述杀人事实,并主动供述公安机关尚未掌握的容留他人吸毒事实,具有自首情节,可从轻处罚。对其所犯数罪,应依法并罚。据此,对被告人沈立功以故意杀人罪判处死刑,缓期二年执行,剥夺政治权利终身;以容留他人吸毒罪判处有期徒刑二年,并处罚金人民币五千元,决定执行死刑,缓期二年执行,剥夺政治权利终身,并处罚金人民币五千元。

上述裁判已于2021年3月30日发生法律效力。

(三)典型意义

吸毒会引发神经系统损害,甚至会造成精神障碍和精神疾病,不仅损害身心健康,还易导致行为失控,诱发杀人、伤害、交通肇事等次生犯罪。本案就是一起被告人因吸毒致幻,杀害亲属的典型案例。被告人沈立功因长期吸毒导致精神障碍,多次就医后仍继续吸毒,其吸毒行为具有违法性和自陷性。沈立功杀死妻子并毁坏尸体,犯罪手段残忍,罪行严重,还多次容留多人吸毒,但同时具有自首情节。人民法院根据沈立功犯罪的事实、性质、情节和对社会的危害程度,依法判处其死刑,缓期二年执行,体现了对吸毒诱发次生暴力犯罪的严惩立场。

最高人民法院发布 2022 年十大毒品（涉毒）犯罪典型案例

案例 1

梁玉景、黎国都制造毒品案
——纠集多人制造毒品，数量特别巨大，罪行极其严重

一、基本案情

被告人梁玉景，男，壮族，1976 年 8 月 2 日出生，无业。2010 年 1 月 8 日因犯故意伤害罪被判处有期徒刑三年，缓刑五年。

被告人黎国都，男，壮族，1983 年 7 月 10 日出生，农民。

2016 年底，被告人梁玉景、黎国都商定共同制造甲基苯丙胺（冰毒）。后黎国都伙同郑力纯（同案被告人，已判刑）租赁制毒场地，并与郑力纯、陈元武（同案被告人，已判刑）共同完成制毒前期准备工作；梁玉景购买制毒原材料，安排黄炳鹏（同案被告人，已判刑）检修制毒工具反应釜。2017 年 4 月底至 5 月初，梁玉景安排黎国都收集部分制毒出资，其中黎国都出资 70 万元，陈元武、梁玉升（二审期间因病死亡）夫妇出资 90 万元，零岸（同案被告人，已判刑）出资 15 万元。零骏良、凌晨（均系同案被告人，已判刑）等人在梁玉景、黎国都指使下，前往广东省东莞市将毒资交给梁玉景，将制毒辅料运至广西壮族自治区南宁市，又从广东省梅州市将梁玉景组织购买的氯麻黄碱运至南宁市，由陈元武驾车运至制毒场地。同年 5 月 28 日，梁玉景先后安排农多想、黄炳贵（均系同案被告人，已判刑）前往位于南宁市经开区那洪街道古思村的制毒场地，与黎国都、陈元武、郑力纯共同制造甲基苯丙胺。同月 31 日，公安人员在制毒场地抓获黎国都等人，当场查获甲基苯丙胺 419.2 千克、含甲基苯丙胺成分的固液混合物 143.92 千克及氯麻黄碱 148.42 千克、反应釜等。

二、裁判结果

本案由广西壮族自治区南宁市中级人民法院一审,广西壮族自治区高级人民法院二审。最高人民法院对本案进行了死刑复核。

法院认为,被告人梁玉景、黎国都伙同他人制造甲基苯丙胺,其行为均已构成制造毒品罪。梁玉景、黎国都共谋制造毒品,梁玉景纠集多人参与,管理毒资,购买制毒原料,黎国都大额出资,租赁制毒场地,直接参与制造,二人在制造毒品共同犯罪中均起主要作用,系主犯,罪责突出。梁玉景、黎国都制造甲基苯丙胺,数量特别巨大,社会危害大,罪行极其严重。据此,依法对被告人梁玉景、黎国都均判处并核准死刑,剥夺政治权利终身,并处没收个人全部财产。

罪犯梁玉景、黎国都已于 2022 年 6 月 15 日被依法执行死刑。

三、典型意义

制造毒品属于源头性毒品犯罪,历来是我国禁毒斗争的打击重点。近年来,广东等地的规模化制毒活动在持续严厉打击和有效治理之下,逐步得到遏制,但制毒活动出现了向周边省市转移的现象,国内其他地区分散、零星制毒犯罪仍时有发生,且犯罪手段呈现分段式、隐秘化等特点。本案是一起发生在广西的家族式重大制毒犯罪,参与人数多、制毒规模大,涉案人员大多具有亲属关系。同案人在梁玉景、黎国都指挥下实施制毒犯罪,从广东购入制毒原料,跨省运输至广西农村地区进行制造。案发时在制毒场地查获甲基苯丙胺晶体 419.2 千克、含甲基苯丙胺成分的固液混合物 143.92 千克及制毒物品氯麻黄碱 148.42 千克,毒品数量特别巨大。梁玉景、黎国都系该制毒团伙中罪责最为突出的主犯,罪行极其严重。人民法院依法对二人适用死刑,体现了突出打击重点、严惩源头性毒品犯罪的严正立场。

案例 2

冯志国运输毒品案
——暴力抗拒检查,持刀捅刺致执法人员重伤,
且系累犯,罪行极其严重

一、基本案情

被告人冯志国,男,汉族,1987年5月6日出生,农民。2012年12月26日因犯拐卖妇女罪被判处有期徒刑五年,并处罚金人民币三千元,2017年3月9日刑满释放。

2017年4月、5月,被告人冯志国与同村村民李复生、周明(均另案处理)先后从贵州省来到云南省镇康县南伞镇,共谋实施毒品犯罪。同年6月1日,三人携带毒品驾乘摩托车由镇康县南伞镇前往云南省保山市,23时许途经镇康县勐堆乡铜厂北路时发现前方设卡检查,冯志国遂将毒品丢弃在路边。执法人员经检查,发现三人形迹可疑,遂沿三人驶来方向搜查,在约30米远路边处查获海洛因1777克。冯志国见罪行败露,即持刀捅刺追捕的执法人员昝某后逃跑,致昝某肠破裂,构成重伤二级。2018年1月10日,冯志国在贵州省贵阳市被抓获。

二、裁判结果

本案由云南省临沧市中级人民法院一审,云南省高级人民法院二审。最高人民法院对本案进行了死刑复核。

法院认为,被告人冯志国明知是毒品而伙同他人进行运输,其行为已构成运输毒品罪。冯志国从贵州省到云南省边境地区实施毒品犯罪,与另案被告人李复生、周明分工配合,共同运输毒品,应依法按照其所参与的全部犯罪处罚。冯志国运输海洛因数量大,并暴力抗拒检查,情节严重,社会危害大,罪行极其严重。冯志国曾因犯拐卖妇女罪被判处有期徒刑,刑罚执行完毕后五年内又实施本案犯罪,系累犯,应依法从重处罚。据此,依法对被告人冯志国判处并核准死刑,剥夺政治权利终身,并处没收个人全部财产。

罪犯冯志国已于2021年9月9日被依法执行死刑。

三、典型意义

近年来,部分毒品犯罪分子为逃避法律制裁,不惜铤而走险,采用暴力手段抗拒检查、抓捕,增加了执法人员查缉毒品犯罪的风险,也对社会治安和人民群众的生命财产安全构成威胁。根据刑法第三百四十七条第二款的规定,走私、贩卖、运输、制造毒品,并具有以暴力抗拒检查、拘留、逮捕,情节严重情形的,处十五年有期徒刑、无期徒刑或者死刑。《最高人民法院关于审理毒品犯罪案件适用法律若干问题的解释》第三条第二款规定,以暴力抗拒检查、拘留、逮捕,情节严重,是指造成执法人员死亡、重伤、多人轻伤等情形。本案中,被告人冯志国在罪行被执法人员察觉后,为逃跑持刀连续捅刺执法人员致其重伤,属于暴力抗拒检查情节严重的情形。冯志国曾因犯拐卖妇女罪被判刑,刑满释放后短期内即再次实施本案犯罪,系累犯。冯志国对抗执法权威的行为及其前科情节,均反映出其较深的主观恶性和较大的人身危险性,依法应在法定量刑幅度内从重处罚。人民法院对其依法严惩并适用死刑,警示妄图以暴力对抗手段逃避法律追究的毒品犯罪分子,切勿心存侥幸。

案例3

邱山喜贩卖、运输毒品案
——通过非法手段获取他人犯罪线索并检举,
不构成立功,且系毒品再犯,罪行极其严重

一、基本案情

被告人邱山喜,曾用名邱三喜,男,汉族,1976年5月5日出生,农民。2004年1月12日因犯走私毒品罪被判处有期徒刑七年,并处罚金人民币五万元。

2013年6、7月份,被告人邱山喜欲从广东省广州市一名毒贩(身份不明)处购买毒品进行贩卖,并将此事告知元海银(同案被告人,已判刑),让元海银为其准备30万元现金。元海银同意,并提出从中购买一块毒品。同年7月13日,邱山喜携带元海银提供的30万元毒资,前往广州市交易毒品。后邱山喜将购得的毒品藏匿于其驾驶的丰田汽车后排座椅内,驾车返回安徽省临泉县,途中被公安人员抓获,当场查获海洛因3481.4克。邱山喜被抓获后,其亲属通过贿买手段获取范某某贩卖毒品犯罪线索,交由其检举揭发。

二、裁判结果

安徽省阜阳市中级人民法院一审根据公安机关出具的立功材料,错误认定被告人邱山喜检举揭发他人犯罪属实,具有重大立功表现,据此从轻判处邱山喜无期徒刑。安徽省高级人民法院二审维持原判。裁判发生法律效力后,安徽省高级人民法院发现原审裁判认定事实和适用法律确有错误,经再审改判邱山喜死刑。最高人民法院对本案进行了死刑复核。

法院认为,被告人邱山喜明知是海洛因而伙同他人贩卖、运输,其行为已构成贩卖、运输毒品罪。在共同犯罪中,邱山喜提起犯意,纠集他人参与出资,自行完成购买、运输毒品行为,起主要作用,系主犯。邱山喜贩卖、运输毒品数量大,社会危害大,罪行极其严重,且其曾因犯走私毒品罪被判处刑罚,系毒品再犯,应依法从重处罚。邱山喜检举范某某贩卖毒品的线索系通过贿买的非法手段获取,根据《最高人民法院关于处理自首和立功若干具体问题的意见》(以下简称《自首立功意见》)第四条的规定,不能认定为具有立功表现。据此,依法对被告人邱山喜改判并核准死刑,剥夺政治权利终身,并处没收个人全部财产。

罪犯邱山喜已于2022年6月15日被依法执行死刑。

三、典型意义

刑法设立立功制度,主要目的在于通过对犯罪分子承诺并兑现从宽处罚,换取其积极揭露他人罪行,以便司法机关及时发现、查处犯罪,节约司法资源。同时,检举揭发他人犯罪也在一定程度上反映出犯罪分子弃恶从善的愿望,有利于促成其悔过自新。但是,构成立功要求犯罪分子检举线索的来源必须合法,否则就背离了立功制度创设的初衷和价值取向,且违反相关法律法规,破坏公序良俗。《自首立功意见》第四条规定,犯罪分子通过贿买、暴力、胁迫等非法手段,获取他人犯罪线索并"检举揭发"的,不能认定为有立功表现。本案中,被告人邱山喜携款向上家求购大量毒品并跨省长途运输,罪行极其严重,且系毒品再犯,论罪应处死刑。邱山喜到案后检举揭发范某某贩卖毒品线索,公安机关据此侦破范某某贩毒一案,范某某被判处无期徒刑以上刑罚。经再审查明,上述检举线索系邱山喜亲属通过贿买的非法手段获取后交由邱山喜检举揭发,根据《自首立功意见》的规定,即便检举线索查证属实,邱山喜的行为也不构成立功。人民法院依法启动再审,对邱山喜改判死刑,彰显了对严重毒品犯罪绝不姑息的态度和实事求是、有错必纠的决心。

案例4

郑保涛等制造毒品、非法生产、买卖制毒物品案
——明知他人制造甲卡西酮而向其提供制毒原料;
非法生产、买卖制毒物品,情节特别严重

一、基本案情

被告人郑保涛,曾用名郑俊杰,男,汉族,1987年11月11日出生,农民。

被告人焦绪波,男,汉族,1975年2月5日出生,个体经营者。

被告人李晓龙,曾用名李龙,男,汉族,1994年1月2日出生,无业。

被告人金学,男,汉族,1992年2月27日出生,农民。

被告人房晓帅,男,汉族,1983年4月6日出生,无业。

被告人郑营,男,汉族,1979年3月18日出生,农民。

被告人郑保涛明知张新明、宋书斌(均另案处理)等购买溴代苯丙酮、苯丙酮等用于制造毒品,自2019年3月至10月间,在山东省滨州市、高青县、桓台县等地,多次向张新明等介绍购买或者贩卖溴代

苯丙酮、苯丙酮等制毒原料,并介绍李勇(另案处理)加入张新明等制毒、贩毒团伙。张新明等利用从郑保涛处购买的制毒原料生产甲卡西酮至少28.23千克。

2019年8月至11月,被告人郑保涛、金学、郑营在桓台县非法生产溴代苯丙酮、苯丙酮,并将生产的溴代苯丙酮分两次贩卖给陈云飞、王成毅(均另案处理)。2019年10月至2020年4月,被告人焦绪波、李晓龙、郑保涛、金学在山东省潍坊市非法生产溴代苯丙酮、苯丙酮,并交叉结伙多次向被告人房晓帅和陈云飞、王成毅、韦冰冰(另案处理)非法贩卖。其中,焦绪波共计非法生产溴代苯丙酮1428千克、苯丙酮3700千克,李晓龙共计非法生产溴代苯丙酮1428千克、苯丙酮2100千克,郑保涛共计非法生产、买卖溴代苯丙酮127.6千克,金学共计非法生产、买卖溴代苯丙酮54.2千克、苯丙酮21千克,郑营共计非法生产、买卖溴代苯丙酮17千克、苯丙酮21千克,房晓帅共计非法买卖溴代苯丙酮24.3千克。

二、裁判结果

本案由山东省桓台县人民法院一审,山东省淄博市中级人民法院二审。

法院认为,被告人郑保涛明知他人制造毒品而提供用于制造毒品的原料,其行为已构成制造毒品罪;郑保涛伙同被告人焦绪波、李晓龙、金学非法生产、买卖用于制造毒品的原料,情节特别严重,被告人郑营非法生产、买卖用于制造毒品的原料,情节严重,其行为均已构成非法生产、买卖制毒物品罪;被告人房晓帅非法买卖用于制造毒品的原料,情节严重,其行为已构成非法买卖制毒物品罪。对郑保涛所犯数罪,应依法并罚。在非法生产、买卖制毒物品共同犯罪中,郑保涛起主要作用,系主犯;金学、郑营起次要作用,系从犯,应依法减轻处罚。郑保涛、焦绪波、李晓龙、房晓帅买卖溴代苯丙酮部分事实系犯罪未遂,可比照既遂犯从轻处罚。郑保涛到案后协助抓获房晓帅,构成立功;焦绪波、李晓龙、郑营、金学到案后如实供述主要犯罪事实,均可依法从轻处罚。焦绪波、李晓龙、金学、郑营、房晓帅自愿认罪认罚,可依法从宽处理。据此,依法对被告人郑保涛以制造毒品罪判处有期徒刑十五年,并处没收个人财产人民币二十万元,以非法生产、买卖制毒物品罪判处有期徒刑七年,并处罚金人民币十万元,决定执行有期徒刑十九年,并处没收个人财产人民币二十万元、罚金人民币十万元;对被告人焦绪波、李晓龙、金学、房晓帅、郑营分别判处有期徒刑九年六个月、九年、五年、三年、一年九个月,并处数额不等罚金。

淄博市中级人民法院于 2021 年 8 月 3 日作出二审刑事裁定,现已发生法律效力。

三、典型意义

近年来,以制毒物品为原料,采用化学合成方法制造甲卡西酮等新型毒品的犯罪呈上升趋势。加大对制毒物品犯罪的打击力度,是从源头上遏制制造新型毒品犯罪的重要手段。本案是一起非法制造、买卖制毒物品,同时构成制造毒品共犯的典型案例。溴代苯丙酮、苯丙酮属于国家严格管控的制毒物品,被告人郑保涛等多次、大量非法生产、买卖溴代苯丙酮、苯丙酮等制毒物品,根据《最高人民法院关于审理毒品犯罪案件适用法律若干问题的解释》第八条第二款的规定,属于情节特别严重情形,人民法院依法对其判处七年以上有期徒刑。同时,当前制造毒品犯罪日益呈现团伙作案、分工精细、分段进行等特点,有必要予以全链条、全方位打击处理。明知他人制造毒品而向其提供制毒原料的,构成制造毒品罪的共犯,依法应予严惩。人民法院以制造毒品罪与非法生产、买卖制毒物品罪对郑保涛数罪并罚,决定执行有期徒刑十九年,并处以高额财产刑,体现了坚决遏制毒品来源、严厉惩治此类犯罪的一贯立场。同时,人民法院对本案中犯罪情节较轻,或者具有从犯、立功、坦白等法定从宽处罚情节的被告人依法从轻、减轻处罚,全面贯彻了宽严相济刑事政策。

案例 5

万昊能等贩卖毒品、洗钱案
——贩卖含有合成大麻素成分的电子烟油
并"自洗钱",依法数罪并罚

一、基本案情

被告人万昊能,男,汉族,1998年1月2日出生,无业。

被告人黄云,男,汉族,2000年10月4日出生,无业。

被告人刘智勇,男,汉族,2001年8月14日出生,无业。

2021年7月1日至8月21日,被告人万昊能在明知合成大麻素类物质已被列管的情况下,为牟取非法利益,通过微信兜售含有合成大麻素成分的电子烟油,先后六次采用雇请他人送货或者发送快递的方式向多人贩卖,得款共计4900元。被告人黄云两次帮助万昊能贩卖共计600元含有合成大麻素成分的电子烟油,被告人刘智勇帮助万昊能贩卖300元含有合成大麻素成分的电子烟油。为掩饰、隐瞒上述犯罪所得的来源和性质,万昊能收买他人微信账号并使用他人身份认证,收取毒资后转至自己的微信账号,再将犯罪所得提取至银行卡用于消费等。同年8月23日,公安人员在万昊能住处将其抓获,当场查获电子烟油15瓶,共计净重111.67克。次日,公安人员在万昊能租赁的仓库内查获电子烟油94瓶,共计净重838.36克。经鉴定,上述烟油中均检出 ADB-BUTINACA 和 MDMB-4en-PINACA 合成大麻素成分。万昊能、黄云到案后,分别协助公安机关抓捕吴某某(另案处理)、刘智勇。

二、裁判结果

本案由江西省南昌市西湖区人民法院一审,南昌市中级人民法院二审。

法院认为,被告人万昊能、黄云、刘智勇向他人贩卖含有合成大麻素成分的电子烟油,其行为均已构成贩卖毒品罪。万昊能为掩饰、隐瞒毒品犯罪所得的来源和性质,采取收买他人微信账号收取毒资后转至自己账号的支付结算方式转移资金，其行为又构成洗钱罪。对万昊能所犯数罪，应依法并罚。万昊能贩卖含有合成大麻素成分的电子烟油，数量大，社会危害大。万昊能、黄云、刘智勇到案后如实供述自己的罪行，万昊能、黄云协助抓捕其他犯罪嫌疑人，有立功表现，黄云、刘智勇自愿认罪认罚，均可依法从轻处罚。据此，依法对被告人万昊能以贩卖毒品罪判处有期徒刑十五年，并处没收个人财产人民币六万元，以洗钱罪判处有期徒刑十个月，并处罚金人民币五万元，决定执行有期徒刑十五年，并处没收个人财产人民币六万元、罚金人民币五万元；对被告人黄云、刘智勇均判处有期徒刑八个月，并处罚金人民币一万元。

南昌市中级人民法院于 2022 年 6 月 2 日作出二审刑事裁定，现已发生法律效力。

三、典型意义

合成大麻素类物质是人工合成的化学物质，相较天然大麻能产生更为强烈的兴奋、致幻等效果。吸食合成大麻素类物质后，会出现头晕、呕吐、精神恍惚等反应，过量吸食会出现休克、窒息甚至猝死等情况，社会危害极大。2021 年 7 月 1 日起，合成大麻素类物质被列入《非药用类麻醉药品和精神药品管制品种增补目录》进行整类列管，以实现对此类新型毒品犯罪的严厉打击。合成大麻素类物质往往被不法分子添加入电子烟油中或喷涂于烟丝等介质表面，冠以"上头电子烟"之名在娱乐场所等进行贩卖，因其外表与普通电子烟相似，故具有较强迷惑性，不易被发现和查处，严重破坏毒品管制秩序，危害公民身体健康。本案被告人万昊能六次向他人出售含有合成大麻素成分的电子烟油，被抓获时又从其住所等处查获大量用于贩卖的电子烟油。人民法院根据其贩卖毒品的数量、情节和对社会的危害程度，对其依法从严适用刑罚，同时警示社会公众自觉抵制新型毒品诱惑，切莫以身试毒。

毒品犯罪是洗钱犯罪的上游犯罪之一。洗钱活动在为毒品犯罪清洗毒资的同时，也为扩大毒品犯罪规模提供了资金支持，助长了毒品犯罪的蔓延。《中华人民共和国刑法修正案（十一）》将"自洗钱"

行为规定为犯罪,加大了对从洗钱犯罪中获益最大的上游犯罪本犯的惩罚力度。本案中,被告人万昊能通过收购的微信账号等支付结算方式,转移自身贩卖毒品所获毒资,掩饰、隐瞒贩毒违法所得的来源和性质,妄图"洗白"毒资和隐匿毒资来源。人民法院对其以贩卖毒品罪、洗钱罪数罪并罚,以同步惩治上下游犯罪,斩断毒品犯罪的资金链条,摧毁毒品犯罪分子再犯罪的经济基础。

案例 6

古亮引诱、教唆他人吸毒、容留他人吸毒案
——引诱、教唆、容留未成年人吸毒,且系累犯,依法严惩

一、基本案情

被告人古亮,男,汉族,1996 年 4 月 16 日出生,无业。2016 年 12 月 20 日因犯引诱、教唆他人吸毒罪被判处有期徒刑四年,并处罚金人民币五千元,2019 年 2 月 28 日刑满释放。

2020 年 10 月,被告人古亮与严某某、李某某(均系未成年人)在四川省宜宾市南溪区罗龙镇严某某母亲家中居住,古亮明知严某某、李某某没有吸毒史,在二人面前制作吸毒工具,询问二人是否愿意尝试吸毒,并示范吸毒方法,讲述吸毒后的体验,引诱、教唆二人吸食毒品,先后和严某某、李某某一起吸食了其提供的甲基苯丙胺(冰毒)。同年 11 月,古亮多次在宜宾市南溪区南山一品二期其租住的房间内容留吸毒人员及严某某、李某某吸食甲基苯丙胺。

二、裁判结果

本案由四川省宜宾市南溪区人民法院一审,宜宾市中级人民法院二审。

法院认为,被告人古亮通过向他人宣扬吸食毒品后的感受等方法,诱使、教唆他人吸食毒品,其行为已构成引诱、教唆他人吸毒罪。古亮多次提供场所容留吸毒人员及未成年人严某某、李某某吸食毒品,其行为已构成容留他人吸毒罪。对古亮所犯数罪,应依法并罚。

古亮引诱、教唆未成年人吸毒,且其曾因犯引诱、教唆他人吸毒罪被判处有期徒刑,刑满释放后五年内又实施本案犯罪,系累犯,应依法从重处罚。古亮到案后如实供述自己的主要犯罪事实,可依法从轻处罚。据此,依法对被告人古亮以引诱、教唆他人吸毒罪判处有期徒刑二年六个月,并处罚金人民币三千元;以容留他人吸毒罪判处有期徒刑一年一个月,并处罚金人民币三千元,决定执行有期徒刑三年四个月,并处罚金人民币六千元。

宜宾市中级人民法院于 2021 年 9 月 18 日作出二审刑事裁定,现已发生法律效力。

三、典型意义

毒品具有较强的致瘾癖性,一旦沾染,极易造成身体和心理的双重依赖。未成年人好奇心强,心智发育尚不成熟,欠缺自我保护能力,更易遭受毒品危害。人民法院始终坚持将犯罪对象为未成年人以及组织、利用未成年人实施的毒品犯罪作为打击重点。本案是一起典型的引诱、教唆、容留未成年人吸毒案件。被告人古亮在未成年人面前实施言语诱导、传授吸毒方法、宣扬吸毒感受的行为,造成两名本无吸毒意愿的未成年人吸食毒品的后果,且其多次提供场所容留未成年人吸毒,社会危害大。古亮曾因引诱、教唆他人吸毒犯罪情节严重被判处有期徒刑四年,仍不思悔改,刑满释放不足一年又再次实施同类犯罪,系累犯,主观恶性深,人身危险性大。人民法院根据其犯罪事实、性质、情节和危害后果,依法对其从重处罚,贯彻了加大对末端毒品犯罪惩处力度的刑事政策,体现了对侵害未成年人毒品犯罪予以严惩的坚定立场。在通过刑罚手段阻断毒品危害殃及未成年人的同时,人民法院也呼吁广大青少年深刻认识毒品危害,守住心理防线,慎重交友,远离易染毒环境和人群。

案例 7

梁宇立走私、贩卖毒品案
—— 多次走私大麻入境,并向多名
吸毒人员贩卖,情节严重

一、基本案情

被告人梁宇立,男,汉族,1990年4月19日出生,公司职员。

自2021年3月起,被告人梁宇立多次以每克50元至70元不等的价格,在网上向境外人员购买大麻,并通过国际邮包寄递入境。梁宇立收到大麻后,以每克150元至180元不等的价格贩卖给吸毒人员朱某、何某某、梁某某、郑某某等人(均另案处理)。同年8月11日,梁宇立准备向吸毒人员朱某等人贩卖大麻时,在其位于广东省广州市海珠区海康街的住处被抓获。公安人员当场查获梁宇立用于贩卖的大麻361.43克及作案工具电子秤、包装袋等。

二、裁判结果

本案由广东省广州市荔湾区人民法院审理。

法院认为,被告人梁宇立违反国家对毒品的管制规定,从境外购买大麻非法寄递入境,并贩卖给他人,其行为已构成走私、贩卖毒品罪。梁宇立多次走私毒品并向多人贩卖,根据《最高人民法院关于审理毒品犯罪案件适用法律若干问题的解释》第四条第(一)项的规定,应认定为刑法第三百四十七条第四款规定的"情节严重"。梁宇立到案后如实供述自己的罪行,可依法从轻处罚;自愿认罪认罚,可依法从宽处理。据此,依法对被告人梁宇立判处有期徒刑三年六个月,并处罚金人民币五万元。

荔湾区人民法院于2022年2月22日作出刑事判决。宣判后,在法定期限内没有上诉、抗诉。判决现已发生法律效力。

三、典型意义

大麻类毒品包括大麻植物干品、大麻树脂、大麻油等,最主要的活性成分为四氢大麻酚,对人体有麻醉、致幻等作用。大麻具有成瘾性,长期滥用可导致呼吸系统、免疫系统问题或精神疾病。我国将大麻类物质和四氢大麻酚分别列为麻醉药品和一类精神药品进行严格管制。近年来,受境外部分国家大麻"合法化"的影响,一些留学生、海外归国人员、文娱从业人员产生大麻类毒品成瘾性低、危害性小的错误认知,出于猎奇心理或追求感官刺激而吸食大麻。随着国内管制不断加强,犯罪分子利用互联网从境外购买大麻,通过国际邮包少量、多次、分散寄递入境后,贩卖给滥用群体。本案是一起典型的与境外卖家勾连交易,通过国际快递走私大麻入境后在国内贩卖的案件。被告人梁宇立为牟取高额利润,多次走私大麻入境,并向多名吸毒人员贩卖,既系源头性犯罪,又直接导致毒品进入消费环节,情节严重,社会危害大。人民法院依法对其从严惩处,体现了厉行禁毒的坚定立场,同时也提醒广大群众,特别是青少年群体充分认识大麻危害,提高对毒品的防范意识和鉴别能力。

案例 8

周洪伟贩卖、运输毒品案
——利用"互联网+物流寄递"手段多次向吸毒人员贩卖麻精药品,情节严重

一、基本案情

被告人周洪伟,男,汉族,1993 年 5 月 22 日出生,务工人员。

2021 年 3 月,被告人周洪伟明知艾司唑仑片、泰勒宁(氨酚羟考酮片)等系国家管制的精神药品,仍以牟利为目的,在微信、抖音、百度贴吧等网络社交平台寻找买家,通过闲鱼 App 三次向吸毒人员贩卖,共计贩卖艾司唑仑片 1 盒(20 片)、泰勒宁 7 盒(70 片),并通过快递寄送上述精神药品。后公安人员将周洪伟抓获,并从其租住处查获艾司唑仑片、酒石酸唑吡坦片、劳拉西泮片、佐匹克隆片等数百片。

二、裁判结果

本案由福建省石狮市人民法院审理。

法院认为，被告人周洪伟明知是国家管制的能够使人形成瘾癖的精神药品仍向吸毒人员贩卖、运输，其行为已构成贩卖、运输毒品罪。周洪伟多次贩卖毒品，根据《最高人民法院关于审理毒品犯罪案件适用法律若干问题的解释》第四条第（一）项的规定，应认定为刑法第三百四十七条第四款规定的"情节严重"。周洪伟到案后如实供述自己的罪行，可依法从轻处罚。据此，依法对被告人周洪伟判处有期徒刑三年，并处罚金人民币三千元。

石狮市人民法院于2021年9月24日作出刑事判决。宣判后，在法定期限内没有上诉、抗诉。判决现已发生法律效力。

三、典型意义

近年来，随着我国对海洛因、甲基苯丙胺等毒品犯罪的打击力度不断加强，部分常见毒品逐渐较难获得，一些吸毒人员转而通过非法手段获取处方麻精药品作为替代物滥用，以满足吸毒瘾癖，具有医疗用途的麻精药品流入非法渠道的情况时有发生。为加大监管力度，有关职能部门联合印发《关于将含羟考酮复方制剂等品种列入精神药品管理的公告》，规定自2019年9月1日起将含羟考酮的复方制剂（含泰勒宁）列入精神药品管理。《全国法院毒品犯罪审判工作座谈会纪要》明确规定，向吸食、注射毒品的人员贩卖国家规定管制的能够使人形成瘾癖的麻醉药品或者精神药品的，以贩卖毒品罪定罪处罚。同时，随着互联网技术、物流业的快速发展，犯罪分子依托互联网联络毒品交易并收取毒资、通过快递物流渠道交付毒品的现象日益突出。信息网络的跨地域性、匿名性特点，使得毒品犯罪手段愈趋隐蔽化、多样化，监管、打击难度不断加大。本案就是犯罪分子利用"互联网＋物流寄递"手段向吸毒人员贩卖国家规定管制的处方麻精药品的典型案例。被告人周洪伟在微信、抖音、百度贴吧等网络社交平台寻找联系买家，明知买家购买麻精药品作为成瘾替代物，仍通过闲鱼交易平台下单结算，再通过物流方式向各地买家寄送，犯罪手段隐蔽，社会危害性大。周洪伟多次向吸毒人员贩卖毒品，情节严重。除已售出的麻精药品外,公安人员还从周洪伟租住处查获大量国家管制的精神药品。人民法院对周洪伟依法适用刑罚,体现了对利用信息网络实施非法贩卖麻精药品犯罪的严厉打击。

案例9

何启安贩卖毒品案
——向吸毒人员贩卖氟胺酮,
且系累犯,依法严惩

一、基本案情

被告人何启安,男,汉族,1974年6月27日出生,务工人员。2018年6月20日因犯盗窃罪被判处有期徒刑二年二个月,并处罚金人民币五千元,同年7月17日刑满释放。

2021年9月2日,被告人何启安在江西省萍乡市火车站一麻将馆内,以5000元的价格从"狗鸭"(身份不明)处购得约5克氟胺酮,后为增重将"消炎粉"掺杂到所购氟胺酮内形成混合物。次日,何启安在湖南省株洲市芦淞区将15克上述氟胺酮混合物贩卖给吸毒人员刘某、陈某,得款7500元。同月6日,何启安在萍乡市区密码酒店附近将约11克上述氟胺酮混合物贩卖给陈某,得款5500元。

二、裁判结果

本案由湖南省攸县人民法院审理。

法院认为,被告人何启安明知氟胺酮是国家管制的能够使人形成瘾癖的麻精药品仍贩卖给他人,其行为已构成贩卖毒品罪。何启安曾因犯盗窃罪被判处有期徒刑,在刑罚执行完毕后五年内又实施本案犯罪,系累犯,应依法从重处罚。何启安到案后如实供述自己的罪行,可依法从轻处罚;自愿认罪认罚,可依法从宽处理。据此,依法对被告人何启安判处有期徒刑一年九个月,并处罚金人民币一万元。

攸县人民法院于2021年11月25日作出刑事判决。宣判后,在法定期限内没有上诉、抗诉。判决现已发生法律效力。

三、典型意义

氟胺酮是对氯胺酮(俗称"K粉")进行化学结构修饰得到的类似物,从外观看两者同为白色结晶粉末状,具有相似的麻醉、致幻等效果,长期吸食氟胺酮会引发对人体脏器的永久损害,滥用过量甚至会导致死亡。近年来,随着国家对涉氯胺酮犯罪的打击力度不断加大,不法分子逐渐将目标转向氟胺酮,将其作为氯胺酮的替代物非法吸食、贩卖,以逃避法律制裁。为防范氟胺酮等新精神活性物质蔓延,有关职能部门联合发布《关于将合成大麻素类物质和氟胺酮等18种物质列入〈非药用类麻醉药品和精神药品管制品种增补目录〉的公告》,决定从2021年7月1日起正式将氟胺酮纳入列管范围。该公告的施行为打击氟胺酮等新型毒品犯罪提供了依据。本案系一起典型的涉氟胺酮犯罪案件。被告人何启安曾因犯盗窃罪被判处刑罚,刑满释放后不思悔改,又两次向吸毒人员贩卖氟胺酮,系累犯,主观恶性深,人身危险性大。人民法院根据何启安的犯罪事实、性质、情节和对社会的危害程度,对其依法从严惩处,彰显了人民法院坚决打击新型毒品犯罪的严正立场。

案例 10

郑波故意杀人案
——吸毒致幻后杀死父母,罪行极其严重

一、基本案情

被告人郑波,男,汉族,1981年7月12日出生,无业。

被告人郑波系吸毒人员。2019年10月4日,郑波在家中吸食了甲基苯丙胺(冰毒)。次日1时许,郑波无端怀疑妻子陈某有外遇,与其妻发生争执。4时许,郑波来到父母卧室称其欲离婚,遭到其母范某某(被害人,殁年66岁)责骂,即持随身携带的仿制军刀捅刺范的头面部、颈部等处数刀,后又持刀捅刺瘫痪在床的其父郑某某(被害人,殁年76岁)颈部等处数刀。陈某劝阻郑波,郑持刀威胁陈下跪。

后郑波见范某某未死，遂脚踢范某某头部，并再次捅刺范某某、郑某某数刀，致二人死亡。

二、裁判结果

本案由四川省成都市中级人民法院一审，四川省高级人民法院二审。最高人民法院对本案进行了死刑复核。

法院认为，被告人郑波故意非法剥夺他人生命，其行为已构成故意杀人罪。郑波吸食毒品产生幻觉，持刀捅刺父母数刀，将二人杀死，杀人犯意坚决，犯罪情节恶劣，手段残忍，后果和罪行极其严重，应依法惩处。据此，依法对被告人郑波判处并核准死刑，剥夺政治权利终身。

罪犯郑波已于 2022 年 5 月 24 日被依法执行死刑。

三、典型意义

吸食毒品不仅给吸毒者本人造成难以逆转的身心损害，还容易诱发各类次生犯罪。长期吸食毒品花费大量钱财，吸毒者可能迫于经济压力"以贩养吸"，或者实施盗窃、抢劫等侵财犯罪。同时，因毒品具有中枢神经兴奋、抑制或者致幻作用，会导致吸毒者狂躁、抑郁甚至出现被害妄想、幻视幻听症状，进而肇事肇祸，严重危害社会治安和公共安全。本案中，被告人郑波自述长期吸毒，平时吸食冰毒、"摇头丸"等多种毒品，其曾因吸食毒品被行政拘留、社区戒毒，但仍不思悔改，又继续吸食毒品，致幻后无端怀疑妻子出轨，认为劝阻其离婚的母亲系"恶魔"，持刀杀死母亲和瘫痪在床的父亲，罪行令人发指。本案充分反映出毒品给吸食者本人、家庭和社会带来的严重危害。人民法院在严惩郑波罪行的同时，也告诫每一位公民自觉防范、抵制毒品，远离这一摧毁人性的真正"恶魔"。

最高人民法院发布2023年十大毒品（涉毒）犯罪典型案例

案例一

张胜川走私、运输毒品案
——犯罪集团首要分子组织、指挥数十人走私、运输毒品，罪行极其严重

基本案情

被告人张胜川，男，汉族，1989年6月1日出生，无业。

2018年10月至2019年7月，以被告人张胜川为首，田爱攀、易德金（均系同案被告人，已判刑）等为骨干，多人参与的毒品犯罪集团盘踞在境外。该犯罪集团通过网络招募数十名人员，采取统一安排食宿、拍摄自愿运毒视频等方式控制其人身自由，组织、指挥上述人员走私毒品入境后，采用乘车携带、物流寄递等方式，运往重庆市、辽宁省鞍山市、四川省遂宁市及云南省普洱市、昭通市等地，共计实施犯罪十余次。公安机关共计查获涉案甲基苯丙胺片剂（俗称"麻古"，下同）58694.14克、甲基苯丙胺（冰毒，下同）7473.14克、海洛因7423.40克。

裁判结果

本案由昆明铁路运输中级法院一审，云南省高级人民法院二审。最高人民法院对本案进行了死刑复核。

法院认为，被告人张胜川组织、指挥他人走私、运输毒品，其行为已构成走私、运输毒品罪。张胜川组织、领导多名骨干分子和一般成员走私、运输毒品，通过网络招募数十名人员，控制其人身自由，指挥、安排上述人员探路、邮寄或携带运输毒品，系毒品犯罪集团的首要分子，应按照集团所犯的全部罪行处罚。张胜川组织、指挥他人走私、运输毒品数量巨大，社会危害极大，罪行极其严重，应依法惩处。张胜川协助公安机关抓捕一名运毒人员，提供线索使得公安机关查

获甲基苯丙胺片剂2593克,均已构成一般立功。虽然张胜川归案后如实供述所犯罪行,且有立功情节,但根据其犯罪的事实、性质、情节和对于社会的危害程度,不足以从轻处罚。据此,依法对被告人张胜川判处并核准死刑,剥夺政治权利终身,并处没收个人全部财产。

罪犯张胜川已于2022年4月19日被依法执行死刑。

典型意义

走私毒品属于源头性毒品犯罪,人民法院在审理此类案件时始终严格贯彻从严惩处的政策要求,并将走私毒品犯罪集团中的首要分子、骨干成员作为严惩重点,对于其中符合判处死刑条件的,坚决依法判处。本案是一起典型的犯罪集团将大量毒品走私入境的跨国毒品犯罪案件。该案参与人员众多,涉案毒品数量巨大,仅查获在案的甲基苯丙胺片剂就达数万克、甲基苯丙胺和海洛因均达数千克。以被告人张胜川为首要分子的毒品犯罪集团盘踞在境外,以高额回报为诱饵,通过网络招募人员,组织、指挥数十人将大量、多种毒品走私入境后运往全国多个省份。虽然张胜川具有坦白、一般立功情节,但根据其犯罪性质、具体情节、危害后果、毒品数量及主观恶性、人身危险性,结合立功的类型、价值大小等因素综合考量,其功不足以抵罪,故依法不予从宽。人民法院对张胜川判处死刑,体现了对走私毒品犯罪集团首要分子的严厉惩治,充分发挥了刑罚的威慑作用。同时,提醒社会公众特别是年轻人群体,不要为挣"快钱""大钱"铤而走险,应通过正规招聘渠道求职,自觉增强防范意识。

案例二

严荣柱贩卖、制造毒品、董胜震贩卖、运输毒品案
——组织多人制造新型毒品甲卡西酮,
向社会大肆贩卖,罪行极其严重

基本案情

被告人严荣柱,男,汉族,1960年1月7日出生,无业。2002年4

月2日因犯合同诈骗罪被判处有期徒刑十二年,2009年7月1日刑满释放。

被告人董胜震,男,汉族,1981年11月20日出生,无业。

2016年春节后,被告人严荣柱、董胜震密谋由严荣柱制造甲卡西酮,董胜震负责收购。严荣柱将制毒工艺流程交予潘付明(同案被告人,已判刑),指使潘付明制造甲卡西酮。潘付明与谭如兆、王息梅(均系同案被告人,已判刑)等人试验后成功制出甲卡西酮。同年10月初,潘付明与李金文(同案被告人,已判刑)商定在河南省新野县歪子镇李金文处制造甲卡西酮。同年12月底,李金文等人将制毒地点转移至该镇另一处所,直至2017年3月9日案发。制毒期间,严荣柱提供主要原料,李金文购买辅料并负责日常管理,谭如兆、王息梅指导工人制毒。严荣柱等人共制造甲卡西酮5126.4千克,其中451.4千克被公安机关在制毒现场查获。

2016年10月13日至2017年3月9日,被告人严荣柱联系潘付明,将制造的甲卡西酮贩卖给被告人董胜震九次,共计4675千克。毒品交易期间,董胜震指使何华强(同案被告人,已判刑)向严荣柱支付毒资,指使何华强、侯圣利(同案被告人,已判刑)等人驾驶车辆接运毒品,后由董胜震之弟董胜磊(同案被告人,已判刑)安排董胜波、葛会师(均系同案被告人,已判刑)将毒品转卖给他人。2017年3月9日,最后一次交易的1000千克甲卡西酮被当场查获。

裁判结果

本案由河南省南阳市中级人民法院一审,河南省高级人民法院二审。最高人民法院对本案进行了死刑复核。

法院认为,被告人严荣柱明知甲卡西酮是毒品而制造并出售,其行为已构成贩卖、制造毒品罪。被告人董胜震明知甲卡西酮是毒品而贩卖、运输,其行为已构成贩卖、运输毒品罪。严荣柱提起犯意,组织他人制造毒品并提供主要原料,负责贩卖制出的毒品,董胜震指挥他人支付毒资、接运并销售毒品,二人在各自参与的共同犯罪中均起主要作用,均系罪责最为突出的主犯,应按照二人各自所参与和组织、指挥的全部犯罪处罚。严荣柱制造、贩卖、董胜震贩卖、运输毒品数量巨大,犯罪情节严重,社会危害大,罪行极其严重,应依法惩处。据此,依法对被告人严荣柱、董胜震均判处并核准死刑,剥夺政治权利终身,并处没收个人全部财产。

罪犯严荣柱、董胜震已于2022年8月19日被依法执行死刑。

典型意义

甲卡西酮于2005年在我国被列为第一类精神药品进行管制,但在国内不存在合法生产、经营,也没有任何合法用途。甲卡西酮作为新型毒品,对人体健康可产生较为严重的伤害,能导致急性健康问题和毒品依赖,过量使用易造成不可逆的永久脑部损伤甚至死亡。本案是一起大量制造、贩卖甲卡西酮的典型案例。被告人严荣柱组织多人大量制造甲卡西酮,不仅提供制毒工艺和主要原料,还负责贩卖;被告人董胜震出资购毒,指挥多人接运和交易毒品,并组织向外贩卖。二人在毒品制售链条中处于核心地位、发挥关键作用,致使3600余千克毒品流入社会,另查获甲卡西酮1400余千克,具有严重的社会危害。制造毒品和大宗贩卖毒品属于源头性毒品犯罪,历来是我国禁毒斗争的打击重点。人民法院依法对严荣柱、董胜震判处死刑,体现了对性质严重、情节恶劣、社会危害大的新型毒品犯罪惩处力度的不断加大。

案例三

阮新华贩卖、运输毒品案
——利用、教唆未成年人贩卖毒品,
且系累犯,罪行极其严重

基本案情

被告人阮新华,男,汉族,1984年2月6日出生,农民。2007年8月7日因犯抢劫罪被判处有期徒刑十三年,剥夺政治权利三年,并处罚金人民币一万元,2016年2月4日刑满释放。

2019年2月,吴江(同案被告人,已判刑)经他人介绍,得知被告人阮新华有低价甲基苯丙胺出售及阮的联系方式,遂将上述信息告诉唐四凡(同案被告人,已判刑)。后阮新华与吴江、唐四凡约定交易甲基苯丙胺1000克,唐四凡向阮新华微信转账5000元。同月18日,阮新华将藏有约1000克甲基苯丙胺的包裹从云南省瑞丽市邮寄至湖南省平江县虹桥镇一超市,并通知吴江领取。同月21日,吴江伙同他人前往签收包裹并送至唐四凡处,后吴、唐二人向阮新华支付部分购毒款。

2019年3月下旬,被告人阮新华与吴江、唐四凡再次约定交易甲基苯丙胺,唐四凡等人向阮新华支付定金2万元。同年4月22日,阮新华将藏有甲基苯丙胺的包裹从瑞丽市邮寄至江西省修水县一小区侧门商铺。同月24日、25日,阮新华多次通过微信、电话联系阮某(时年17岁,另案处理)代收上述毒品,并让阮某准备透明塑料袋、电子秤分装毒品。后因阮某未买到上述物品,阮新华安排吴江前去取货。同月26日上午,唐四凡伙同他人来到修水县城,在该县一宾馆房间与吴江及其同伙会合。阮新华指使阮某到该宾馆,对当日进出人员进行拍照、录像以确认毒品买家情况。当日11时许,吴江与唐四凡到快递点签收包裹时被抓获,公安人员当场从包裹内查获甲基苯丙胺1992.19克。同年8月18日,阮新华被抓获。

裁判结果

本案由江西省九江市中级人民法院一审,江西省高级人民法院二审。最高人民法院对本案进行了死刑复核。

法院认为,被告人阮新华明知甲基苯丙胺是毒品而贩卖、运输,其行为已构成贩卖、运输毒品罪。阮新华采用物流寄递方式跨省贩运甲基苯丙胺,并指使他人进行监视,在共同犯罪中起主要作用,系主犯,应按照其所参与的全部犯罪处罚。阮新华贩卖、运输甲基苯丙胺近3000克,社会危害大,罪行极其严重。阮新华利用、教唆未成年人贩卖毒品,且曾因犯抢劫罪被判处有期徒刑,刑罚执行完毕后五年内又实施本案犯罪,系累犯,应依法从重处罚。据此,依法对被告人阮新华判处并核准死刑,剥夺政治权利终身,并处没收个人全部财产。

罪犯阮新华已于2022年10月28日被依法执行死刑。

典型意义

未成年人心智不够成熟,分辨是非能力较弱,好奇心强,容易受到不良周边环境的影响,被不法分子利用、教唆参与毒品犯罪,或者成为被引诱、教唆、欺骗吸食毒品以及出售毒品的对象。本案是一起利用、教唆未成年人参与贩卖毒品的典型案例。被告人阮新华指使未成年人阮某代收毒品、准备工具分装毒品未果,后又指使阮某到宾馆拍照、录像确认毒品买家情况,将阮某引上歧途。阮新华曾因严重暴力犯罪被判处重刑,刑满释放之后五年内又实施严重毒品犯罪,系累犯,主观恶性深,人身危险性大。人民法院对阮新华依法从重处罚并适用死刑,突出了对毒品犯罪的打击重点,亦较好地体现了对未成年人的特殊保护。

案例四

蔡泽雄、林小波贩卖、运输毒品案
——积极响应敦促投案自首通告,主动自境外回国自首,依法从轻处罚

基本案情

被告人蔡泽雄,男,汉族,1984年4月30日出生,务工人员。

被告人林小波,男,汉族,1985年4月24日出生,务工人员。

2017年5月,游志文(已另案判刑)联系被告人林小波购买毒品,林小波联系被告人蔡泽雄,约定由蔡泽雄向游志文提供甲基苯丙胺20千克。后游志文伙同李雨时、徐源昌(均已另案判刑)来到广东省陆丰市,与林小波、蔡泽雄商谈毒品交易事宜。同月27日上午,蔡泽雄驾驶装有毒品的车辆与林小波到游志文所住酒店房间,蔡泽雄将补齐重量的149.3克甲基苯丙胺交给游志文、李雨时。后林小波驾驶上述车辆与李雨时、徐源昌在高速公路服务区交接毒品。游志文确认毒品交接完成后,将60万元毒资交付给蔡泽雄。当日20时,游志文、李雨时、徐源昌在福建省泉州市一酒店房间被抓获,公安人

员从游志文所租车辆后备箱及后备箱左侧夹层内查获甲基苯丙胺共计20.02千克。蔡泽雄、林小波案发后潜逃境外,后于2020年12月1日主动到云南省孟连县孟连口岸向陆丰市公安局投案,到案后如实供述犯罪事实。

裁判结果

本案由广东省汕尾市中级人民法院一审,广东省高级人民法院二审。

法院认为,被告人蔡泽雄、林小波结伙贩卖、运输甲基苯丙胺,其行为均已构成贩卖、运输毒品罪。蔡泽雄、林小波贩卖、运输毒品数量巨大,罪行严重。在共同犯罪中,蔡泽雄是毒品卖主,决定毒品交易的价格、方式,收取毒资;林小波在毒品交易、运输过程中行为积极,二人均起主要作用,均系主犯,应按照其所参与的全部犯罪处罚,林小波的作用相对小于蔡泽雄。二人从境外自动回国投案,如实供述主要罪行,系自首,可依法从轻处罚,对蔡泽雄判处死刑可不立即执行,对林小波的量刑应与蔡泽雄有所区别。据此,依法对被告人蔡泽雄判处死刑,缓期二年执行,剥夺政治权利终身,并处没收个人全部财产;对被告人林小波判处无期徒刑,剥夺政治权利终身,并处没收个人全部财产。

广东省高级人民法院于2022年11月14日作出二审刑事判决,现已发生法律效力。

典型意义

宽严相济是我国的基本刑事政策。人民法院在坚持整体从严惩处毒品犯罪、突出打击重点的同时,也注重全面、准确贯彻宽严相济刑事政策,做到以严为主、宽以济严、罚当其罪。对于罪行较轻,或者具有从犯、自首、立功、初犯等法定、酌定从宽处罚情节的毒品犯罪分子,体现区别对待,依法给予从宽处罚,以达到分化瓦解毒品犯罪分子、预防和减少毒品犯罪的效果。本案是一起犯罪分子自境外回国投案构成自首的重大毒品案件。二被告人系当地公检法三机关联合向社会发布的《关于敦促涉毒在逃人员投案自首的通告》中所列在逃犯罪嫌疑人,在境外看到该追逃通告后通过亲属与当地公安机关联系,主动要求投案,并在投案过程中克服地域、语言、交通等困难,投案意愿坚定,反映其良好的认罪悔罪态度,也节约了司法资源。人民法院充分考虑二被告人积极响应司法机关发布的敦促投案自首通告,主动自境外回国投案,并如实供述主要犯罪事实的情节,对二人予以从宽处罚,对其他在逃人员具有示范感召意义,实现了政治效果、社会效果、法律效果的有机统一。

案例五

吴纪剡等非法生产制毒物品案
——组织多人非法生产制毒物品麻黄碱,
情节特别严重

基本案情

被告人吴纪剡,男,汉族,1982年3月2日出生,务工人员。

被告人吴小雄,男,汉族,1970年12月28日出生,无业。

被告人黄曜昌,男,汉族,1978年11月4日出生,务工人员。

被告人吴辰凯,男,汉族,1995年12月11日出生,无业。

被告人林有泉,男,汉族,1994年2月28日出生,无业。

被告人黄兆祥,男,汉族,1973年8月6日出生,务工人员。2010年4月1日因犯故意伤害罪被判处有期徒刑一年,缓刑一年。

2022年4月底5月初,被告人吴纪剡、吴小雄兄弟二人共谋生产麻黄碱并出售牟利。吴小雄联系被告人黄曜昌,准备在福建省连城县黄曜昌的养猪场生产麻黄碱,黄曜昌同意,并以2万元出资和场地租金1万元入股。吴纪剡联系他人购买约500千克含有麻黄碱成分的药片,并购买辅料及防腐手套等,委托他人运至连城县交接给吴小雄、黄曜昌,再由黄曜昌运至养猪场。吴纪剡、吴小雄联系被告人吴辰凯生产麻黄碱,吴辰凯邀约被告人林有泉参与。同年5月12日,吴小雄驾车将吴辰凯、林有泉送至连城县,再由黄曜昌驾车将二人载至养猪场。吴辰凯、林有泉用粉碎机将含有麻黄碱成分的药片碾碎,加入辅料,采用化学方法加工、提炼麻黄碱。其间,黄曜昌帮忙碾碎药片等,吴小雄安排被告人黄兆祥帮其和黄曜昌运送含有麻黄碱成分的药片,黄兆祥还负责送饭及购买容器等。同月18日,公安人员现场查获含麻黄碱75844.37克的粉末等物质及生产麻黄碱的工具。

裁判结果

本案由福建省连城县人民法院一审,福建省龙岩市中级人民法院二审。

法院认为,被告人吴纪刎、吴小雄、黄曜昌、吴辰凯、林有泉、黄兆祥违反国家规定,非法生产用于制造毒品的原料麻黄碱,情节特别严重,其行为均已构成非法生产制毒物品罪。在共同犯罪中,吴纪刎、吴小雄共谋生产麻黄碱并联系生产人员,吴纪刎购买、运送主料和辅料,吴小雄联系生产场地,运送生产人员,指使他人运送主料;黄曜昌出资入股,提供生产场地,参与运送主料、辅料及生产人员,在生产麻黄碱过程中提供帮助,三人均起主要作用,均系主犯,应按照其所参与的全部犯罪处罚,黄曜昌的地位、作用相对较小。吴辰凯、林有泉、黄兆祥在共同犯罪中起次要作用,系从犯,应依法减轻处罚。六被告人均如实供述自己的罪行,可依法从轻处罚。吴辰凯、林有泉、黄兆祥认罪认罚,可依法从宽处理。吴纪刎有吸毒劣迹,黄兆祥有故意犯罪前科,酌情从重处罚。据此,依法对被告人吴纪刎、吴小雄、黄曜昌、吴辰凯、林有泉、黄兆祥分别判处有期徒刑八年、七年八个月、七年、三年十个月、三年七个月、三年二个月,并处数额不等罚金。

龙岩市中级人民法院于2023年2月17日作出二审刑事裁定,现已发生法律效力。

典型意义

制毒物品犯罪属于制造毒品的上游犯罪。为从源头上遏制毒品犯罪,我国不断加大对制毒物品犯罪的打击力度,不但在立法层面加大惩治力度,且始终坚持"打防并举、综合施治"方针,持续严格管控制毒物品。麻黄碱被列为第一类易制毒化学品,是制造甲基苯丙胺的主要原料。在利益驱使下,犯罪分子不惜铤而走险,购买可用于合成麻黄碱的化学品或者含麻黄碱成分的药品,非法生产麻黄碱贩卖以牟取暴利,导致制造毒品等犯罪的蔓延。本案系一起犯罪团伙组织生产麻黄碱的典型案例。涉案麻黄碱数量达75千克以上,根据相关司法解释已达情节特别严重标准。人民法院根据各被告人犯罪的事实、性质、情节和对于社会的危害程度及认罪悔罪表现,对三名主犯判处七年以上有期徒刑,对三名从犯依法从宽处罚,既体现了人民法院从严惩处制毒物品犯罪的鲜明立场,也全面贯彻了宽严相济刑事政策。

案例六

韩敏华走私、贩卖、运输毒品、强奸、传授犯罪方法、张淼淼走私毒品、强奸案
——采用非接触式手段走私、贩运精神药品,情节严重;利用精神药品迷奸他人,依法数罪并罚

基本案情

被告人韩敏华,男,汉族,1992年3月30日出生,KTV服务人员。2012年1月12日因犯盗窃罪被判处有期徒刑四年六个月,并处罚金人民币一万元,2015年4月28日刑满释放。

被告人张淼淼,男,汉族,2000年6月2日出生,餐饮服务人员。

2021年7月至10月,被告人韩敏华明知三唑仑、溴替唑仑、咪达唑仑等为国家管制的精神药品,且他人系出于犯罪目的而购买,仍通过互联网联系境外卖家购买,通过支付宝转账或网络虚拟货币等方式支付钱款,采用改换包装等手段从境外寄递入境贩卖给全国多地买家,其中部分系韩敏华收取后又联系他人在境内邮寄贩卖。韩敏华走私、贩卖、运输精神药品20余次,共计三唑仑150片、溴替唑仑120片、咪达唑仑针剂92支。韩敏华还以微信聊天、发送视频等方式,向买家传授使用上述精神药品致人昏迷的具体操作方法,以及迷奸过程中的注意事项等内容。

被告人张淼淼明知上述精神药品系从境外发货,仍向被告人韩

敏华购买,并提供境内收货地址,共计走私溴替唑仑20片、咪达唑仑针剂15支。张淼淼购买三唑仑等后,欲对被害人梁某实施迷奸,于2021年10月9日欺骗梁某喝下溶解有三唑仑的奶茶,但梁某未完全昏迷。韩敏华明知张淼淼正在实施强奸行为,仍实时指导张淼淼如何使用相关精神药品,张淼淼根据韩敏华的指导再次欺骗梁某服用三唑仑、注射咪达唑仑等,致梁某失去意识,进而对梁某实施奸淫。次日,张淼淼与他人经预谋,欺骗被害人于某某服下三唑仑,又对失去意识的于某某注射咪达唑仑,后张淼淼等二人轮流对于某某实施奸淫。

裁判结果

本案由江苏省苏州市中级人民法院审理。

法院认为,被告人韩敏华明知是毒品而从境外购买并走私入境后贩卖、运输给他人,其行为已构成走私、贩卖、运输毒品罪;通过网络向他人传授犯罪方法,其行为已构成传授犯罪方法罪;明知他人正在实施强奸犯罪,仍实时传授迷奸手段提供帮助,其行为已构成强奸罪。被告人张淼淼明知是毒品而走私,其行为已构成走私毒品罪;采用药物迷晕方式,违背妇女意志实施奸淫,其行为已构成强奸罪,且具有轮奸情节。对韩敏华、张淼淼所犯数罪,均应依法并罚。韩敏华多次走私毒品入境并向多人贩卖,情节严重。韩敏华有故意犯罪前科,酌情从重处罚。在强奸共同犯罪中,张淼淼起主要作用,系主犯,应按照其所参与的全部犯罪处罚;韩敏华起辅助作用,系从犯,应依法减轻处罚。韩敏华、张淼淼到案后均能如实供述所犯罪行,可依法从轻处罚;自愿认罪认罚,可依法从宽处理。据此,依法对被告人韩敏华以走私、贩卖、运输毒品罪判处有期徒刑五年七个月,并处罚金人民币四万元,以强奸罪判处有期徒刑一年七个月,以传授犯罪方法罪判处有期徒刑二年五个月,决定执行有期徒刑七年,并处罚金人民币四万元;对被告人张淼淼以走私毒品罪判处有期徒刑十一个月,并处罚金人民币五千元,以强奸罪判处有期徒刑十一年九个月,剥夺政治权利三年,决定执行有期徒刑十二年,剥夺政治权利三年,并处罚金人民币五千元。

苏州市中级人民法院于 2023 年 4 月 12 日作出刑事判决。宣判后，在法定期限内没有上诉、抗诉。现已发生法律效力。

典型意义

三唑仑、溴替唑仑、咪达唑仑均系国家管制的精神药品，具有镇静催眠等作用，长期服用易产生身体和心理依赖，在被作为成瘾替代物滥用或者被用于实施抢劫、强奸等犯罪时，均应认定为毒品。近年来，一些犯罪分子利用三唑仑等物质的催眠作用，诱骗女性服用，趁女性昏迷之际实施奸淫。因国内严管，犯罪分子难以购得，遂通过互联网联络境外卖家购买，经电子支付手段或者利用虚拟货币付款，伪装后利用国际快递走私入境并在境内贩卖扩散，有的引发严重次生犯罪。本案是一起利用走私入境的精神药品迷奸他人的典型案例。被告人韩敏华以"迷奸药"作为售卖宣传点，采用"互联网+物流寄递+电子支付"手段实施走私、贩卖、运输毒品犯罪 20 余次，贩卖对象涉及全国多个省份，向买家传授具体使用方法，甚至实时指导他人用药实施迷奸，犯罪情节恶劣，社会危害更大。被告人张淼淼购买走私入境的毒品，并用于实施迷奸，其强奸二人且有轮奸情节，犯罪性质恶劣，情节严重。本案表明，毒品不仅给吸食者本人带来严重危害，还可能危及他人人身安全，影响社会和谐稳定。人民法院对本案被告人依法严惩，彰显了坚决打击此类涉麻精药品犯罪和涉毒次生犯罪的严正立场。同时，提醒社会公众增强自我保护意识，对于不熟识的人给予的食品、饮品等应提高警惕。

案例七

马扎根等贩卖毒品案
——伪造资质骗购大量麻醉药品出售给贩毒人员，依法惩处

基本案情

被告人马扎根，男，汉族，1977 年 7 月 17 日出生，农民。

被告人段红霞,女,汉族,1984年8月8日出生,农民。

被告人石艳艳,女,汉族,1985年4月6日出生,农民。

被告人方文娟,女,汉族,1988年5月14日出生,农民。

被告人沈富成,男,汉族,1985年4月27日出生,农民。

2017年2月,被告人马扎根经与贩毒人员共谋,通过伪造癌症病人住院病案首页、身份证件等资料,在多家医院办理多张麻醉卡。马扎根持麻醉卡以每片0.4元的价格从医院骗购哌替啶片(度冷丁),再以每片13元的价格出售给贩毒人员,并以给予一定报酬为诱惑,将麻醉卡提供给被告人段红霞,让段红霞为其到医院骗购哌替啶片及发展下线。2017年2月至2018年9月间,马扎根及其直接或间接发展的下线被告人段红霞、石艳艳、方文娟、沈富成,多次采用同样手段从医院骗购哌替啶片,均被马扎根加价出售给贩毒人员。各被告人贩卖哌替啶的数量分别为:马扎根744克、段红霞328.4克、石艳艳124.6克、方文娟36.7克、沈富成26克。

裁判结果

本案由甘肃省合水县人民法院一审,甘肃省庆阳市中级人民法院二审。

法院认为,被告人马扎根、段红霞、石艳艳、方文娟、沈富成明知哌替啶是国家规定管制的能够使人形成瘾癖的麻醉药品,而骗购获取后出售给贩毒人员,其行为均已构成贩卖毒品罪。马扎根、段红霞贩卖毒品数量大,石艳艳贩卖毒品数量较大;方文娟、沈富成多次贩卖毒品,情节严重。在共同犯罪中,马扎根与贩毒人员共谋,伪造资料办理麻醉卡从医院骗购哌替啶片,积极发展、指使下线使用其提供的麻醉卡从医院骗购哌替啶片,并出售给贩毒人员牟利,起主要作用,系主犯,应按照其所参与和组织、指挥的全部犯罪处罚;段红霞、石艳艳、方文娟、沈富成直接或间接受马扎根指使从医院骗购哌替啶片,起次要作用,系从犯,应依法从轻或减轻处罚。段红霞、方文娟有自首情节,可依法从轻处罚。段红霞、方文娟、沈富成认罪认罚,可依法从宽处理。方文娟、沈富成积极退赃,酌情从轻处罚。据此,依法对被告人马扎根判处有期徒刑十五年,并处没收财产人民币二万元;

对被告人段红霞、石艳艳、方文娟、沈富成分别判处有期徒刑十年、七年、二年、一年九个月，并处数额不等罚金。

庆阳市中级人民法院于 2022 年 10 月 17 日作出二审刑事裁定，现已发生法律效力。

典型意义

近年来，一些犯罪分子通过伪造患者病历资料从医院套取国家管制的麻精药品并贩卖牟利的情况时有发生。本案系一起持伪造资料办理麻醉卡从医院骗购哌替啶出售给贩毒人员牟利的典型案例。被告人马扎根经与贩毒人员共谋，伪造多份癌症患者资料，在多家医院办理麻醉卡骗购麻醉药品，发展多名下线采用同样手段实施犯罪，并将骗购的麻醉药品加价数倍出售给贩毒人员牟利，不但导致大量医疗用麻醉药品流入涉毒渠道，还严重扰乱了药品经营管理秩序。人民法院一体打击骗购麻精药品并向贩毒人员出售的犯罪团伙，认定马扎根为团伙主犯并依法判处十五年有期徒刑，体现了严惩此类犯罪及其中起组织、指挥作用的主犯的坚定态度；同时，对本案中具有从犯、自首、认罪认罚、积极退赃等法定、酌定从宽处罚情节的其他被告人依法从轻或减轻处罚，体现了区别对待、宽以济严。

案例八

夏继欢贩卖毒品案
——医务人员多次向吸贩毒人员
贩卖精神药品牟利，情节严重

基本案情

被告人夏继欢，男，汉族，1988 年 3 月 30 日出生，医务人员。

被告人夏继欢系重庆市某营利性戒毒医院医生，具有开具国家管制的第一类精神药品盐酸丁丙诺啡舌下片处方资格。2020 年 7 月至 2021 年 5 月，夏继欢冒用他人名义开具虚假处方，以每盒 170 元的价格从医院骗购盐酸丁丙诺啡舌下片，明知购买者系吸贩毒人员，仍多次以每盒 350 元至 450 元不等的价格向多人贩卖,且均未开具相应处方,共计出售 422 盒(10 片/盒)。

裁判结果

本案由重庆市万州区人民法院一审,重庆市第二中级人民法院二审。

法院认为,被告人夏继欢身为依法从事管理、使用国家管制的精神药品的人员,向贩卖毒品的犯罪分子或者以牟利为目的向吸食、注射毒品的人提供国家规定管制的能够使人形成瘾癖的精神药品,其行为已构成贩卖毒品罪。夏继欢为谋取非法利益,多次向多名吸贩毒人员贩卖盐酸丁丙诺啡舌下片,情节严重。据此,依法对被告人夏继欢判处有期徒刑六年,并处罚金人民币十二万元。

重庆市第二中级人民法院于 2022 年 12 月 26 日作出二审刑事裁定,现已发生法律效力。

典型意义

近年来,随着我国对毒品犯罪的打击力度持续加强,部分常见毒品逐渐较难获得,一些吸毒人员转而通过非法手段获取医疗用麻精药品作为替代物滥用,以满足吸毒瘾癖,具有医疗用途的麻精药品流入非法渠道的情况时有发生。本案系一起戒毒医院医生向吸贩毒人员贩卖国家管制的精神药品牟利的典型案例。盐酸丁丙诺啡舌下片属于国家管制的第一类精神药品,具有医疗用途,但被滥用极易形成瘾癖,兼具药品与毒品双重属性。被告人夏继欢身为戒毒医院执业医师,利用职业便利,冒用患者名义虚开处方套取盐酸丁丙诺啡舌下片,多次加价贩卖给多名吸贩毒人员牟利,犯罪情节严重。"医乃仁术,无德不立"。夏继欢的行为违背职业操守,扰乱正常医疗秩序,导致医疗用精神药品流入涉毒渠道,社会危害大。人民法院依法对夏继欢以贩卖毒品罪定罪处刑,并处以高额罚金,彰显了严惩此类犯罪的严正立场。对于推动强化麻精药品源头管控,促进加强相关机构和人员管理,严防医疗用麻精药品流入涉毒渠道具有积极意义。

案例九

纪家林贩卖毒品案
——违规购买精神药品出售给吸毒人员，依法严惩

基本案情

被告人纪家林，男，汉族，1988年3月20日出生，跑腿代购员。

2020年至2021年，被告人纪家林在辽宁省辽阳市某医院使用多人多张就诊卡购买阿普唑仑片。2021年11月17日11时许，纪家林在该医院以11元的价格购买1盒阿普唑仑片后，明知陈某某系吸毒人员，仍以100元的价格出售给陈，被公安人员当场抓获，阿普唑仑片1盒(40片/盒)被查获。公安人员另从纪家林身上查扣阿普唑仑片1盒和就诊卡12张。

裁判结果

本案由辽宁省辽阳市白塔区人民法院审理。

法院认为，被告人纪家林明知阿普唑仑是国家规定管制的能够使人形成瘾癖的精神药品仍贩卖给吸毒人员，其行为已构成贩卖毒品罪。纪家林到案后如实供述自己的罪行，可依法从轻处罚；自愿认罪认罚，可依法从宽处理。据此，依法对被告人纪家林判处有期徒刑六个月，并处罚金人民币五千元。

辽阳市白塔区人民法院于2023年2月17日作出刑事判决。宣判后，在法定期限内没有上诉、抗诉。判决现已发生法律效力。

典型意义

阿普唑仑是国家管制的第二类精神药品，直接作用于神经系统，长期服用易成瘾，突然减药或停用易出现戒断反应，严重时可危及生命。一些犯罪分子以牟利为目的，明知他人为滥用而购买，仍套购此类药品非法出售。本案是一起违规购买阿普唑仑后贩卖给吸毒人员的典型案例。被告人纪家林明知阿普唑仑是国家规定管制的精神药品，且他人购买系作为毒品滥用，仍加价近10倍向吸毒人员出售，应认定为贩卖毒品罪。在案证据显示，纪家林还曾使用多人多张就诊

卡违规购买阿普唑仑片。纪家林的行为不仅违反了国家关于麻精药品的管理规定，还干扰、破坏了正常的医疗秩序，依法应予严惩。人民法院根据纪家林犯罪的事实、性质、情节和对于社会的危害程度，对其定罪处刑，体现了"涉毒必惩"的态度立场。同时，提醒广大公众切勿随意将自己的就诊凭证借予他人，防止被他人违法利用。

案例十

韦颖故意杀人案
——吸毒致幻杀害无辜群众，致三人死伤，罪行极其严重

基本案情

被告人韦颖，男，汉族，1987年5月1日出生，无业。

2020年6月4日7时许，被告人韦颖与他人一起吸食毒品后产生幻觉，携带尖刀至湖南省衡阳市石鼓区湘江北路河畔。韦颖认为在此活动的被害人刘某（男，殁年19岁）对其生命有威胁，遂持刀捅刺刘某颈、胸部等处数刀，致刘某死亡；后持刀砍向正在附近跑步的被害人吴某某（男，时年49岁），吴某某避过；认为被害人许某（女，时年20岁）是"女杀手"，又持刀捅刺许某背部多刀致其轻微伤。被害人肖某某（男，时年52岁）见状喝止，韦颖持刀捅刺肖某某背部致其受重伤。

裁判结果

本案由湖南省衡阳市中级人民法院原审，湖南省高级人民法院复核。最高人民法院对本案进行了死刑复核。

法院认为，被告人韦颖故意非法剥夺他人生命，其行为已构成故意杀人罪。韦颖违反国家法律规定吸食毒品，产生幻觉后在公共场所持刀连续捅刺无辜群众，致一人死亡、一人重伤、一人轻微伤，犯罪情节特别恶劣，社会危害大，后果和罪行极其严重，应依法惩处。据此，依法对被告人韦颖判处并核准死刑，剥夺政治权利终身。

罪犯韦颖已于2023年6月21日被依法执行死刑。

典型意义

毒品具有中枢神经兴奋、抑制或者致幻作用，会导致吸毒者狂躁、抑郁甚至出现被害妄想、幻视幻听症状，进而导致其自伤自残或实施暴力犯罪。近年来，因吸毒诱发的故意杀人、故意伤害等恶性案件屡有发生，严重危害社会治安和公共安全。本案是一起因吸毒致幻而故意杀人的典型案例。被告人韦颖吸毒后产生被害幻觉，在公共场所杀害无辜群众，致三人死伤，另有一名群众因躲避及时得以幸免，实属罪行极其严重。该案充分反映出毒品对个人和社会的严重危害，尤其值得吸毒者深刻警醒。人民法院在严惩韦颖罪行的同时，也警示社会公众自觉抵制毒品，切莫以身试毒。

最高人民法院发布2024年十大毒品（涉毒）犯罪典型案例

案例一

白某日走私、贩卖毒品、组织他人偷越国（边）境、非法拘禁案
——组成犯罪团伙并组织、指挥他人大肆走私、贩卖毒品，罪行极其严重，被依法严惩

一、基本案情

被告人白某日，男，1981年12月25日出生，无业。

2017年7月，被告人白某日招募多人组成犯罪团伙盘踞在境外，向国内走私、贩卖毒品。白某日犯罪团伙在境外多地建立吞毒点，利用互联网发布虚假招工信息，诱骗、招募和组织曹某（同案被告人，已判刑）、韩某宇（未成年人，已另案判刑）等数十人从境内偷渡至境外，并集中在上述吞毒点看管，以暴力或者限制人身自由、扣押手机和身份证等手段逼迫上述人员吞下包装好的海洛因，采用体内藏毒等方式走私毒品入境并运往云南省昆明市、四川省成都市等地贩卖。

白某日还安排人员在昆明市、成都市等地建立多个排毒点,用于接应走私毒品入境的吞毒人员、接收毒品并交予下家。白某日负责该犯罪团伙全部犯罪活动,包括组织毒品货源及销路,对资金、人员进行管理等。截至2018年8月,白某日犯罪团伙多次组织他人向国内走私、贩卖海洛因累计2万余克。

二、裁判结果

本案由四川省成都市中级人民法院一审,四川省高级人民法院二审。最高人民法院进行死刑复核。

法院认为,被告人白某日违反国家毒品管理规定,伙同他人走私、贩卖海洛因,其行为构成走私、贩卖毒品罪;非法组织他人偷越国(边)境,其行为构成组织他人偷越国(边)境罪;非法限制他人人身自由,其行为构成非法拘禁罪,应依法并罚。白某日走私、贩卖毒品数量大,罪行极其严重,系共同犯罪中地位和作用最为突出的主犯,且利用未成年人走私毒品,应依法从重处罚。据此,依法对被告人白某日以走私、贩卖毒品罪判处(核准)死刑,剥夺政治权利终身,并处没收个人全部财产。

罪犯白某日已于2024年4月30日被依法执行死刑。

三、典型意义

走私、大宗贩卖毒品等源头性毒品犯罪历来是打击重点,人民法院在审理此类案件时,始终坚持依法从严惩处的方针,对于走私、大宗贩卖毒品犯罪团伙中罪行极其严重的犯罪分子,符合判处死刑条件的,坚决依法判处。本案是境外犯罪团伙将毒品走私入境并贩卖的跨境毒品犯罪。参与人员众多,涉案毒品数量巨大。被告人白某日组成犯罪团伙,组织数十人将大量海洛因走私入境贩卖,特别是诱骗并拘禁逼迫未成年人走私毒品,应依法从重处罚。对白某日判处死刑,体现了对毒品犯罪团伙中罪责最为严重的犯罪分子的严厉惩处,充分发挥了刑罚的功能作用。此案也提醒广大社会公众特别是青年群体,不要轻易被"高薪"蒙蔽双眼,应审慎识别招工信息,理性求职,增强自我保护意识。

案例二

李某红贩卖、运输毒品案
——因病被暂予监外执行期间纠集他人跨省贩运毒品，罪行极其严重，被依法严惩

一、基本案情

被告人李某红，男，1976年7月9日出生，无业。曾因犯寻衅滋事罪被判处有期徒刑一年六个月，犯抢劫罪、故意伤害罪被判处有期徒刑七年，并处罚金人民币五千元；2018年3月6日因犯非法买卖制毒物品罪被判处有期徒刑四年，并处罚金人民币三万元，2019年4月26日因病被暂予监外执行。

2021年10月，被告人李某红在因病被暂予监外执行期间，与女友孙某芸（同案被告人，已判刑）共谋从云南省购买毒品运回湖南省张家界市贩卖。李某红联系毒品上家，亲自或指使孙某芸向上家支付毒资，并雇用孙某、黄某念（同案被告人，均已判刑）前往云南运输毒品。同年10月29日，公安机关在云南省景洪市将接取到毒品的孙某、黄某念抓获，并从二人驾驶的越野车内查获甲基苯丙胺（冰毒）5包，共计4 959克。

二、裁判结果

本案经湖南省张家界市中级人民法院一审，湖南省高级人民法院二审。最高人民法院进行死刑复核。

法院认为，被告人李某红违反国家毒品管理规定，贩卖、运输甲基苯丙胺，其行为已构成贩卖、运输毒品罪。李某红贩卖、运输毒品数量大，社会危害严重。李某红在共同犯罪中系地位、作用最为突出的主犯，且在暂予监外执行期间又犯新罪，主观恶性深，人身危险性大，应当撤销暂予监外执行的决定，依法予以并罚。据此，依法对被告人李某红判处（核准）死刑，剥夺政治权利终身，并处没收个人全部财产。

罪犯李某红已于2023年10月26日被依法执行死刑。

三、典型意义

近年来,严重疾病患者等特定人员参与毒品犯罪的情况时有发生。对于此类犯罪,人民法院坚持区别对待的方针。对于利用自身特殊状况积极实施毒品犯罪,或者在取保候审、监视居住以及暂予监外执行期间实施毒品犯罪的人员,依法从严惩处。本案被告人李某红曾因犯罪三次被判刑,其不仅无悔罪表现,反而在因病被暂予监外执行期间又纠集他人跨省贩卖、运输毒品,罪行极其严重,且难堪改造。人民法院根据李某红犯罪的事实、性质、情节和对于社会的危害程度,依法对其适用死刑,体现了对主观恶性深、人身危险性大的毒品犯罪分子严厉惩处的决心。

案例三

黄某彬贩卖毒品案

——利用、教唆未成年人贩卖毒品,被依法严惩

一、基本案情

被告人黄某彬,男,1980年5月12日出生,无业。2002年因犯非法拘禁罪被判处拘役四个月十五天;2015年6月4日因犯非法持有毒品罪被判处有期徒刑一年三个月,并处罚金人民币三千元,2016年6月7日刑满释放。

2021年10月底起,被告人黄某彬劝说苏某万及未成年人黄某超、李某佳(均已另案判刑)帮其贩卖海洛因。黄某彬将海洛因统一存放在其租住处,有时由黄某彬联系好吸毒人员,再安排黄某超、李某佳、苏某万其中一人进行毒品交易;有时在黄某彬的授意下,由吸毒人员直接联系黄某超、李某佳、苏某万进行毒品交易,2021年12月至2022年1月间,共贩卖海洛因10次共计4.09克。每次完成交易后,黄某超等三人根据黄某彬要求,将毒资放在黄某彬租住处或直接通过支付软件转账给黄某彬,黄某彬则给予黄某超等三人好处费。2022年1月9日,公安机关在黄某彬租住处查获海洛因3小包共计

6.5 克。

二、裁判结果

本案经广西壮族自治区钦州市钦南区人民法院一审,钦州市中级人民法院二审。现已发生法律效力。

法院认为,被告人黄某彬违反国家毒品管理规定,明知是毒品仍伙同他人贩卖,其行为已构成贩卖毒品罪。黄某彬利用未成年人贩卖毒品,社会影响恶劣,且系毒品再犯,应依法从重处罚。据此,依法对被告人黄某彬以贩卖毒品罪判处有期徒刑十二年六个月,并处罚金人民币四万元。

三、典型意义

未成年人心智不够成熟,社会阅历尚浅,法律意识不强,分辨是非能力较弱,容易被不法分子利用、教唆、控制参与毒品犯罪,沦为毒品犯罪的"工具人",其身心健康亦受到严重侵害。本案是一起利用、教唆未成年人贩卖毒品的典型案例。被告人黄某彬指使未成年人黄某超、李某佳等交接毒品、收取毒资,将两名未成年人引入歧途。黄某彬系毒品再犯,主观恶性深,人身危险性大,应依法从重处罚。人民法院根据黄某彬犯罪的事实、性质、情节和对于社会的危害程度,依法对其从重惩处,突出了毒品犯罪的打击重点,亦体现了对未成年人的特殊保护。

案例四

陈某明非法提供麻醉药品案
——医务人员向滥用成瘾人员
非法提供麻醉药品,被依法惩处

一、基本案情

被告人陈某明,男,1976 年 7 月 8 日出生,医务人员。

被告人陈某明系江苏省东海县某医院急诊科医生,具有开具麻醉药品处方的资格。2020 年 8 月至 2021 年 11 月,何某某因肾结石疼痛在多家医院治疗，其间陈某明多次为何某某开具盐酸吗啡注射液。后何某某因多次注射盐酸吗啡注射液等镇痛药物而对吗啡成瘾，于2021年11月1日至12月11日到外地某医院戒毒。2022年3月26日，陈某明在明知何某某注射吗啡已成瘾，且冒用他人身份就诊的情况下，仍违反国家规定，继续给何某某开具盐酸吗啡注射液。截至2023年2月11日，陈某明通过给何某某开具处方，非法提供盐酸吗啡注射液共计200余支（每支10mg/ml）。

二、裁判结果

本案经江苏省东海县人民法院审理。现已发生法律效力。

法院认为，被告人陈某明作为依法从事使用国家管制的麻醉药品的医务人员，违反国家规定，明知何某某注射吗啡已成瘾，仍向何某某多次提供国家管制的能够使人形成瘾癖的麻醉药品，其行为已构成非法提供麻醉药品罪。陈某明自愿认罪认罚，可依法从宽处理。据此，依法对被告人陈某明判处有期徒刑十个月，并处罚金人民币一万元。

本案审结后，人民法院向被告人陈某明工作单位发送司法建议，针对麻精药品管理制度的执行、临床使用规范、患者身份核实等方面提出具体建议。接收单位高度重视，采取措施，组织开展自查自纠，着力从源头上遏制非法提供、滥用麻精药品等违法犯罪行为，防止麻精药品流入非法渠道。

三、典型意义

吗啡是我国实行特殊管理的药品，在医疗活动中可以用于缓解疼痛，但长期使用极易成瘾并产生心理和生理依赖，一旦流入非法市场，将严重危害人民群众的身体健康。本案是一起医务人员非法提供麻醉药品的典型案例。被告人陈某明作为具有开具麻醉药品处方资格的执业医师，在明知何某某注射吗啡已成瘾且冒用他人身份就诊的情况下，仍给何某某大量开具处方，非法提供盐酸吗啡注射液，以满足何某某瘾癖，其行为不仅违反了职业道德，更突破了法律底线，具有一定社会危害性，应依法惩处。

在对涉麻精药品犯罪从严惩处的同时，也应加强源头治理。人民法院践行能动司法,坚持以案促治,针对办案中发现的麻精药品在使用中存在的薄弱环节和漏洞,及时向有关单位发送司法建议,促进堵漏建制,防范风险隐患,取得良好效果。

案例五

陈某走私、贩卖毒品案
——多次走私咖啡因入境并利用网络大肆贩卖,情节严重,被依法惩处

一、基本案情

被告人陈某,男,1981年11月7日出生,无业。

2021年9月至2022年2月,被告人陈某在明知咖啡因系国家管制的精神药品的情况下,从境外某网站购买咖啡因胶囊208瓶,通过国际物流公司伪报保健品名目清关发回国内,在某网络购物平台其经营的"大脑风暴"网店,将所购咖啡因胶囊加价贩卖给内蒙古、福建等地的买家约180余瓶,从中获利人民币18 628.2元。2022年2月22日,公安机关将陈某抓获,并查扣咖啡因胶囊27瓶。

二、裁判结果

本案经福建省福州市鼓楼区人民法院一审,福州市中级人民法院二审。现已发生法律效力。

法院认为,被告人陈某违反毒品管理法规,明知咖啡因是国家管制的精神药品,为牟利多次从境外购买、寄递咖啡因胶囊,并利用网络媒介贩卖给多人,其行为已构成走私、贩卖毒品罪。陈某认罪态度较好,且案发后积极退缴全部违法所得,具有悔罪表现,可依法从轻处罚。据此,依法对被告人陈某判处有期徒刑三年,并处罚金人民币三千元。

三、典型意义

咖啡因是一种生物碱,是咖啡、茶、可乐等常见饮品中的主要成分,也是被普遍使用的精神药品,具有毒品、药品和食品三重属性。

适量摄入咖啡因能起到缓解疲劳、兴奋神经的作用,其在临床上也用于治疗某些疾病,但其具有成瘾性,大剂量或长期服用会对人体造成损害,故我国将咖啡因列为第二类精神药品进行管制,如将其作为毒品滥用物质而加以走私、贩卖,则属于违法犯罪行为。本案是一起走私并通过网络贩卖咖啡因的典型案例。被告人陈某明知咖啡因系国家管制的精神药品,仍然从境外大量走私咖啡因胶囊,在网络上向不特定人员售卖,情节严重,应予惩处。本案提醒社会公众特别是青少年,要对咖啡因成瘾性提高警惕,正确区分咖啡因食品、药品、毒品的属性,防止滥用并对身体造成损害。

案例六

张某东贩卖毒品、容留他人吸毒案
——以未成年人为犯罪对象,被依法严惩

一、基本案情

被告人张某东,男,2004 年 6 月 25 日出生,无业。2023 年 1 月因吸食毒品被行政拘留十三日;同年 7 月 4 日因吸食毒品被行政拘留十三日,并处罚款人民币一千五百元,同月被责令社区戒毒三年。

2023 年 7 月 1 日凌晨,被告人张某东在吉林省松原市某中学附近,以每板 100 元的价格卖给吸毒人员林某某(男,17 岁,在校学生)复方曲马多 2 板共计 24 粒。同月 4 日凌晨和中午,张某东在松原市其家中和租房内,两次容留未成年人赵某某(女,15 岁,在校学生)吸食曲马多。

二、裁判结果

本案经吉林省前郭尔罗斯蒙古族自治县人民法院审理。现已发生法律效力。

法院认为,被告人张某东明知复方曲马多片已被国家规定为管制的精神药品仍予以贩卖,其行为已构成贩卖毒品罪;张某东容留未成年人吸食毒品,其行为已构成容留他人吸毒罪。张某东向未成年人出售毒品,应依法从重处罚。对张某东所犯数罪应依法并罚。据此,依法对被告人张某东以贩卖毒品罪判处有期徒刑七个月,并处罚金人民币五千元,以容留他人吸毒罪判处拘役四个月,并处罚金人民币三千元,决定执行有期徒刑七个月,并处罚金人民币八千元。

三、典型意义

曲马多复方制剂的主要成分为盐酸曲马多,这是一种中枢性镇痛药,滥用可导致成瘾。根据2023年4月14日国家药监局、公安部、国家卫生健康委发布的《关于调整麻醉药品和精神药品目录的公告》,曲马多复方制剂被列入第二类精神药品目录,该公告自2023年7月1日起施行。该举措旨在有效控制曲马多复方制剂从医疗渠道非法流入市场,促进安全规范使用。未成年人身心尚未发育成熟,吸食麻精药品会对其身体器官造成严重损害,且更易形成心理依赖,严重影响其健康成长。本案是一起向未成年人贩卖并容留未成年人吸食曲马多复方制剂的典型案例。被告人张某东明知复方曲马多片已被国家规定为管制精神药品而仍向未成年人贩卖,还容留未成年人吸食,严重危害未成年人的身心健康。人民法院根据张某东犯罪的事实、性质、情节和对于社会的危害程度,对其依法定罪处刑,传递了对于向未成年人出售毒品、容留未成年人吸食毒品犯罪从严惩处的裁判导向,体现了对未成年人的特殊保护。

案例七

陈某豪走私毒品案
——留学期间沾染大麻成瘾,归国后
走私大麻电子烟入境,被依法惩处

一、基本案情

被告人陈某豪,男,1993年5月30日出生,个体工商户。2021年9月因吸食大麻被罚款人民币五百元;2024年1月因吸食大麻被行政拘留十五日。

2014年至2015年,被告人陈某豪在国外留学期间沾染大麻电子烟,回国后仍购买大麻电子烟吸食满足瘾癖,曾因此受到公安机关行政处罚。2023年9月,陈某豪通过某社交软件与境外卖家商议,由对方将12支大麻电子烟藏匿在一个装有蛋白粉的罐子通过国际物流寄递走私入境,其通过支付软件向卖家支付毒资。同年12月12日,上述国际邮件到达江西省南昌市后,陈某豪为逃避海关监管,在向海关补充申报时伪报邮件内物品为蛋白粉保健品。2024年1月3日,陈某豪签收该国际邮件后被公安人员抓获,经鉴定,查获的12支电子烟中检出四氢大麻酚成分。

二、裁判结果

本案经南昌铁路运输中级法院审理。现已发生法律效力。

法院认为,被告人陈某豪违反毒品管理法规和海关法规,逃避海关监管,非法邮寄毒品入境,其行为已构成走私毒品罪,依法应予惩处。陈某豪自愿认罪认罚,依法可以从宽处理。据此,依法对被告人陈某豪以走私毒品罪判处拘役四个月,并处罚金人民币二千元。

三、典型意义

近年来,少数海外留学、务工人员在境外留学工作期间受当地亚文化影响,对吸食大麻的危害性产生误识,为寻求刺激沾染大麻甚至成瘾,回国后毒瘾难戒,相互抱团形成"大麻圈"并实施相关毒品犯罪。随着国际大麻管制等级降低,部分国家和地区对大麻管制不断解禁甚至合法化,海外留学、务工人员接触大麻的风险日益增加,需要引起足够警惕。本案是一起境外留学期间沾染毒品成瘾,归国后走私大麻电子烟入境供自己吸食的典型案例。被告人陈某豪在境外吸食大麻成瘾,归国后继续吸食,因吸食大麻电子烟两次被公安机关行政处罚,仍为不断满足其吸食瘾癖而通过"互联网+物流寄递+电子支付"方式继续从境外邮购大麻电子烟。陈某豪采用伪报品名、混杂包装等方式逃避海关监管,使用支付软件流转毒资,犯罪手段隐蔽。人民法院对陈某豪依法定罪处刑,体现了我国厉行禁毒的坚定立场和对毒品零容忍的鲜明态度。

案例八

王某走私、贩卖毒品、强奸、强制猥亵案
——走私、贩卖国家管制精神药品并利用精神药品迷奸、猥亵他人,被依法严惩

一、基本案情

被告人王某,男,1989年1月18日出生,某报社员工。

2019年9月,被告人王某在内蒙古自治区乌兰察布市向陈某贩卖三唑仑、咪达唑仑等。2021年3月至4月间,王某介绍徐某(已另案判刑)通过网络,向李某育(已另案判刑)采取从境外邮寄的方式以1500元的价格购买三唑仑,以3000元的价格购买咪达唑仑针剂10支,重30.8克。2021年9月,王某在河南省新乡市以520元的价格向徐某贩卖三唑仑和咪达唑仑。

2018年至2019年期间,被告人王某先后多次使用三唑仑、咪达唑仑、七氟烷等药物将被害人岳某迷晕后,对岳某进行猥亵。2019年1月17日至2021年12月4日间,王某分别伙同马某山、王某威等人(同案被告人,均已判刑)及张某淼、刘某洋等人(均已另案判刑)在内蒙古自治区呼和浩特市、乌兰察布市、包头市、河南省新乡市、浙江省绍兴市、北京市等地的小区住房、民宿及酒店房间内,将三唑仑秘密溶入被害人于某某、刘某某、杨某某、宗某某、苏某某、岳某等人饮用的饮料中骗使被害人服下。待被害人失去意识后,王某与共同作案人先后与被害人发生性关系,部分共同作案人还对部分被害人进行猥亵。其间,王某通过向体内注射咪达唑仑、使用带有七氟烷的纸巾捂口鼻的方式致被害人持续处于昏迷状态。事后,王某还向部分共同作案人收取迷药费用。

二、裁判结果

本案经河南省鹤壁市中级人民法院一审,河南省高级人民法院二审。现已发生法律效力。

法院认为,被告人王某明知三唑仑、咪达唑仑系国家管制的精神

药品,仍多次单独贩卖或伙同他人走私、贩卖,其行为构成走私、贩卖毒品罪,且情节严重;王某伙同他人违背妇女意志,采取使用精神药品致被害人昏迷的方式,与被害人发生性关系,其行为构成强奸罪,且系轮奸,其中王某强奸妇女多人;王某违背妇女意志,采取使用精神药品致被害人昏迷的方式,单独或聚众猥亵被害人,其行为构成强制猥亵罪。对王某所犯数罪应依法并罚。人民法院根据被告人王某犯罪的事实、性质、情节和对于社会的危害程度,依法对王某以走私、贩卖毒品罪,判处有期徒刑四年,并处罚金人民币一万元;以强奸罪,判处无期徒刑,剥夺政治权利终身;以强制猥亵罪,判处有期徒刑七年,决定执行无期徒刑,剥夺政治权利终身,并处罚金人民币一万元。

三、**典型意义**

三唑仑是一种镇静安眠药物,属于国家管制一类精神药品,具有成瘾性,大剂量服用可使人失去意识,俗称"迷药"或"迷魂药";咪达唑仑具有催眠、肌肉松弛等作用,原属于第二类精神药品,根据2024年4月30日国家药监局、公安部、国家卫生健康委发布的《关于调整精神药品目录的公告》,咪达唑仑调整为第一类精神药品。由于三唑仑和咪达唑仑的药理特性,一旦被滥用,导致的依赖和成瘾对人身体健康会产生严重危害,并且容易被犯罪分子利用实施其他恶性犯罪,严重危害社会治安。本案是一起走私、贩卖三唑仑、咪达唑仑并用于迷奸、猥亵女性的典型案例。被告人王某不仅走私、贩卖三唑仑、咪达唑仑,而且使用三唑仑、咪达唑仑作为犯罪工具,实施其他更为严重的性侵犯罪,严重侵害公民人身权利,破坏社会秩序,依法应数罪并罚。人民法院根据王某犯罪的事实、性质、情节和对于社会的危害程度,对其从严惩处,彰显了坚决打击此类犯罪的严正立场。同时,提醒广大公众在社交环境中要注重个人安全,谨慎交友,慎用他人提供的饮料和食物,提高对潜在危险的认知。

案例九

聂某文以危险方法危害公共安全案
——吸食含有依托咪酯等成分的电子烟意识模糊后驾车并导致发生交通事故，被依法严惩

一、基本案情

被告人聂某文，男，1995年7月17日出生，务工人员。

2023年7月19日16时许，被告人聂某文在家中吸食含有依托咪酯、曲马多成分的电子烟后，在其机动车驾驶证处于超分/注销状态的情况下仍驾驶小型汽车上路行驶，在湖南省醴陵市一交叉路口与另一车辆发生道路交通事故。交警到场处理后，聂某文驾车前往交通警察大队接受进一步处理，途中再次吸食该电子烟导致意识模糊，在无法认清道路的情况下，仍驾车继续行驶途经多段道路，期间发生多起交通事故，共造成一人轻伤、多台车辆及一处房屋受损。当日18时50分许，聂某文清醒后拨打110电话投案。经检测，聂某文的头发检材根部检出依托咪酯、曲马多成分。

二、裁判结果

本案经湖南省醴陵市人民法院审理。现已发生法律效力。

法院认为，被告人聂某文以驾车冲撞的方式危害公共安全，侵害不特定多数人的生命、健康及财产安全，其行为已构成以危险方法危害公共安全罪。案发后，聂某文主动投案，并如实供述自己的犯罪事实，系自首，依法可以从轻处罚。聂某文自愿认罪认罚，依法可以从宽处理。据此，依法对被告人聂某文判处有期徒刑四年六个月。

三、典型意义

依托咪酯电子烟伪装性、迷惑性大，与合成毒品相比，成瘾人群平均年龄更低，对大脑和神经系统的危害更大，吸食后会出现眩晕、视力模糊等症状，长期大量滥用会出现脾气暴躁等影响情绪、思维的精神障碍。2023年9月，我国将依托咪酯列为第二类精神药品进行管制。本案系依托咪酯列管前被滥用引发次生犯罪的典型案例。被

告人聂某文吸食含有依托咪酯等成分的电子烟后,无证驾驶小型汽车发生交通事故,在驾车前往交警大队接受进一步处理的途中,再次吸食该电子烟,导致意识模糊,继而接连发生多起交通事故。人民法院依法对聂某文以以危险方法危害公共安全罪定罪处刑,体现了对药物滥用引发的次生犯罪予以严惩的鲜明态度。本案还反映了含有成瘾性物质的电子烟对个人和社会的严重危害,警示社会公众自觉抵制各类成瘾性物质,严防侥幸心理。

案例十

于某涛、贾某文非法经营案
——向未成年人非法销售"笑气",被依法惩处

一、基本案情

被告人于某涛,男,2000年5月12日出生,无业。

被告人贾某文,女,1994年2月15日出生,无业。2021年7月因吸食毒品被罚款人民币五百元。

2023年5月至8月期间,被告人于某涛、贾某文以牟利为目的,在未取得危险化学品经营许可证的情况下,以平均每罐150元的价格向包括8名未成年人在内的购买者非法销售一氧化二氮(俗称"笑气"),销售金额共计16万余元(含押金),其中于某涛获利约5.7万元,贾某文获利约3万元。案发后,公安人员从于某涛、贾某文处查获含一氧化二氮的钢瓶50罐。

二、裁判结果

本案经黑龙江省牡丹江市西安区人民法院审理。现已发生法律效力。

法院认为,被告人于某涛、贾某文未经许可经营危险化学品一氧化二氮,扰乱市场秩序,情节严重,其行为均已构成非法经营罪。在共同犯罪中,二被告人均系主犯,应当按照各自所参与的全部犯罪处罚。于某涛、贾某文到案后如实供述自己的罪行,自愿认罪认罚;贾

某文还主动退缴全部违法所得,依法可从轻处罚。据此,依法对被告人于某涛判处有期徒刑一年四个月,并处罚金人民币六万元;对被告人贾某文判处有期徒刑一年,并处罚金人民币三万五千元。

三、典型意义

一氧化二氮俗称"笑气",是一种无色有甜味的气体,常用于医疗、食品加工等领域。2015年,一氧化二氮被列入《危险化学品目录》。根据《危险化学品安全管理条例》,我国对危险化学品经营实行许可制度,未经许可任何单位和个人不得经营。"笑气"吸入人体后会令人头晕、窒息,严重时会危及生命。长期吸食"笑气"会让人在生理和心理上产生依赖,造成认知功能、记忆力甚至脑神经损害。可见,虽然"笑气"系非列管成瘾性物质,但其同样具有社会危害性。因"笑气"具有轻微麻醉作用,吸入时能让人产生一定的幻觉和愉悦,近年来,"笑气"被伪装成"吸气球""奶油气弹"等,在青少年群体中加速渗透蔓延,逐渐成为不法分子新的牟利工具。部分未成年人在猎奇心理的驱使下,成为"笑气"滥用的主要受害者。本案是一起向未成年人非法销售"笑气"的典型案例。被告人于某涛、贾某文未取得危险化学品经营许可,将未成年人作为消费群体销售"笑气",其行为既侵害未成年人身心健康,也扰乱市场经济秩序。人民法院对二被告人依法定罪处刑,体现了运用刑法手段惩治涉"笑气"等非列管物质犯罪行为的立场,亦有助于促推相关部门加大对"笑气"的监管力度,合力共治"笑气"滥用问题。同时,提醒青少年增强辨识能力和法治观念,避免因猎奇心理误入歧途。